棒棰岛人文丛书

大连
历史街区与建筑

蒋耀辉 著

© 蒋耀辉 2022

图书在版编目(CIP)数据

大连历史街区与建筑/蒋耀辉著.— 大连：大连出版社，2022.1
（棒棰岛人文丛书）
ISBN 978-7-5505-1720-2

Ⅰ.①大… Ⅱ.①蒋… Ⅲ.①城市道路—介绍—大连②古建筑—介绍—大连 Ⅳ.①K923.13②K928.71

中国版本图书馆 CIP 数据核字（2021）第 164665 号

出 版 人	刘明辉
策划编辑	卢　锋
责任编辑	卢　锋　杨　琳
封面设计	奇　睿
版式设计	奇　睿
责任校对	乔　丽
责任印制	刘正兴

出版发行者	大连出版社
地址	大连市高新园区亿阳路6号三丰大厦A座18层
邮编	116023
电话	0411-83620442/83621075
传真	0411-83610391
网址	http://www.dlmpm.com
邮箱	lf@dmpm.com
印 刷 者	大连金华光彩色印刷有限公司
经 销 者	各地新华书店

幅面尺寸	170mm×240mm
印　　张	24.25
插　　页	1
字　　数	390千字
出版时间	2022年1月第1版
印刷时间	2022年1月第1次印刷
书　　号	ISBN 978-7-5505-1720-2
定　　价	128.00元

版权所有　侵权必究
如有印装质量问题，请与印厂联系调换。电话：0411-85809575

愿"诗意的栖居"永驻心田（代序）

　　一座城市从无到有、从小到大的演进过程中，都会留下一些独具地域特色的历史街区与建筑。

　　城市的历史街区与建筑，就像人的经脉，她是一座城市肌理诞生与成长、文脉形成与累积的生命之基，是城市年轮在漫长的沧桑岁月中刻下的道道印痕，是记忆的斑驳光影，是丝丝缕缕的乡愁。

　　历史街区与建筑，似优美的旋律，回荡在城市久远的时空里，表达着人们对美好生活的深刻理解。一栋优秀的建筑，定会是建筑师才智、情愫、审美品位的化身。一个个性十足的街区，定会是规划师成竹于胸，关照人文与自然，既在预料之外，又在情理之中的奇思妙想。

　　独特的历史街区风貌和建筑风格构成了城市文化的有形生命体态，而文化是一座城市的灵魂，有了这个灵魂，一座城市方才由内而外地自然流露出个性气质，生活在这座城市的人们才有了认同感，进而生成凝聚力，迸发出生生不息的创造活力。

　　从小渔村到繁华都市，历经120余载，大连城市形成了独具韵味的历史街区与建筑。这些历史街区与建筑充满市井烟火，记录光阴流转，见证风云际会，讲述时代变迁，是一部鲜活的城市史诗。

　　1898年，沙皇俄国强租旅顺、大连，在辽东半岛规划建设港口城市，以期将其建成远东的全世界重要贸易中心。规划师斯科里莫夫斯基借鉴柏林、参考巴黎城市空间布局，绘就达里尼城市规划。于是，一座完全不同于中国传统城市样态的欧式城市出现在大连湾畔，辐射状街区架构，英式、德式、俄式建筑各显其态，文艺复兴、折中主义、哥特式风格各领风骚，官邸、别墅、公寓房型各异，市政厅、学校、教堂、邮局、银行等公用设施齐全。这座差一年就要完全建成的城市，其"大海把城市和天空连成一色"的独特构思，画卷一经展开，便吸引了世界的目光。

1904年，对这座城市垂涎欲滴的东亚强邻日本，发动日俄战争，赶走沙俄势力，侵占大连。日本殖民当局承袭俄据时期规划，40年间，大连的街区和建筑延续西化路线，东部形成欧式广场、街区和建筑，西部呈现棋盘式街区形态。在住宅改良的激辩声中，借鉴俄造建筑，融入和式元素，适应辽南气候和风土，产生出建筑史上的独特存在——大连"日本房"；在建筑的新浪潮中，诞生了众多近现代大厦、公寓。

毋庸讳言，大连城市是在那个弱肉强食的年代被俄、日两个列强用坚船利炮"催生"的结果，大连的历史街区和建筑是殖民统治时期的产物，许多也直接服务于其殖民统治。然而，殖民者败逃之后，回到城市主人手中的这些历史街区和建筑，已然成为大连这座城市历史不可分割的部分。虽然，侵略和殖民统治早已得到了历史的清算和正义的审判，但我们必须时刻警醒，不能忘记被奴役被殖民的苦难，只有自强不息，才能不使历史的悲剧重演。其中，这些历史形成的街区和建筑，只有为这座城市的主人服务，才是正确对待历史的做法。事实上，解放后，这些历史街区和建筑自然成为大连人生活的家园或工作的场所，许多人数代居住于此，并对其产生了深厚的感情。

翻开世界文化发展史，交流互鉴，异域融合，开放合作，相互促进，是各种文明活力迸发的一条主线。这种交流，有的靠和平的方式推进，有的则依残酷的战争掠夺，其后，留下众多风格各异的历史街区和建筑。斗转星移，这些见证了贸易繁荣或刀光剑影的街区和建筑，成为城市的悠久历史，变成世界性的文化遗产，发挥着独特的作用。整个欧洲城市的历史就是一部贸易开放、人文交流、文化互学、文明互鉴的发展史，也是一部异族绞杀、宗教冲突、利益分割、掠夺屠戮的战争史，人们并未因为其曾经被侵略被奴役，而对遗留下来的历史街区与建筑加以摧毁或唾弃，反而使其成为长鸣的警钟，成为城市悠久历史不可分割的部分而倍加珍惜、充分利用。

历史街区和建筑是城市文脉得以延续的重要依托，保护好历史街区与建筑，特别是标志性历史街区与建筑，就是保护城市的独特价值，续写城市传奇，建构城市文化，造福子孙后代。

随着我国城市化的快速推进，印记其历史文脉的不少街区和建筑逐渐从人们的视线中消失。特别是20世纪90年代起，许多历史街区和建筑在推土机的轰鸣声中倒了下去，一些承载城市历史文脉的街区和建筑被拆除或拆迁，令人扼腕。一栋栋高楼大厦，一片片"水泥"街区以同质化的面目雨后春笋般拔地而起，城市的个性被渐渐磨平，延续城市历史的文脉被一一割断，城市的人文魅力不再，城市的灵魂亦随风而去。一座集体"失忆"的城市注定被历史所抛弃，也注定被未来所遗忘，自然也注定被同类所漠视。因此，像保护自己的眼睛一样精心呵护好城市的历史街区与建筑，延续历史文脉，不仅是前人的祈愿，也是今人对后人一份沉甸甸的责任。相信那些拥有历史的情怀与远见，在更宏大深邃的时空里审视百态、透彻本质的有识之士定会担负这份道义，起而行之。

我们欣喜地看到，近年来，随着我国经济社会的发展，人们对历史街区与建筑的保护意识逐渐增强。一条条历史街巷变为城市的名片，一栋栋历史建筑被视为城市的骄傲，一座座历史城市被确定为国家历史文化名城，更有许多历史名城和建筑被列入世界文化遗产名录。

诚然，对那些千年古城来说，大连还太年轻，而与那些新兴城市相比，大连也是120岁有余。潮起潮落间，大连已成为一座现代化都市。洞悉来路，方知前程。那些散落在繁华都市身后的历史街区与建筑，正静静地诉说着这座城市的过往。她时时流淌出的独特人文气息，昭示着一个更为宏大、更加动听的城市叙事的开端。

于是，《大连历史街区与建筑》一书，系统梳理大连城市历史街区与建筑的形成、演变与发展历程，探究其特征与规律，挖掘其蕴藏的价值，只为生活、工作在这座城市的人们呈现一份更为深刻的记忆，为关心、热爱这座城市的人们提供一个知其所以然的机缘，亦为城市的现在和未来增添一股前行的力量。

愿新与旧交织，传统与现代相融，愿这座山海相依的美丽城市更富历史的温度与人文魅力，愿"诗意的栖居"永驻心田！

作者

2020年12月23日

目 录

愿"诗意的栖居"永驻心田（代序） ············ 001

从小渔村到繁华都市——达里尼市的欧式建筑 ············ 001

  建设"全世界重要贸易中心" ············ 003

  市政区的区街布局 ············ 007

  市政区的基础设施建设 ············ 025

  市政区的欧式建筑 ············ 039

  欧式城市初露端倪 ············ 086

  谁烧毁了达里尼市政厅 ············ 090

日本"趴趴房"——传统木造建筑登陆大连 ············ 095

  日本"趴趴房""丢尽了脸" ············ 097

  日俄的另一场对决——大连的城市规划与建设 ············ 102

  承袭与改变达里尼市规划之争 ············ 108

  施行《大连市房屋建筑临时管理规则》 ············ 113

  城市基础设施建设 ············ 117

洋风劲吹——1910年代的大连欧式建筑 ············ 123

  大连的建筑组织 ············ 125

  大连建筑领域的市场化机制 ············ 133

  1910年代的大连欧式建筑 ············ 153

和洋融合——1920年代的大连建筑热潮 ······ 175
- 实施土地经营政策 ······ 177
- 区域扩充规划助推房屋开发 ······ 183
- 施行《大连市建筑规则》······ 187
- 大连的房地产热 ······ 189
- 和洋融合的大连建筑 ······ 192

简洁实用——1930年代的大连近现代建筑 ······ 197
- 近现代建筑的兴起 ······ 199
- 钢筋混凝土结构在大连建筑中的应用 ······ 202
- 简洁实用的大连近现代建筑 ······ 209

配给制与市场机制结合——日据时期的大连城市住宅建设 ······ 221
- 市营住宅 ······ 223
- 满铁社宅 ······ 228
- 企业开发建设的自住住宅 ······ 257
- 民间开发建设的住宅 ······ 262
- 中国人的住宅 ······ 279
- 城市住宅建设的特点 ······ 287

建筑史上的独特存在——大连的"日本房" ······ 291
- 住宅改造的激烈交锋 ······ 293
- 大连"日本房"的特点 ······ 301
- "日本房"对达里尼市政区俄造住宅的继承与革新 ······ 345

主要参考书目 ······ 375
主要档案资料来源 ······ 375
后记 ······ 376

从小渔村到繁华都市
——达里尼市的欧式建筑

1902年,达里尼市政区

1898年，青泥洼还是一个田园牧歌式的小渔村，一纸《旅大租地条约》打破了这里往昔的宁静，渔舟唱晚、炊烟袅袅的天然美景被一个叫作达里尼的自由商港和全世界贸易中心的城市规划所取代。

于是，在黄海之滨，殖民者为了满足自身的需要，根据青泥洼的地形地貌，建设了一座不同于中国传统城市架构的欧式城市：大海把城市和天空连成一色，辐射状路网密布，广场成为结构城市的核心，德式、英式、俄式建筑呈现出西洋风格……这一切形成了大连城市独特的空间形态、街区肌理和历史风貌。

1902年，达里尼市政区建成。然而，还差一年就要全部建成的这座港口城市，其进程于1904年被俄日两个列强之间的战争所打断。

建设"全世界重要贸易中心"

120多年前,大连湾畔,海阔天远,风轻云淡,阳光,沙滩,一派祥和。东青泥洼、西青泥洼、黑嘴子三个村庄散落在海滨。东青泥洼河从南部山麓而下,绕过今天的中山广场,穿过今天的民主广场,流入北部海湾。西青泥洼河从今天的老鳖湾流下,穿过西青泥洼村——今天的劳动公园,奔向大连湾。勤劳的先民们过着渔猎耕种的平静生活(见图1-1)。

与此同时,在遥远的沙俄首都圣彼得堡,沙皇尼古拉二世正同他的大臣们野心勃勃地筹划着大连湾畔的港口与城市建设之事。

就在不久前的1898年3月27日,沙俄强迫清政府签订

图1-1
1898年时的青泥洼

了为期25年的《旅大租地条约》，心满意足地将辽东半岛收入囊中，终于达到了在远东寻找一个不冻港，获得一个太平洋出海口，进而控制整个远东的战略图谋，使自己的太平洋舰队不再受符拉迪沃斯托克（海参崴）港每年长达4个多月冰冻期的困扰，并避开日本海易为日本海军封锁的地缘缺陷。

沙皇与他的大臣们深知辽东半岛得之不易。就在沙俄有条不紊地实施控制远东、建立欧亚霸权，进而实现"黄俄罗斯计划"图谋的时候，1894年发生的中日甲午战争，打乱了沙俄的既定步伐，使其看到了明治维新后国力日益增长的日本膨胀的野心，于是，沙皇紧急联络法、德两国，对清政府软硬兼施，上演了"三国干涉还辽"的戏码，迫使已经与清政府签订了《马关条约》，将辽东半岛掠为己有的日本不得不吐出了这块"肥肉"。紧接着，1896年6月，沙俄以"干涉还辽"有功、共同御敌之名，迫使清政府签订《中俄密约》，同意其将远东铁路改道，横穿中国东北，直达符拉迪沃斯托克（海参崴），这样就自然而然地将魔爪伸进了中国领土。可是，符拉迪沃斯托克（海参崴）的天然缺陷，以及沙俄的贪婪本性，使其不得不寻找更优良的不冻港。经过对朝鲜半岛的釜山、元山、济州、仁川和中国山东半岛的胶州湾仔细考察之后，沙俄终于将目光定格在了可以与其远东铁路相连，又有广阔出海空间，还有东北和西伯利亚广大战略腹地的辽东半岛。

然而，作为后起之列强，沙俄的野心不会仅仅停留在辽东半岛的军事存在，像其他西方列强一样，自然将实现最大的经济利益作为重要选项，以此增强自身的根本实力。这样，旅顺口港延续了清王朝作为军港的定位，而大连湾港作为商港，实行自由港政策，向全世界开放。沙皇尼古拉二世亲自将其命名为达里尼，俄语为"远方的（城市、港口）"之意，并赋予其特别市的地位，由沙俄财政大臣直管。

于是，大连湾被纳入全球视野，一个模仿北美繁华港口城市的建设计划呼之而出："眼前有许多北美洲城市的例子，如旧金山、芝加哥、温哥华和其他城市，由于兴建了铁路和港口，几十年的时间，由一个贫瘠的小村庄演变成人口众多的繁华城市。可以想象，大连湾将会有独特的发展条件，也会这样快速地发展。"[1] 沙俄殖民者对大连湾的发展满怀憧憬："大连湾港位于伟大的西伯利亚铁路末端的一个站点、日益繁华的黄海沿岸中心，具备所有的优势在最短的时间内成为全世界重要的贸易中心。"[2]

其后，以东清铁路公司副董事长盖尔别茨为首的达里尼港口和城市建设的沙俄主管马上展开了大连湾商港和城市的选址工作。经反复比对旅顺口、貔子窝（今皮口）、基尔湾（今大窑湾）、维多利亚湾（今大连港老港区）等优劣，在有利于建设大型港口，同时也有利于建设临港城市的前提下，统筹考虑东清铁路的终点站，以及有10.67公里外的马栏河谷作为港口和城市的饮用水源地做保障等条件，最终选定今大港区位置为建港之所，也即选定了临港的青泥洼、黑嘴子为城市建设之地。这样的选址得到了直接管理达里尼市的沙俄财政大臣维特的高度首肯："达里尼城市和港口非常成功地选址在辽阔，但又避开风浪的大连湾岸边。海湾周边的山峦起到了很好的挡风作用，并且让城市看上去像一幅风景画。"[3]（见图1-2）

1899年5月，经其导师、圣彼得堡皇家艺术学院院长亚历山大·尼古拉耶维奇·波米兰采夫的推荐，圣彼得堡皇家建筑师协会会员、37岁的建筑师卡基米尔·戈莫多罗维奇·斯科里莫夫斯基受邀奔赴大连湾的建设工地。在动身前往东方之前，盖尔别茨为其描述了达里尼的前景："有了这个港口，满洲和西伯利亚的巨大财富就可以自由出海。"[4] 斯科里莫夫斯基形容自己当时的心情："参与其岸上的西伯利亚大铁路终点站的建设工作，是一件大气磅礴的任务，让人痴迷。也确实如此，几乎所有派驻达里尼的高级代理人

注：文中引用各档案馆的档案"全宗号—目录号—档案号"仅以括号里的数字顺序标注，下同。
1 俄罗斯国家历史档案馆（560-28-104）：《财政部关于大连湾商港建设和允许东清铁路公司兴建大连湾城市情况》，142页。
2 同上。
3 俄罗斯联邦国家档案馆（543-1-179）：《财政大臣远东之行的情况汇报》，67页。
4 斯科里莫夫斯基：《论达里尼市规划图的设计》，载《建筑师》，1904（13），142页。

员都对自己面临的任务神往不已。"[1]

斯科里莫夫斯基在大学学习期间，其几何构图、建筑阴影造型、建筑材料等5门功课得到校长亲自批示予以免试，在获得圣彼得堡皇家艺术学院二级高级艺术家称号后，从事建筑设计工作。其对达里尼市的规划用尽心思，"决定赋予这座城市欧洲城市的外形和结构，并配备欧洲人在远东殖民地区早已习以为常的舒适条件和设施"[2]。于是，一个以广场为核心、辐射状路网通连、尊重丘陵地形地貌的欧式城市形态呈现在大连湾畔，广场控制着城市的主要部分，并组成类似巴黎广场的星形，人们可以从城区的各个不同方向看到高耸的教堂、起伏的山脉、湛蓝的大海……而更独特的构思是"大海把城市和天空连成一色"[3]。这样的个性化空间布局一直延续到今天（见图1-2）。

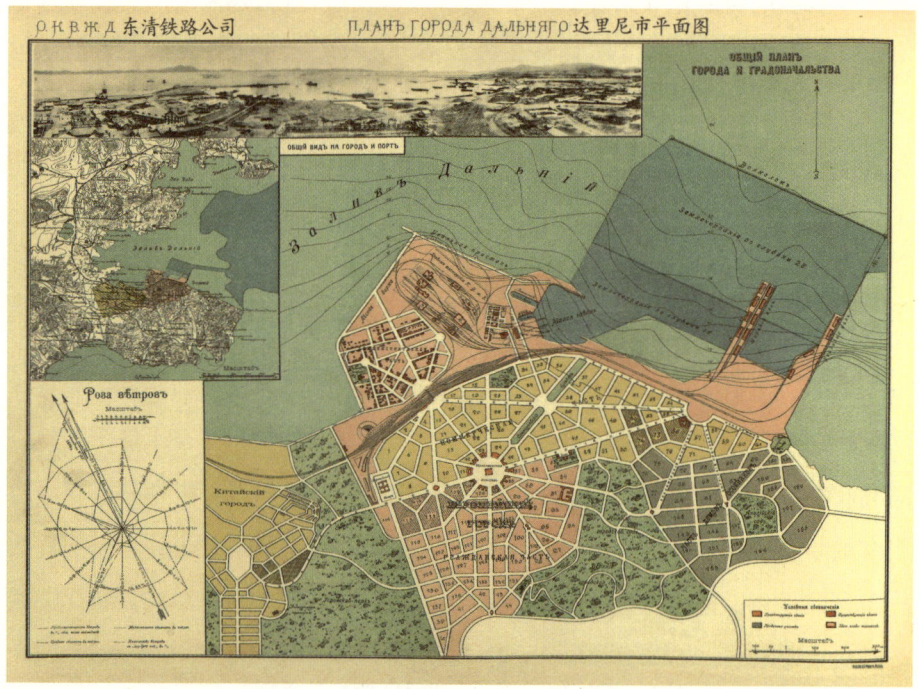

图1-2　1903年，达里尼城市、港口规划图（中文为翻译所加）

---

[1] 斯科里莫夫斯基：《论达里尼市规划图的设计》，载《建筑师》，1904（13），142页。
[2] 同上。
[3] 俄罗斯国家历史档案馆（560-28-104）：《财政部关于大连湾商港建设和允许东清铁路公司兴建大连湾城市情况》，350页。

市政区的区街布局

区域布局

斯科里莫夫斯基规划的达里尼市,根据地形和所谓卫生要求,划分为欧洲人区、中国人区和市政区。由于需要安置港口、东清铁路、海运公司、城市建设及管理人员,所以首先将市政区作为一期工程进行建设。当年的市政区,即黑嘴子,就是今天的胜利桥北一带。

120多年前的黑嘴子,位于青鱼口和西河套(今大菜市)之间,右边黑嘴子头(又称河嘴子),左边大拉子头,中间叫大驴圈,形似驴子的两只耳朵,呈钳形突入大海。这块突入大海的高地,恰似地标,被纳入了城市规划师的视野(见图1-2)。

由于黑嘴子地形区位独特,毗连右侧将建大型港口,而其在港口的左侧,犹如天然防波堤,可以抵御西北风掀起的海浪对码头的侵蚀,又具有离港口码头最近之岸线优势,可作为船员就近休憩之所,港口运作较为高效,故先后被萨哈洛夫和斯科里莫夫斯基两位规划大师不约而同确定为城市的市政区。

1899年5月,萨哈洛夫在圣彼得堡所做的达里尼港口和城市规划,尽管主要以港口的功能设计为主,但已经明确将黑嘴子设定为市政区,只不过没有具体的道路、公用建筑等设计,其间还保留有中国人混合居住区。

1900年5月,由于对萨哈洛夫的城市规划有异议,认为其棋盘式的城市街区规划不适应达里尼丘陵地带的特点,受东清铁路公司副董事长盖尔别茨的重托,接手达里尼城市规划的斯科里莫夫斯基,延续了萨哈洛夫对黑嘴子的市政区功能定位,按照以广场为结构城市的核心,辐射状路网相连的规划理念,将市政区设计成如图1-3的模样。

斯科里莫夫斯基规划的市政区整体处于铁路线以北,面积0.44平方公

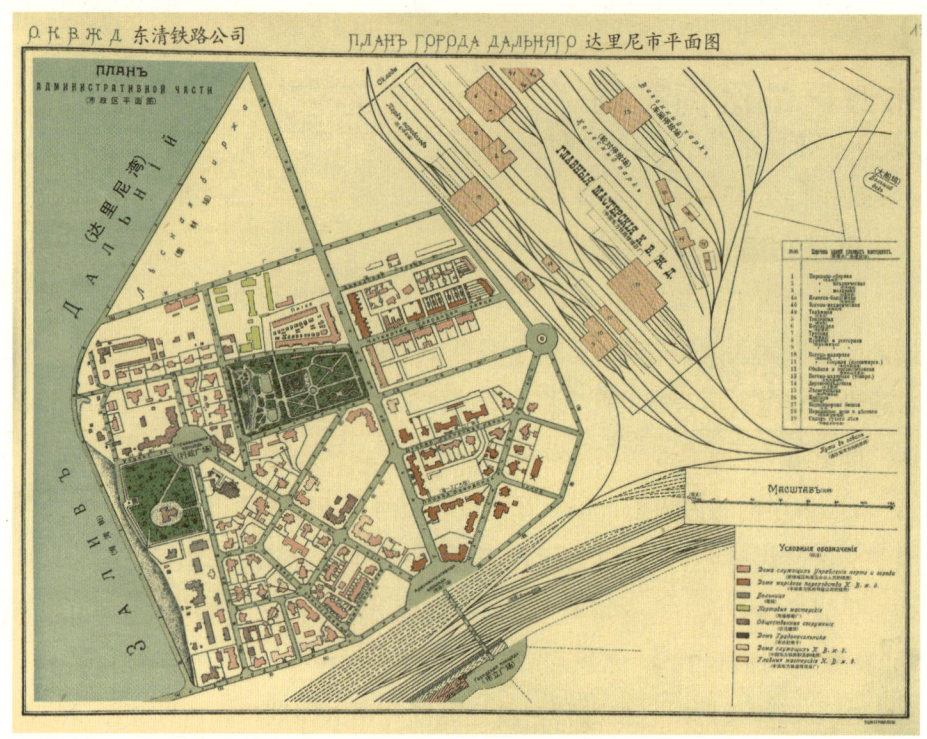

图1-3
1903年,达里尼市政区规划图(中文为翻译所加)

里,也就是今天的西岗区胜利桥北地区。其中,市政区的街区面积57024平方俄丈(0.26平方公里[1]),范围为铁路街(今胜利街西段)—海湾街(今菜市街)—第六工厂街(今北海街)区域,西侧毗邻大海,北面是港口的木材、煤炭集散场,东侧挨着工厂和货栈,南面为精心规划的达里尼市欧洲人区。

"这部分城区不对外销售,而用于建设铁路、工厂以及东清铁路船务公司职工的住宅。"[2]

市政区通过进入港口的铁路与城市的欧洲人区

---

[1] 书中单位换算结果均保留两位小数。
[2] 俄罗斯国家历史档案馆(350-18-14):《达里尼城市和港口规划的报告及预算》,1900。

隔开，同时又通过铁路上的跨线桥与欧洲人区的商业区相连接。设计施工时，将跨线桥下10万立方俄丈（96.64万立方米）的土石深挖运走，形成一个深7.47米、宽132.31米的凹槽，这样不但使进入港口的火车能够非常平稳地运行，不致爬坡过坎，同时凹槽自然形成隔音墙，起到了减轻火车噪声对城市的侵扰的作用，而挖出的土石正好满足了建设之中的港口码头的填埋之需（见图1-4）。这样的规划，无形中使市政区成为一个相对独立的孤岛，类似于中世纪欧洲人建设的古城堡，更增加了这座城市的欧式色彩。

道路规划与建设

市政区街道总长3867俄丈（8252.18米）。市政区的起点是铁路桥北端的半圆形市政广场（今大连艺术展览馆门前广场），由此开始，两条大街和三

图1-4
1902年，跨线木桥下的铁路施工

条街道呈辐射状散开。

街路的命名均以其功能特点而定，工程师大街（今团结街，又称俄罗斯风情街）因其两旁主要居住港口和城市建设方面的工程技术专家，特别是总工程师萨哈洛夫的官邸坐落于此而得名，此条大街又称技师大街。煤炭大街（今上海路胜利桥北段）因其从铁路跨线桥起始纵贯市政区，直通海岸边的煤炭和木材堆场而得名。小教堂街（今胜利街东段）因从市政广场（今大连艺术展览馆门前广场）直通东正教小教堂而得名。煤炭大街（今上海路胜利桥北段）与铁路之间的区域主要是东清铁路公司的楼房，供海运公司和海港工厂修理区职员居住，加之紧靠东边的工厂区，因而其间的六条横向道路分别被命名为第一工厂街至第六工厂街。工程师大街（今团结街，又称俄罗斯风情街）西边的两条横向街道因其连接达里尼医院和教堂学校而被命名为医院街（今海洋街）和学校街（今光辉巷北段），而连接医院街和学校街的是中间街，即今天的光辉巷南段。市政区只有三条街道以人名命名，一条在市政区花园西边，以达里尼市当时的民政处处长缅绍夫名字命名，也就是今天的连海街；一条是以达里尼工程师别利亚耶夫名字命名的花园北边的街道，即今天的先进街；一条是位于达里尼医院东边，以工程师名字命名的季莫夫街，也就是今天的烟台街。

1904年5月，日俄战争时，日本人赶走了俄国人，侵占达里尼市，铁路及其以北地区成为南满洲铁道株式会社（简称"满铁"）附属地，满铁接手市政区。市政区内的道路名称改用日俄战争中的日本将军之名或者日本古代国名命名，煤炭大街以甲午战争时日军第二军"司令官"、日俄战争时"满洲军"总司令大山岩之名改为北大山通，工程师大街以"台湾总督"、日俄战争时"满洲军"总参谋长儿玉源太郎之名改为儿玉町，铁路街以甲午战争时日军第二军第一旅团长、日俄战争时日军第三集团军司令乃木希典之名改为乃木町，季莫夫街改为山城町。山城为日本古代国名，属京畿地区，故都京都位于此。满铁在中国东北沿铁路线附属地的道路命名方式是，通常将与铁路线平行的道路称为某某町，而将与铁路线垂直的道路称为某某通。另外，以火车站前的垂直线路为界，还将某某通道路分为南北两支。大连市因为辐射状路网的特殊性，并未严格按照这一规则命名。

工程师大街（今团结街，又称俄罗斯风情街）和煤炭大街（今上海路胜利桥北段）两条大街可谓市政区的主干道路。工程师大街（今团结街，又称俄罗斯风情街）长180俄丈（384.12米）、宽12俄丈（25.61米），这条大街的尽头是达里尼的首脑机关——达里尼港口和城市建设工程管理局（后为达里尼市政厅）大楼，及其门前行政广场；煤炭大街（今上海路胜利桥北段）长250俄丈（533.50米），这条大街直通向海边的煤炭、木材等集散场，是一条市区快速货运通道，以便于用畜力向港口西部运输货物。三条街道分布于市政广场（今大连艺术展览馆门前广场）的左右：右边的小教堂街（今胜利街东段）长168俄丈（358.51米），这条街通向工厂和仓库，其端景是教堂广场上的东正教小教堂，是旅客赶赴火车站和在船坞修船的船员进城的最近道路，可谓城市通勤的快速路。右边的铁路街（又称机车库街）长200俄丈（426.80米），这条街是通向工厂的专用道路，今天已经消失，左边的铁路街（今胜利街西段）是通向市政区西边海域的道路。市政区最长的街道是最西边临海的悬崖边上的海湾街（今菜市街），其长294俄丈（627.40米），缅绍夫街（今连海街）长143俄丈（305.16米），季莫夫街（今烟台街）长204俄丈（435.34米），医院街（今海洋街）长175俄丈（373.45米），学校街（今光辉巷北段）长150俄丈（320.10米），中间街（今光辉巷南段）长98俄丈（209.13米），别利亚耶夫街（今先进街）长211俄丈（450.27米）。

规划师斯科里莫夫斯基设计的达里尼城区道路，除彼得堡沿岸街（今疏港路一部分）（宽70俄丈，合149.38米）、萨姆索洛夫林荫路（今七一街）（宽43俄丈，合91.76米）两条道路为特别设计外，城区道路分为大街、街道和胡同（小巷）三种类型。城区的道路建设严格执行了达里尼市道路设计标准（见图1-5）。

第一种类型是大街。除了莫斯科大街（今人民路—中山路）宽16俄丈（34.14米）外，大街设计宽12俄丈（25.61米），两侧栽种树木。为了方便轻

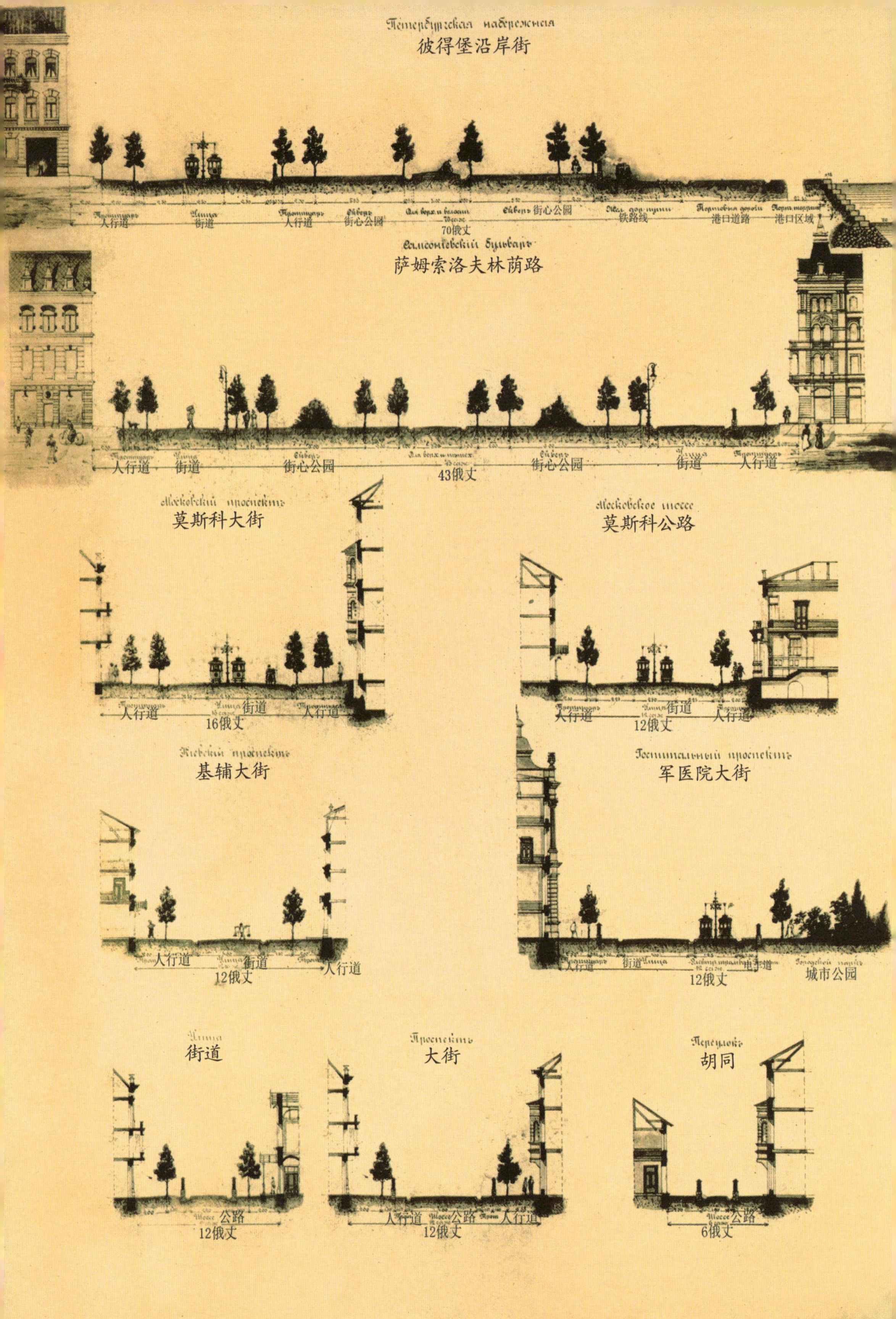
彼得堡沿岸街
人行道
街道
人行道
街心公园
70俄丈
街心公园
铁路线
港口道路
港口区域
萨姆索洛夫林荫路
人行道
街道
街心公园
43俄丈
街心公园
街道
人行道
莫斯科大街
人行道
街道
人行道
16俄丈
莫斯科公路
人行道
街道
人行道
12俄丈
基辅大街
人行道
街道
人行道
12俄丈
军医院大街
人行道
街道
电车道
城市公园
12俄丈
街道
公路
12俄丈
大街
人行道
公路
人行道
12俄丈
胡同
公路
6俄丈

图1-5 1901年，达里尼市道路设计标准图（中文为翻译所加）

Главный Инженеръ В. Сахаровъ
总工程师：B.萨哈洛夫

便马车和行人通行，大街中间地带修成宽4俄丈（8.54米）的路面，两边分别是0.67俄丈（1.43米）的人行道和0.33俄丈（0.70米）的排水渠。而大街两侧暂时交由毗邻地块的拥有人免费使用，他们可用栅栏圈起小花园、花坛等，建造自家花园，以待将来道路拓宽时使用。市政区的工程师大街（今团结街，又称俄罗斯风情街）和煤炭大街（今上海路胜利桥北段）属于此类街道。

第二种类型是街道。设计宽9俄丈（19.21米），中间铺设宽2.2俄丈（4.69米）的路面，用于行人和车辆通行，未设专用人行道，人车混用，两者未分流。两边各设0.4俄丈（0.85米）宽的排水渠。街道两旁栽种树木。

第三种类型胡同（小巷）。设计宽6俄丈（12.80米），中间铺装路面宽1.2俄丈（2.56米）。市政区的工程师小巷（今胜利桥头大连芙蓉国际酒店北侧）属于此类道路。

市政区的街道与楼房之间用1~2米高的墙体隔开，这种街道两侧的隔墙大多是石砌围墙，有的全部是石墙，有的底座是石墙，上半部是砖砌镂空墙。墙内的住宅为了方便通往街道，多在围墙上开有小便门。尽管这种围墙给住户营造了一个相对安静私密的环境空间，但却使街道变得狭窄，宽度不够，导致交通拥挤，甚至满足不了城市消防的要求，一旦发生火灾非常危险。档案记载，当年市政区火灾演习时，就遇到了防火梯拐弯困难的情况。这种围墙的设置，也为以后道路的拓宽埋下了伏笔。

其实，达里尼市政区道路和房屋建设所暴露的这种缺陷，在1901年11月18日，沙俄财政副大臣罗曼诺夫赴达里尼考察港口和城市建设工程时就引起了他的关注。与东清铁路公司主管经理温特采尔工程师等一行结束达里尼的考察后，他在给财政大臣维特的考察报告中指出："总之不能不遗憾，达里尼市政区所有的房屋修建为英、德、中式，带有所有德国城市的缺点。"[1] 报告批评道："因此，俄国公司在偏远地区建设的城市具有明显的外国印记。如果不按照我们省级城市修建，建筑没有特点并风格很丑，那么也不应该落入另一个极端：在我们远东地区建设一个德国城市带有的那些固有缺点——狭

---

[1] 俄罗斯国家历史档案馆（560-28-104）：《达里尼港口和城市建设报告》，332页。

窄的街道和小面积的房子等的城市。"[1] 报告总结性地强调："当我们在达里尼重现德国建筑，我们要特别注意德国人在青岛租借地建筑的缺点。我们应尽可能避开这些不足，修建宽阔的街道和宽敞的住宅。"[2] 而这一切是由东清铁路公司副董事长、达里尼港口和城市建设的总指挥盖尔别茨决定的，"用建设者的话说，达里尼的街道很窄，沿街就是墙壁，五光十色的墙面应归功于副董事长，他希望新城市的设计有别于俄国的其他城市"[3]。原因是，除此之外，"盖尔别茨好像打算达里尼的所有交通不采用马车，而是运送乘客的双轨电车，因此这里完全不需要宽阔的马路"[4]。

可见，德国城市道路和住房设计建设的缺陷，以及同一时期德国人在青岛规划设计铺设的道路宽度不足和房子的面积太小的问题，已是面前的实例教训，引起了达里尼城市规划建设决策层的高度关注。

当时，因为青岛的建筑物最大高度为18米，所以，德国人规划的青岛城市道路宽度设定为18～25米，其中间的车行道宽度大多为10米。大街和将来铺设有轨电车的街道，中间车行道宽度达到15米。单行道中间的车行道宽度只有6.3米。所有街道两侧路基较高的人行道宽度均设定为4～5米。中国人商业区大鲍岛设计可建两层高房子，其道路宽度设定为12～15米，其车行道宽度设定为6米或8米，人行道宽度设定为3米或3.5米。

但是，1901年制定的达里尼城市道路设计图当年已经在市政区大规模实施，到1902年市政区已基本建成。不过，财政副大臣的及时提醒还是发挥了作用。而其实，达里尼城市规划图的制定者斯科里莫夫斯基也已经注意到了这一严重问题。

1901年，财政副大臣长罗曼诺夫的考察报告写道："城市平面图、港口和铁路车站设计一样，公司副董事长、工程师盖尔别茨的亲自参与，耗费了

---

1 俄罗斯国家历史档案馆（560-28-104）：《达里尼港口和城市建设报告》，332页。
2 同上。
3 同上。
4 同上。

他巨大的心血并在设计中注入了其大量的知识和经验。"[1]报告的结尾处评价道："最后，正像我们在现场考察看到的那样，组织进行得非常漂亮，这都要归功于建设者们投入的经验、能量，不知疲倦的工作。"[2]然而，1902年，曾经高度信任斯科里莫夫斯基的东清铁路公司副董事长、达里尼港口和城市建设的实际总指挥盖尔别茨从公司职位上卸任，这在一定程度上影响了达里尼市建设工程的推进。

受指挥官盖尔别茨离职的影响，当时，虽然工程数量并没有立即缩减，但是，连同斯科里莫夫斯基在内，达里尼建设者"最初的那种热情高涨、朝气蓬勃的局面和一往无前的自信心已经荡然无存"[3]。而此时，"城市规划工作也转入他人之手。而新上来的工程施工人员往往没有深入了解规划图中的理念，他们进行了许多的，但并不都是有益的改动。他们不关注等高线，进行了一些不适合当地地形特点的改动，所以，各项工程很快就显得非常吃力，不符合相关要求。总工程师（萨哈洛夫）不得不三番五次中断那些已经启动的工程，回头研究最初的城市规划图纸"[4]。

解铃还须系铃人，斯科里莫夫斯基回忆道："鉴于上述情况，再加之我也意识到每一项大工程的详细设计尤为重要，所以，1903年，我不得不开始制定达里尼城市规划图的细节。"[5]

于是，斯科里莫夫斯基对1901年制定的达里尼城市道路中间车行路面的宽度进行了修订。

各条大街中间车行道从4俄丈（8.54米）调整扩大为5俄丈（10.67米）（相当于四条火车轨道的宽度）（见图1-6）。

调整幅度最大的是第二种类型，即街道。各街道中间的铺装马路宽幅从

---

[1] 俄罗斯国家历史档案馆（560-28-104）：《达里尼港口和城市建设报告》，349页。
[2] 俄罗斯国家历史档案馆（560-28-104）：《达里尼港口和城市建设报告》，363页。
[3] 斯科里莫夫斯基：《论达里尼市规划图的设计》，载《建筑师》，1904（13），160页。
[4] 同上。
[5] 同上。

图1-6
1902年,工程师大街（今团结街,又称俄罗斯风情街）

2.2俄丈（4.69米）调整为3.4俄丈（7.26米）（相当于三条火车轨道的宽度），取消了原先两侧设计栽种的树木。原因是斯科里莫夫斯基从实践中证明，每棵树要想最大程度地开枝散叶，就需要49平方米的面积，也就是说，树与房子之间的距离以及每两棵树之间的距离都不能小于3.3俄丈（7.04米）；如果树与房子之间的距离只有2.8俄丈（5.98米），那么，树与树之间就得间隔3.75俄丈（8.00米）。如果非要种树，此种宽度的街道只能是路中间栽种一排树了，那这条路也就不成为路了。斯科里莫夫斯基举例指出，比利时的安特卫普市的利奥波德林荫路和舍格金市的吉沙-里亚奥什林荫路就是因为没有遵循这些规定，后来，成排成排的树木不得不移走或砍伐。市政区的季莫夫街（今烟台街）、缅绍夫街

（今连海街）、小教堂街（今胜利街东段）、中间街（今光辉巷南段）、医院街（今海洋街）等十七条街虽属于此类街道（见图1-7、图1-8），但已按原标准建成。

各小巷（胡同）的中间铺装马路，宽幅从1.2俄丈（2.56米）调整为2.4俄丈（5.12米）（相当于两条火车轨道的宽度）。

这样，达里尼城市道路，特别是道路中间的铺装路面普遍宽于德国人在青岛设计的城市道路

图1-7
1902年，季莫夫街（今烟台街）

图1-8
1901年，正在建设的小教堂街（今胜利街东段）

（见"建市初期达里尼市、青岛市街道宽幅比较表"）。尤其是从宽防波堤根部（今港湾广场）开始，贯穿尼古拉耶夫广场（今中山广场）和整个欧洲人居住区的莫斯科大街（今人民路—中山路），考虑到这条大街预计会有非常大的车流，而且路面上还要铺设双向铁轨电车道，设计宽幅达16俄丈（34.14米），这在当时城市道路设计中非常罕见，与今天城市主干路30～40米的宽幅一致。达里尼城市道路的宽幅，也远大于当时上海租界区6～9米的宽幅。

建市初期达里尼市、青岛市街道宽幅比较表

城市/街道	大街、中间铺装路面	街道、中间铺装路面	小巷、中间铺装路面
达里尼市	调整前： 25.61米、8.54米	调整前： 19.21米、4.69米	调整前： 12.8米、2.56米
	调整后： 25.61米、10.67米	调整后： 19.21米、7.26米	调整后： 12.8米、5.12米
青岛市	18～25米、10米	18～25米、6.3米	12～15米、6～8米

在同一时期旅顺的城市规划建设中，由军事建筑师安基波夫绘制的旅顺新城和旧城（今太阳沟）的道路设计图就精致得多。

旅顺新城的街道设计为四种，两边各种一排树木，各有一排路灯，各设人行道，各有两至三层楼房，且一侧的楼房比另一侧稍高，视觉上形成落差，灵活不死板。具体规格如下：

类型1（见图1-9-1）：总宽15俄丈（32.01米），中间运行有轨电车的铺装路面宽5俄丈（10.67米），两边安装路灯的步行道各宽1俄丈（2.13米），两边种树的绿化带各宽1.5俄丈（3.20米），靠近楼房的人行道各宽2.5俄丈（5.34米）。街道两边为三层高楼房。

类型2（见图1-9-2）：总宽12俄丈（25.61米），中间运行有轨电车的铺装路面宽5俄丈（10.67米），两边安装路灯和种树的路面各宽1俄丈（2.13米），靠近楼房的人行道各宽2.5俄丈（5.34米）。街道两边为两层高楼房。

类型3（见图1-9-3）：总宽10俄丈（21.34米），中间铺装路面宽4.5俄丈（9.60米），两边安装路灯和栽种树木的路面各宽0.75俄丈（1.60米），两边人行道各宽2俄丈（4.27米）。街道两边为两层半高楼房。

类型4（见图1-9-4）：总宽8俄丈（17.07米），中间铺装路面宽4俄丈（8.54米），两边路灯和栽种的树木成一线，宽度为0.5俄丈（1.07米），两边人行道各宽1.5俄丈（3.20米）。街道两边为带坡屋顶的两层楼房。

旅顺新城街心花园里通往沿岸街的道路（见图1-10）：总宽幅12俄丈（25.61米），中间铺装路面宽3俄丈（6.40米）；两边各设一排路灯，种植茂盛的灌木，宽幅各达2.5俄丈（5.34米），形成一条优美的景观大道；两边人行道各宽1俄丈（2.13米）；两边加盖的排水渠各宽1俄丈（2.13米）。街道两边两层高的楼房均带有不到1米高的围墙，院内种树，形成景观带。这条街道不通有轨电车。

旅顺新城用于改造沟壑的水渠两边的道路（见图1-11）：当时，旅顺新城（今太阳沟）区域内有四条进行改造的沟渠，基本为从北部山脉流向南部海湾方向。改造后水渠宽度为10俄丈（21.34米），两边的道路宽幅各为10俄丈（21.34米），道路中间铺设的马路宽4俄丈（8.54米），靠近河岸一侧设1俄丈（2.13米）宽人行道和用于种灌木的2俄丈（4.27米）宽绿化带，远离河岸靠近楼房一侧的人行道宽2.5俄丈（5.34米），种一排乔木。这种河岸街道不通有轨电车，无路灯。

旅顺老城街道比较拥挤，且大多已经形成街道，故设计为两种：一种是普通街道（见图1-12-1），总宽8俄丈（17.07米），中间铺装马路宽5俄丈（10.67米），两侧人行道各宽1.5俄丈（3.20米），两侧为两层楼房；一种是沿岸街道（见图1-12-2），总宽8.5俄丈（18.14米），远离岸边的一侧有两层楼房，靠近楼房一侧的人行道宽1.5俄丈（3.20米），靠近岸边一侧的人行道宽2俄丈（4.27米），种两排树，设休息长椅。老城道路不通有轨电车，两侧各设一排路灯。

仔细比较一下旅顺老城和新城与达里尼市道路的设计，就会发现，旅顺街道的宽幅总体比达里尼市稍大，特别是街道中间铺设的马路宽幅除新城街心花园里通往沿岸街的道路外，一般在4~5俄丈（8.54~10.67米），即使拥挤

大连历史街区与建筑

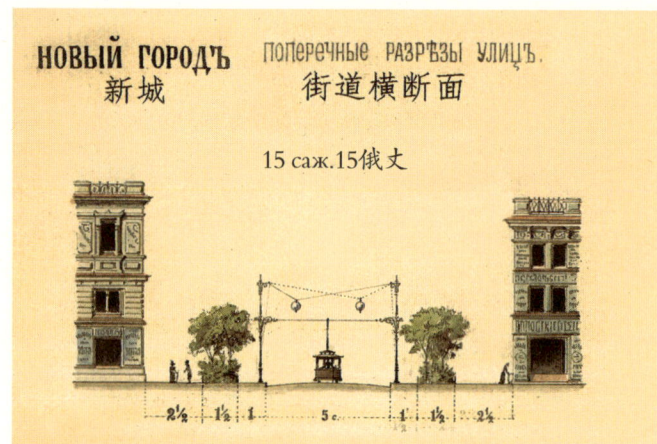

图1-9-1
1900年，旅顺新城街道设计图（类型1）

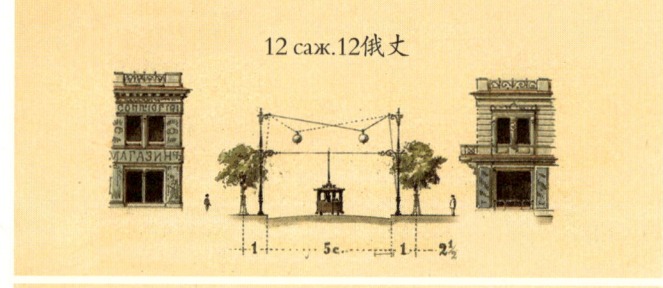

图1-9-2
1900年，旅顺新城街道设计图（类型2）

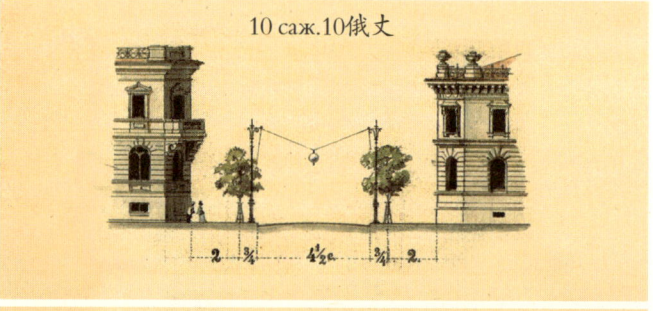

图1-9-3
1900年，旅顺新城街道设计图（类型3）

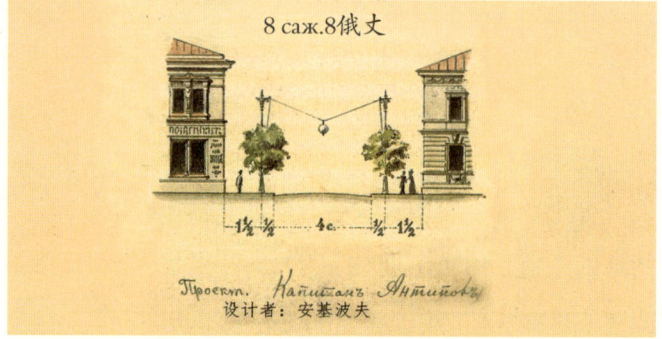

图1-9-4
1900年，旅顺新城街道设计图（类型4）

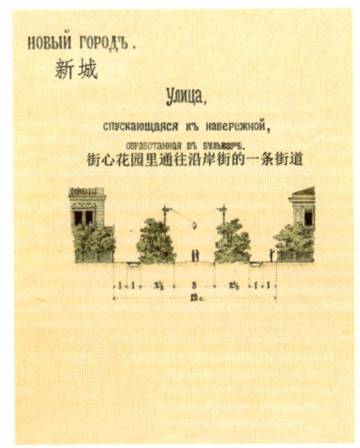 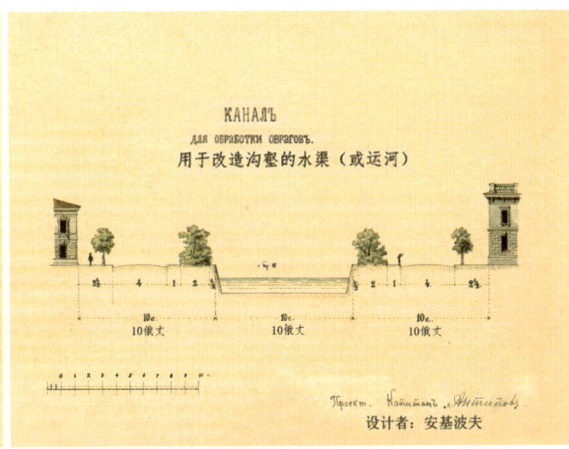

图1-10 1900年,旅顺新城街心花园里通往沿岸街的道路设计图

图1-11 1900年,旅顺新城用于改造沟壑的水渠两边的道路设计图

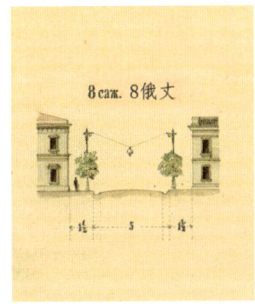 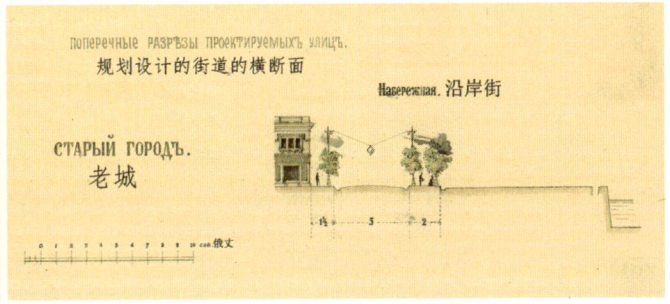

图1-12-1 1900年,旅顺老城普通街道设计图

图1-12-2 1900年,旅顺老城沿岸街道设计图

的旅顺老城街道中间铺设的马路宽也是5俄丈(10.67米),且两侧都种树,设人行道。尤其值得一提的是,旅顺的老城街道和新城街道的两侧均未砌筑隔墙,这不仅使街道开阔敞亮,形成一个景观带,富有审美情趣,也满足了城市消防的需要。直到今天,旅顺太阳沟仍然保留着当初规划建设时的样态(见图1-13)。

而俄国人同期在规划建设哈尔滨市时,主干线的通道街（今中山路）宽达106米，大直街、瓦尔特大街（今红军街）宽43米，马家街宽13米，中国大街（今中央大街）宽21.34米，其中车行道宽10.8米。

1876年，德国制定了城市道路的坡度规范：主街的坡度不得超过1/50（1.15度），二级街道的坡度不得超过1/40（1.43度）。斯科里莫夫斯基认为："在丘陵地区，这些法律规定往往无法贯彻执行。"[1] 达里尼城市道路的铺建均顺着地形走向展开，尽量避免大量的

图1-13
今天的旅顺太阳沟宽阔幽静的街道

---

[1] 斯科里莫夫斯基：《论达里尼市规划图的设计》，载《建筑师》，1904（13），160页。

土石方工程，以节约工程成本。在不设有轨电车的街道，其路面最大倾斜度为1/30（1.91度）；设有轨电车的街道倾斜度不能大于1/40（1.43度），煤炭大街（今上海路胜利桥北段）就属于此类，日据时期通了有轨电车；小巷的路面坡度可以达到1/45（1.27度）。这样，不但影响了城市道路的走向，出现了许多弯道、大坡道，以及弯道加坡道的道路，也自然影响了建筑的结构和形态，出现了许多转角楼，同样还影响了城市景观公园的设置，出现了许多三角、多角街头花园和公园。而恰恰是这些美丽的转角，成就了滨海城市优美独特的风景。

同一时期，德国人规划建设的青岛市没有执行德国国内的这项规范，其城市道路的适宜坡度最大为1/18（3.18度），这远远大于达里尼市的道路坡度，原因也是为了节省土石方工程的费用。特别是规划师迈尔克从城市美学的角度提出，在丘陵起伏的青岛，要建设花园城市，道路就要更好地适应地形的特点，笔直的道路会有种死板的感觉。所以，青岛城区的道路要比同为丘陵地形的达里尼市陡得多。

因此，充分尊重丘陵地带的地形地貌，将道路、街头花园、公园和建筑有机融合，设计成一处处独特的景观，做到一步一景，进而使城市街区像一幅幅美丽的风景画，这样的空间布局是城市规划者的理想和追求。

达里尼市政区在施工时，按照斯科里莫夫斯基的设计，为保障车流畅通，在各街道的所有交叉路口上，人行道的拐角都被切除或改为圆弧形。但是，斯科里莫夫斯基指出，这种做法不能再推而广之，不完全适合所有情况。否则，如果把房屋角落一律切除，那么，城市看起来与其说是有特色，倒不如说显得单调乏味。"在那些很有必要切除的尖角处，切角也是对屋主最实惠的做法。因此，达里尼的规划图中，街区角落切除的情况是尽可能少用，而只在六条及六条以上街道的交会点建造广场时使用。"[1]

市政区的道路全部用从南泡子采石场运来的石灰石碎石铺就，用从荷兰购买的蒸汽滚轴压路机反复压实（见图1-14），这在沥青成为铺路材料之前

---

[1] 斯科里莫夫斯基：《论达里尼市规划图的设计》，载《建筑师》，1904（13），160页。

已经是非常先进的了。主要街道的两侧人行道铺设了石板，这也是大连城市建设史上最早的石板道。虽然这种道路使用效果不错，但因其造价过高，之后再未推广至其他地区。人行道与马车行驶的道路之间是低凹的排水沟，人行道和马路均向其倾斜，从而形成良好的排水效果。这种道路的设计和材料构成，在欧洲城市很常见，但在大连是首次采用，后来的日据时期延续了这种先进的做法。

1902年，达里尼市政区的道路按调整前的规格标准建成，马路、人行道、行道树等均已成形。

1900年前后，大连、旅顺、青岛、哈尔滨城市现代化道路的规划设计，参考欧洲城市的道路建设，又能切实从当地地形地貌出发，这种做法影响了许多城市的道路建设。

图1-14
俄据时期的蒸汽压路机

广场设置

市政区形成了三大各具特色的广场（见图1-3）。一个是位于铁路跨线桥桥头的半圆形广场——市政广场（今大连艺术展览馆门前广场），地处交通要道，承担了达里尼市政区与欧洲人区的商业区进出的功能。实际上在1997年大连疏港路建成之前，90%以上进出大连的货物从这个广场经过。一个是位于港口和城市建设工程管理局（后为达里尼市政厅）门前的行政广场，它既是市政区的中心，承担着集会或检阅消防队等的功能，又是平时职员和市民休闲娱乐的场所。一个是位于市政区东部靠近港口工厂区的小教堂广场，承担着信仰东正教的市政区管理者、职员和市民举行宗教活动的功能，又是港口管理者、职员和旅客进出工厂区的必经之地。

市政区的这三大广场彰显了斯科里莫夫斯基以广场结构街区的鲜明特征，而三大广场则形成了等边三角形，煤炭大街（今上海路胜利桥北段）正好将其一分为二。从三大广场发散的道路与其间相互连接的街巷，形成了最为便捷高效的道路交通系统，每段道路最长不超过550米，步行十分钟以内即可走完。这也正是欧洲城市多采用以广场为中心，道路呈辐射状发散布局的目的：高效、便捷，特别适合城市危机处理时应急之需，体现了市政区的本质功能要求。

市政区的基础设施建设

公园、花园

俄国建筑师在达里尼市政厅、达里尼宾馆和煤炭大街（今上海路胜利桥北段）之间的洼地规划设置了一处面积为2万多平方米的公园（见图1-15），日据时期称为北公园，今为北海公园；达里尼市政厅右侧的教堂学校则设置了大片绿地花园（见图1-16），面积达1.9万多平方米。这处绿地花园既是教堂规划的配套设计，可以使开展东正教活动的信徒在优美安静的环境中心无旁骛地祈祷；又是学校的配套设施，为学生提供良好的室外活动空间，开展体育、娱乐等活动；同时，也为市民提供了一处休闲的好去处。公园与花园之间以行政广场相连接，组成了市政区中部面积可观的休闲娱乐区，使紧张忙碌的市政人员、远洋船员、工厂职员和旅客等，随时就近抬脚进入公园、花园和广场散步漫游，放松身心。达里尼市政

图1-15
1902年，市政区公园的西部

图1-16
1902年，季莫夫街（今烟台街）、教堂、学校、绿地花园

区可谓寸土寸金，而在规划设计公共建筑和职工住宅的同时，专门拿出近六分之一的面积作为公园和花园绿地，供官员、市民和旅客共同休闲使用，体现了欧洲近代先进的城市规划理念。

斯科里莫夫斯基说："建筑师们会如痴如醉地投入这一工作，但是，仅有街道布局和街区划分的技术，还远远不够。还有一个工作理念问题。在规划设计新城市时，必须要考虑能从精神上和体力上方便贫困居民生存。如果城市的总体外观得体、美观，所有空地能得到人性化的有效利用，这能最大程度地促进精神水平的提升和改善城市居民的构成。巴黎、维也纳就是例证。我们让贫苦百姓有机会使用花园和其他城市设施，从而消除了财富和阶级差异可能造成的不平等，使贫苦百姓能更轻松地融入进来。这样一来，新兴城市规划图的设计工作与教育、慈善事业及对新兴城市贫困人群的保护工作息息相关。"[1]

这是公园和公共绿地花园首次出现在大连城市，也是大连开埠建市伊始就进入近代城市行列的标志之一。

中国的古代城市规划建设与欧洲近代城市规划的区别之一，就是城市公园、花园的设置。前者很少在城市中规划设置公园和公共绿地花园。因为普天之下莫非王土，帝王将相规制的城市不可能拿出大片土地建成公园、花园用以与民同乐，而有的只是帝王的御林苑、将相的后花园、土豪的私家园林。"尽抱好峰藏院里，不教幽景落人间。"（宋王禹偁《游虎丘寺》）这也是封建等级制度的体现。纵观欧美城市，特别是近代以来的城市规划建设，无不将平等的公民思想体现在城市中心的公园、街头绿地花园之中。

今天，北海公园为桥北地区唯一的市民休闲之所，但其面积已大为减少。

日据时期，市政广场改名为北广场，并在日本桥（今胜利桥）头的北广场西北侧空地增建了一处公园——日本桥公园（见图1-17），面积5339多平方

---

[1] 斯科里莫夫斯基：《论达里尼市规划图的设计》，载《建筑师》，1904（14），166页。

大连历史街区与建筑

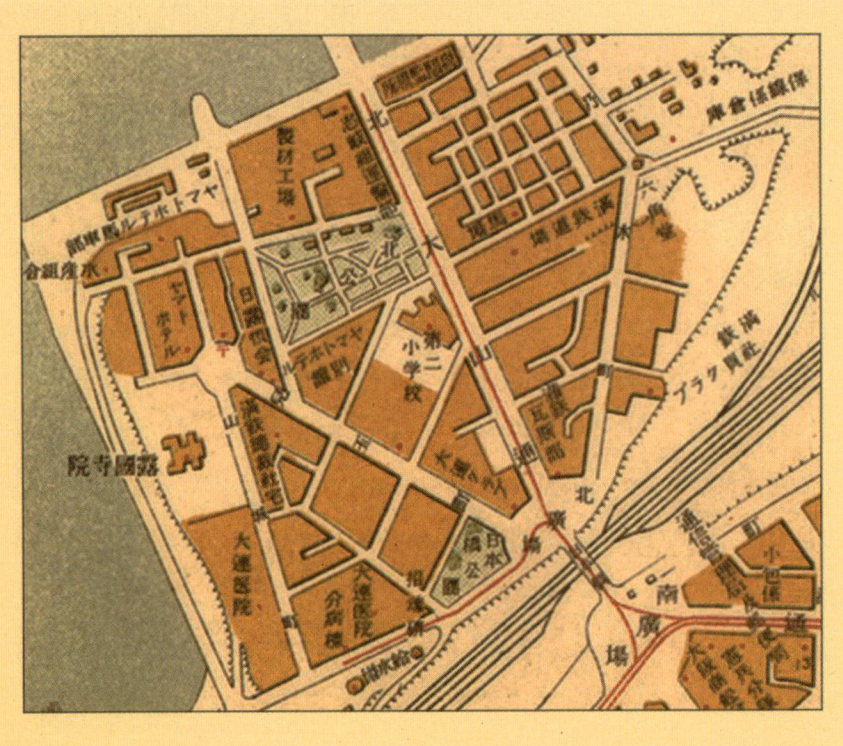

图1-17
1911年的桥北地区，日本桥（今胜利桥）公园、北公园（今北海公园）在其中

米。新中国成立后，该公园被两层楼房取代，今天其位置上是一座高八层的酒店。

医院、学校、教堂

医院、学校、教堂，是西方列强殖民统治的标配。一方面，这是自身城市社会功能的建立和完善的需要。医疗是高质量生活和生命保障的基本要求；学校是近现代教育的场所，是适应社会发展培养人才的科学途径；教堂是宗教活动的基本要素，是信徒的天地。另一方面，这也是殖民统治的需要。自然，这客观上也把近代先进的医疗制度、学校教育制度等引入了大连。

市政区首先建设的公共配套机构是医院（见图1-18）。位于季莫夫街（今烟台街）与海湾街（今菜市街）之间的医院几乎与建市初期市政区的基本办公用房同时建成，有门诊和病房大小房屋17栋，其建筑面积202.8平方俄丈（923.54平方米），分为各个科室，有床位186张。

1899年5月20日，经达里尼建设总工程师萨哈洛夫提议，俄国财政大臣维特批准，东清铁路公司技术管理委员会研究决定："任命医学博士、皇家军事医学院医生纳德珀洛日斯基为大连湾港口和城市建设的医生，年薪酬4500卢布。"[1]

图1-18
1902年，达里尼市医院

[1] 俄罗斯国家历史档案馆（560-28-104）：《东清铁路公司技术管理委员会会议纪要》，1899（5）。

另外，还有一所传染病医院，位于市政区西边与铸件工厂的交界处，即后来站北煤气储藏罐的前方，有砖结构的平房建筑6栋、床位120张。

当时，达里尼有俄国人3113名、中国人37760名、日本人307名、其他外国人80名，合计41260人。这样的医院规模完全可以满足医疗之需。

日俄战争后，1905年，这所医院先被大连军政署接管，称为大连病院，后关东州民政署医务所并入。1907年10月，满铁接手大连病院，改称满铁大连医院（见图1-19）。由于病房紧缺，满铁大连医院早期还征用了原达里尼市政厅东部作为儿科病室，征用山城町（今烟台街）靠近铁路的满铁宿舍作为医院病房。1926年，满铁大连医院搬迁至现在

图1-19
早期设在露西亚町（今胜利桥北地区）的满铁大连医院

的解放街，即解放后的大连铁路医院，今天为大连大学附属中山医院，原医院则作为工业博物馆使用。

大连开埠建市伊始，就将西方的医疗制度引入大连，这既是殖民统治本身的需要，也是欧洲城市发展历史教训和经验使然。因此，对流行性传染病的预防一直贯穿大连城市选址规划的始终。达里尼市当时特意规划设计的市立公园和市立花园，也就是今天的劳动公园、植物园、儿童公园的前身，均是当时殖民当局出于这个考虑而规划的。

达里尼市的学校建设从市政区开始。1899年8月28日，沙皇尼古拉二世批准颁布《关东州临时管理条例》，其第124条规定："达里尼市所有的行政和公共规定事务采用俄语，但对于颁布的所有的情况说明、指示和其他的命令可以附加一条欧洲语言的翻译。按照总督的指示，必要时可附中文。凡是递交给公共机构的个人申请，可以用上述的一种语言书就，但如果没有附带上俄文，则需缴纳附加的税金和用于翻译的费用。税金的金额由财政大臣确定。"这样，俄语就堂而皇之地成为达里尼市的官方语言，成为其殖民统治的重要工具。而俄语的普及和推广就成为必然，也成为达里尼城市和商港建设的基础。当务之急是建立学校，进行俄语教育，培养建设急需之人才。市政区建成的学校用房129.67平方俄丈（590.51平方米），其中教堂学校90.05平方俄丈（410.08平方米），小学39.62平方俄丈（180.43平方米）。1900年建成的小学，专门针对12~15岁的中国孩子开设，主要培养俄语翻译等人才，教授俄语基础、俄语阅读、写作和算术等课程。学生主要来自达里尼的富裕家庭和职员家庭。学校每年毕业30名学生，掌握400个以上俄语单词，能阅读俄文资料和用俄文写作。1901年7月，达里尼市在市政区开办了第一所教堂学校，专门为俄国企业员工子女进行基础教育，这样的启蒙学校在哈尔滨开设了3所，绥芬河开设了1所。到1902年5月，达里尼市开办的进行初等教育的学校已无法满足未成年人的教育需求，并且已经严重影响到为东清铁路公司员工家庭正常的子女教育，影响员工队伍的稳定。为此，经沙俄财政部批准，1903年，东清铁路公司开始在哈尔滨和达里尼市建设男、女中学，同时筹划建设铁路技术学校。达里尼市的男、女中学选址在萨哈洛夫大街（今鲁迅路），为配有学生宿舍和生活设施的寄宿学校，预计招收的学生不仅仅限于达里尼市。到1904年日俄战争爆发，男、女中学校舍已经投资26.83万卢布的两栋独立的三层大楼除房顶没完工外，主体已经落成。后满铁将其完善，并将两栋独立的大楼连为一体，作为满铁总部办公楼，也就是今天的沈阳铁路局大连办事处。

日本侵占大连后，延续了沙俄殖民统治的惯用做法，马不停蹄地开办学校，为其殖民统治服务。1906年至1908年，将原达里尼市政区的教堂学校改为大连寻常高等小学校，这也是日本在大连开办的第一所小学校；1909年，在今天上海路西侧的大连市第七十一中学位置建立了第二小学校，1924年，改名为日本桥小学；1914年至1917年，在今天的团结街（即俄罗斯风情街）建立了大连高等女学校，并在其旁边设立了教育研究所。

市政区与达里尼市的欧洲人区一样，斯科里莫夫斯基也规划设计了两座东正教教堂：一座是教堂学校中的教堂，一座是小教堂广场上的教堂。这两座教堂同时建于1901年，以满足达里尼商港和城市建设初期俄国东正教教徒进行宗教活动的需要。

教堂学校同时具有教堂和小学校的功能（见图1-16），其中，教堂面积90.05平方俄丈（410.08平方米），可同时容纳300人，主要用于东清铁路公司管理人员等做礼拜。教堂建筑讲究，主体祈祷大厅为具有两层楼房高度的一层架构，左右两侧连着两层耳房，均为坡屋顶，墙体条石型间隔，细长的拱券式窗户，使整个建筑显得挺拔高耸。教堂塔楼超过五层，是达里尼城市最高建筑。这座教堂西侧和北侧即为海岸悬崖，加之东正教教堂特有的尖顶，在城市的任何地方，特别是从海上远远地就能看到，"使人们一下就能感觉到这是一座欧洲城市"[1]，时刻让生活在达里尼的俄国人找到灵魂的归宿。该建筑于1918年左右被毁坏。

小教堂广场上的教堂处于市政区东边与工厂区临界地，位置在今天的

---

1 俄罗斯国家历史档案馆（560-28-104）：《达里尼港口和城市建设报告》，366页。

胜利街、民乐街、兆麟街、创造街交会处的小广场上。大概是最上部洋葱形穹隆顶下面的屋面呈六角形的缘故，这座教堂俗称六角堂（见图1-20），为纯正的俄国拜占庭建筑风格。当时很少有建筑采用六角形结构，其创意可谓别出心裁。六角堂主要用于工厂的职工做礼拜。"礼拜堂非常小，简直可以用袖珍来形容。据说俄国人常常不得不排成一条直

图1-20
1902年，市政区小教堂广场上的六角堂

线挨个儿进入礼拜堂做礼拜。"[1]这座小教堂1950年代被拆除。

达里尼城市还有一处教堂，位于欧洲人墓地（今中山区解放路青云天下住宅区旁）（见图1-21），建在墓园对面高高的山坡之上，是专做东正教徒升天之用，"文化大革命"时被拆除，今天其位置上是一栋墓园守护人的房屋。

随着达里尼市人口的迅速增加，加之两所教堂太小，无法容纳更多的信徒做礼拜，于是经沙皇御批，

图1-21
1902年，达里尼市欧洲人墓地

---

[1]《俄据时期的大连建筑物》，载《满洲建筑杂志》，第16卷第2号，1936（2）。

东清铁路公司于1903年2月开始施工,在今天的二七广场建设一座面积能容纳1200人的教堂。到1904年日俄战争爆发,这所教堂也仅仅只是打好了地基,砌筑了1米多高的围墙而已。

市政区建有一所带有音乐厅的俱乐部(见图1-22),供达里尼商港和城市建设之初举行音乐舞会,以及管理人员和职工工作之余休闲娱乐,放松身心,自然也是远洋归来的海员常去的地方。这所俱乐部位于工程师大街(今团结街,又称俄罗斯风情街)上,毗邻医院街(今海洋街),占地面积210.29平方俄丈(957.65平方米),有围墙82.4俄丈(175.84米)。

达里尼建市之初,就在市政区设立了银行、邮局、电信局等服务机构,建立了警察局、消防队、民事法庭、拘留所等社会安全保障机构。

图1-22　1902年,市政区公共俱乐部

给排水工程

辽东半岛港湾众多，达里尼港口和城市规划选址之所以定在临海的青泥洼，就是因为距离此地10.67公里的马栏河谷地有113.8平方公里的区域是岩石丘陵围成的谷地收缩地形，地质地貌有利于留存降水，方便用大坝围封，且存水不受海水杂质影响。这里水量比较丰富，流入离城区6俄里（6.40公里）的海里。尽管旱季地表仅有一些水洼，但谷地下大砾石层还有较丰富的地下水。

经过认真计算，达里尼的工程师提出了可操作的供水方案：在马栏河谷修建堤坝高度7俄丈（14.94米）的水库，昼夜水流量可达到2000立方俄丈（1.94万立方米），存水15万立方俄丈（145.77万立方米）。马栏河流域面积100平方俄里（113.81平方公里），每年只要四分之一的大气降水就可以满坝。

之后，把水输送到位于今胜利路电视塔下的城市高地的石储水库（见图1-23），然后根据需要分配到港口、城市和铁路车站。这些工程总计预算需要230万卢布。1903年，总长18公里多的供水管网布设完成，日供水量达432.6吨，供水人口4.3万。

市政区的排水做了初步的设计与施工（见图1-24），建成流送体系的小型排水设施。街道排水是整个管网的一部分，污水通过石砌和混凝土排水沟汇集一起，排到港口外海湾的西部。由于担心涨潮时污物沉降到裸露的海滩上，污染环境，所以启用更严密的市政区排水规划。但是，1904年年初爆发的日俄战争中断了这一进程。

从小渔村到繁华都市——达里尼市的欧式建筑

图1-23
储水量200立方俄丈（1943.63立方米）的蓄水库

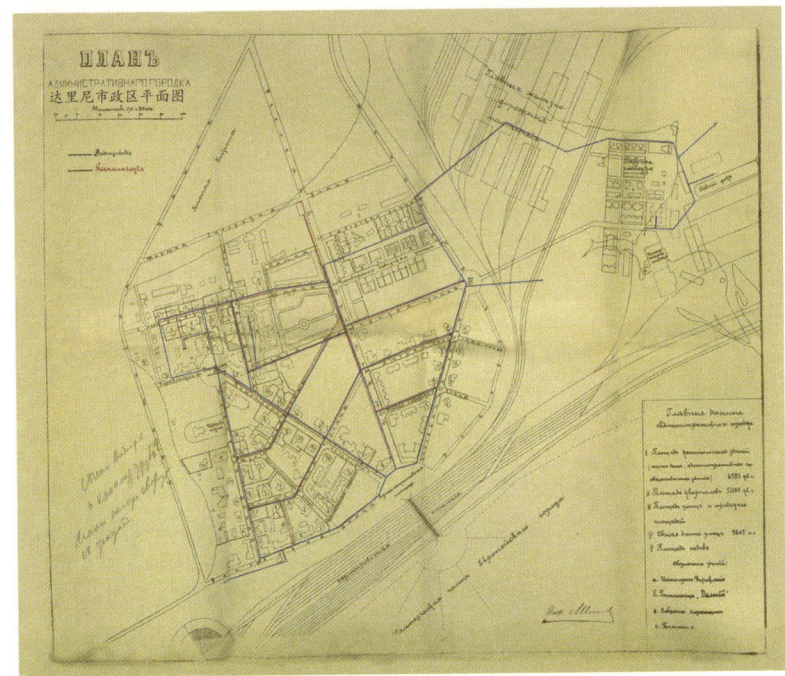

图1-24
达里尼市政区平面图的给排水规划图。蓝线为给水线路，红线为排水线路

由于达里尼城市选址在大连湾南部，地形向南一直抬升至山麓，因此，均匀向海湾倾斜的地形，雨水和污水可自然流掉的特点，使规划师自然选择了重力落差排水方法。这样只需要埋设下水管道或开设排水渠道即可将污水和雨水自然排出，不像其他城市需要修建花钱很多的排水泵站。同时，又因临港靠海而建的城市附近没有海水浴场，故规划师设计将污水和雨水直接排入相邻的海湾，选择了省钱省力又方便的雨污合流的排水方法，铺设了混合下水道。当然，大连的下水道不纳粪便，粪便被收集到化粪池中，再用车运走作为农业肥料出售。

达里尼市建设之初，就在市政区铺设先进的下水道，避免城市被污染，保障居民健康生活，早于当时列强在中国的所有殖民地城市或租界。与大连同年开建的由德国人规划的青岛市，起初只建了纯雨水下水道，粪便用马桶和清运车清运，并建立了一套包括清运收费标准的制度，直到1906年才完成了欧洲人区污水下水道的建设。为了避免污染欧洲人区附近的海水浴场，使用泵站将污水排放到半岛的最西端，紧靠胶州湾的海峡处，此处水深20米，有巨大的水流可将污物通过潮汐自然带入深海。直到1912年，青岛大鲍岛的中国人居住区才铺设了污水下水道。与达里尼市相比，青岛这样巨大的下水道工程花费了巨资，这说明建市之初，从选址开始，达里尼市的规划师就对包括城市排水在内的所有建设事宜进行了通盘考虑和布局。

而上海自从1843年开埠，两个外国租界一直未设下水道，污水粪便集中于污水坑等，定期由市政当局工作人员清运，使用这样的排水方式对城市地下水危害极大。直到1918年，公共租界的工部局为了阻止污水流入河中，才建设了一条污水下水道并安装了污水处理装置。之后的1923年至1927年间，仅限于公共租界的房屋密集区域，实施了雨污分离的下水道工程。因该区域地势平坦，建设了19座泵站，雨水直接流入黄浦江，污水被送入处理装置。上海的法租界和中国老城直到1934年仍然没有铺设任何下水道。香港直到1918年，也仍然没有污水下水道，各家各户使用干式马桶系统。此时，青岛的欧洲人商业区开始安装冲水厕所。而大连于1906年开始共投入94万日元的下水道工程，已于1914年完工，基本实现了冲水厕所。1914年，天津租界的部分区域才铺设了雨水下水道，而无任何污水下水道。

大连建市伊始，俄国规划师在市政区设计并实施的这种重力落差混合排水法，被日本殖民当局所沿用，并不断完善排水设施，应用到整个市区，到1930年代初，大连下再大的雨，地面基本不存水，直到今天大连市区仍然使用此法。至于这种排水方法的优劣，在《大连开埠建市》一书中已做详述。

市政区的欧式建筑

建筑风格

19世纪末，沙俄殖民势力极速扩张到远东，随着远东铁路的修建，沙俄也将欧洲城市的规划和建筑设计理念带到了中国东北，使一百多年前中国东北的城市建设伊始就带有明显的欧式印记。

作为沙俄精心规划的远东城市，开埠建市伊始，市政区的建筑就被寄予了更高的期望："达里尼市行政办公场地作为东清铁路的最终端，要求具有气派的外表，才能成为行将诞生的港口城市的范例。"[1]

而要成为独树一帜的港口城市的样板，其建筑的形态无疑是最具表现力的选择，这其中设计师的作用最为关键。根据档案记载，这些公共建筑的设计大部分由斯科里莫夫斯基完成："自1899年5月1日至1904年1月1日，担任达里尼港口和城市建设的高级建筑师。在此期间，卡基米尔·戈莫多罗维奇·斯科里莫夫斯基亲自制定或领导制定了该市几乎所有的国有建筑物的设

---

[1] 俄罗斯国家历史档案馆（323-1-1313）：《关于达里尼建设超支问题》，78页。

计方案,并监理了其建设。此外,他还制定了达里尼市区规划图。"[1]

达里尼市政区的建筑,无论是公共楼房还是住宅,主要采用了当时英国和德国流行的建筑样式,也有俄式、中式的建筑形态,抑或几者的结合。

19世纪30年代,大英帝国进入全盛的维多利亚时代,工业革命达到顶峰,科学技术蓬勃发展,发明创造澎湃汹涌,文艺流派浪潮迭起,建筑领域样式复兴。19世纪中期到后期,英国建筑样式开始复兴都铎风格。以英国当时在世界上的地位和影响力,其他一些国家,特别是英国的殖民地纷纷模仿这种建筑风格。

英国都铎建筑风格流行于16世纪上半叶的英国都铎王朝时期。这个时期大型的宗教建筑活动停止了,新兴贵族们开始建造舒适的庄园府邸。他们将传统的哥特式的塔楼和构图中间突出、两旁对称的文艺复兴风格进行混搭,烟囱高耸,顶端造型别致,常用红砖砌体,窗户的安排随意无规律,外形复杂,屋顶为陡峭的双面坡顶。这一时期出现的许多供小康人家居住的半木结构或叫露木结构的房屋,内外墙均用木构架,而在木构架之间填以砖或灰泥。外墙木材被漆成深色,与淡色墙面形成强烈对比,后来演变为有的山墙用较宽的深色木条做装饰,室内常常用深色木材做护板,顶部有装饰性木屋架。都铎式府邸建筑是一种中世纪向文艺复兴过渡时期的风格。

德式建筑形态自由,平面布置不整齐。底层采用砖石,楼层采用木构架,疏密有致的木制构件外露,富有很强的装饰效果。屋顶特别陡,里面有阁楼,开着老虎窗。圆形或八角形的楼梯间突出在外,上面有高高的尖顶。有的楼层房面的局部突出,悬空在外,与坡屋顶相连,显示出卓尔不群的样子。

1898年,俄国建筑师将当时流行的英国都铎风格和德国建筑样式带到了达里尼,以便为这里的俄国人营造一个虽远离俄国特别是其欧洲本土,但同

---

[1] 俄罗斯国家历史档案馆(1293-132-81):《关于录用斯科里莫夫斯基到部里为委员会成员,并将其派遣到东清铁路公司的档案》。

样能过上欧洲人所熟悉和习惯了的舒适生活的城市。"他们把德国郊外的建筑风格应用在城市规划中，此地气候较满洲其他地方温和的特征也纳入规划考虑中。这种风格的应用范围并不广泛，只适用于大连。"[1]

与达里尼不同于中国传统城市架构的辐射状街区布局一样，市政区呈现给世人的众多建筑散发出独特的异域风情。

达里尼市政区所有的建筑物，服务于达里尼港口、城市和铁路的建设和运营，一部分用于其机构办公，一部分为公共服务设施，一部分系东清铁路、海运公司、工厂和达里尼商港、城市官员及职员的住宅。这种行政管理机构的楼房1902年基本建成，总计11128平方俄丈（50676.42平方米）。

市政区的建筑主要集中于煤炭大街（今上海路胜利桥北段）、工程师大街（今团结街，又称俄罗斯风情街）、小教堂街（今胜利街东段）和季莫夫街（今烟台街）。"在工程师大街及小教堂街多为单体建筑，而在煤炭大街及其横向街道则多为集体宿舍。"[2]东清铁路海运公司的建筑基本位于煤炭大街（今上海路胜利桥北段）以东，港口和城市建设与管理人员及东清铁路职员的建筑位于其以西。

还有一处建筑群位于上述建筑区以东，东清铁路工厂与小船坞、发电厂之间，方便就近安排铁路工厂、船坞和电厂的工人居住，故叫作工人村（见图1-25）。这个区域还建造了部分专家别墅公寓，安排了技术专家居住，方便就近工作（见图1-26）。日据时期这个区域叫作滨町，在今创造街东段大连船舶重工集团有限公司区域。1920年代、1930年代铁路线从中穿过，使这个居住区遭到破坏。

公用建筑

市政区的公共办公机构均设置在市政广场（今大连艺术展览馆门前广场）和行政广场边上，成为标志性建筑，这是斯科里莫夫斯基达里尼城市规

---

[1] 中村孝爱：《东支铁路建筑沿革史》，载《满洲建筑杂志》，第16卷第4号，1936（4）。
[2] 金泽求也：《大连露西亚町社宅》，见《南满洲写真大观》，43页，1911。

■ 大连历史街区与建筑

图1-25 1902年，工人居住区

图1-26 1902年，老专家公寓

划的典型设计，正如其所说："一条街道具有整体上的艺术效果，与其说是取决于零零散散的建筑物有多豪华，不如说是取决于街头巷尾有一座建筑物置于恰当的位置更贴切。"[1]这些标志性建筑历经百余年风雨，至今还散发着浓浓的异域气质。

---

1 斯科里莫夫斯基：《论达里尼市规划图的设计》，载《建筑师》，1904（14），165页。

从小渔村到繁华都市——达里尼市的欧式建筑

达里尼市政厅 （见图1-27-1） 行政广场的标志性建筑，建成于1901年11月，起初是港口和城市建设工程管理局大楼，1902年5月后改为达里尼市政厅，是达里尼港口和城市建设、运营和管理的中枢，占据市政区的核心位置，端庄大方。建筑地上两层，因地势西高东低落差，东侧局部地下一层，建筑面积753平方俄丈（3429.13平方米），其中，工程管理部496平方俄丈（2258.76平方米），市政府及办公室257平方俄丈（1170.37平方米）。

市政厅建筑系欧洲古典建筑风格，砖混结构，造型端庄，平稳大气，中心突出，左右对称。建筑立面用间隔均匀的明显凸处分割成条状粗面砌体。建筑顶部为中心立面大、两边转角小的六个高突的带老虎窗的亭屋顶。整个建筑窗户众多，格子窗分布均匀，落落大方，其中央入口门户较小，门斗上

图1-27-1
1901年11月20日，达里尼港口和城市建设工程管理局。1902年5月之后为达里尼市政厅

方为弓形断裂山墙，其间的山花彰显巴洛克艺术特点。

这座标志性建筑是大连城市形成和延续的起点，就像一棵历尽风雨的古树，记录了这座滨海城市从小渔村一路走来的成长年轮，目睹了一百多年来的潮起潮落，也见证了大连城市从无到有、从小到大的沧桑巨变。

1904年5月26日，这座大楼被烧毁。整整闲置一年后，日本"满洲军"大连军政署将其修复并进驻办公，修复材料在日本大阪加工成型后整体装船运到大连。1905年5月27日，这里举行了盛大的大楼修复上梁仪式，而恰在此时，传来了日本海军司令东乡平八郎率领的联合舰队在日本海打败远道而来的沙俄波罗的海舰队的消息，这也是日俄战争日本最终获胜的标志。于是，庆祝上梁仪式变成了战争胜利祝捷盛会。1906年这座大楼为关东州民政署办公所用，1907年被南满洲铁道株式会社（简称"满铁"）改为大和旅馆，1908年大楼中部和东部为满铁大连医院外科病房，西部为满铁地质调查所。

1926年，鉴于社会各界对于资源陈列馆的需要，满铁以社内各处的调查、资料研究为基础，以中国东北地区的资源为主，于当年10月将其改设为满蒙物资参考馆，设矿产、农产、水产、畜产等大小30个展室，还设有图书阅览室和放映室。而此时的满蒙物资参考馆的面积已经是原大楼面积的一倍多，主要是扩展了大楼的西部，增加了"后院"展览楼层，计1459.87平方米，这样就使整个大楼面积达到了4889平方米（见图1-27-2）。1928年11月，满蒙物资参考馆改称满蒙资源馆。1932年12月，改称满洲资源馆。

1945年，苏联红军解放大连，此建筑由中国长春铁路公司接管，作为东北地方志博物馆，由苏联地质专家叶果洛夫担任馆长。1950年，此建筑被移交给大连市人民政府文教局管理，其馆名改为东北资源馆。1959年，其更名为大连自然博物馆，并由郭沫若题写了馆名。1987年，作者大学二年级时，从长春到大连参观，第一次走进此馆，被展出的东北矿藏标本等深深吸引（见图1-27-3）。1996年，此建筑被确定为全国重点文物保护单位。1998年大连自然博物馆迁往星海湾畔后，该建筑一直空置至今。

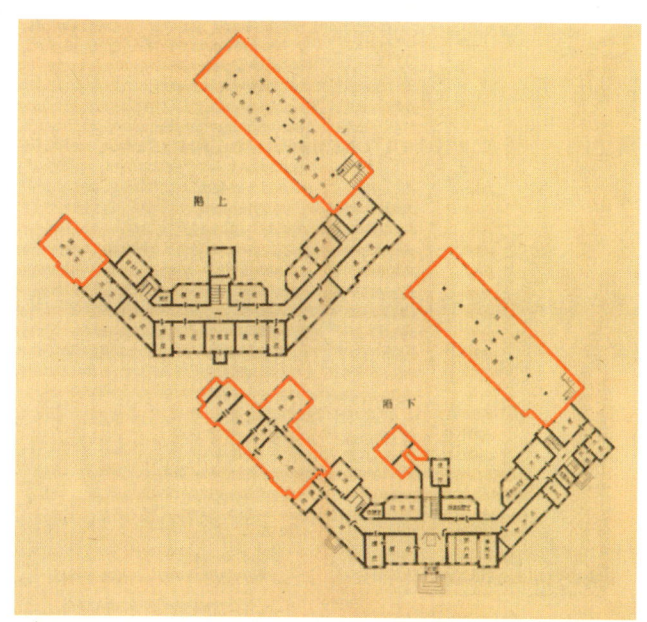

图1-27-2
1928年,满蒙资源馆平面图(红色为增建部分)

图1-27-3
1986年,大连自然博物馆内部
(池宫城晃 摄)

达里尼市长官邸 (见图1-28-1、图1-28-2)也就是总工程师兼市长萨哈洛夫官邸,办公兼住宅,其中含办公室主任、翻译、文书、办事员、更夫等职员使用的房间,面积477.41平方俄丈(2174.10平方米),砖混结构,建成于1900年。院子大门宽敞,即便是驷驾马车也可直抵楼前台阶。

这栋建筑属于哥特风格，主体两层，带半地下室，石砌基础坚固，立面隅石、格子窗、石雕栏杆错落有致。入口为经折式楼梯，从两侧拾级而上，一层正面由五大两小七个高大的拱券组成的底层连拱，条状粗面砌体，形成一个优美的券廊。二层设置露天大阳台，石砌镂空栏杆，是市长兼总工程师萨哈洛夫与同僚喝下午茶休憩聊天的好地方；二楼房子中间大窗户上天鹅颈山墙两边是各两个带山墙饰内三角面窗户，正面带两个老虎窗的中国瓦坡屋顶的房脊上是金属栏杆装饰。主体的右侧是塔楼式构造，高高的帐篷顶凸显草原民族的审美情趣，坡屋顶的老虎窗横眉上写有"1900"字样，表示出房屋的建成年代；其后侧的烟囱高大结实，顶部装饰讲究。大楼设置东面正门、南门、后院门，主体的左侧带坡屋顶的房间一楼与配房相连接，起到了过廊的作用。整体房顶有三组六个金属尖顶装饰，也许有避雷的作用。

官邸内部举架较高，进门左侧为长长的楼梯，有会议室、接待室，还专设了大的舞蹈室，可容纳150人。中央大厅可容纳上百位嘉宾聚会和就餐。其他房间是食堂、休息室、吸烟室及伙夫们的宿舍。舞蹈室的内部墙壁、天花板、护墙板、包厢等装饰极其讲究，在繁忙的工作之余，达里尼商港和城市的管理者、决策者、规划建筑师们品着咖啡，听着音乐，随着优美的旋律翩翩起舞，这正是欧洲人已经习惯了的生活。想必当时俄国人过分自信了，认为"三国干涉"的结果会让日本屈服，因此没有把日本放在眼中，他们在这个建筑物里日夜沉湎于歌舞声色之中，不承想三年多之后，日俄战争的炮声结束了这一切。

1904年5月27日，日本人进入达里尼时，这座建筑完好无损，仍然保持着之前的状态。从首任满铁总裁后藤新平开始，历届的满铁总裁和社长都在这里居住过。因此，日据大连40年，认为该建筑具备深远的历史意义，除了南侧1924年前后被改建成大食堂和中食堂外，不敢轻易地进行改建。满铁总裁官邸迁到星之浦（今星海）后，1926年为了纪念满铁创立20周年，

从小渔村到繁华都市——达里尼市的欧式建筑

图1-28-1
1901年4月,总工程师官邸。1902年5月,市长官邸

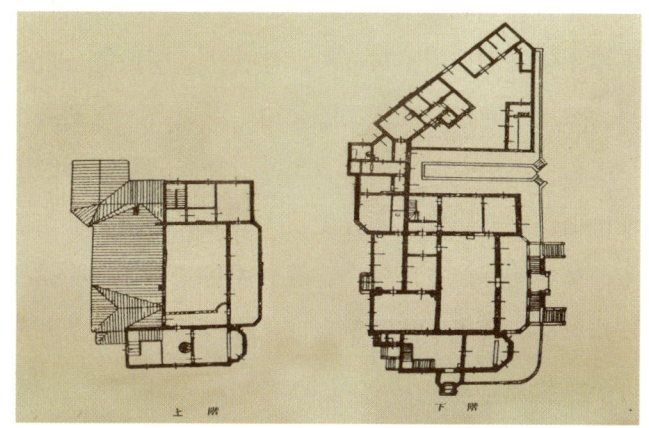

图1-28-2
市长官邸平面图

图1-28-3
今大连船舶技术学校
(刘军理 摄)

将其改为满洲馆。1943年2月28日深夜,一场大火将其烧毁。修复后的建筑变化较大,特别是顶部的坡屋顶改成了平顶。解放后,这栋建筑为造船厂所有,1956年为中苏造船公司技工学校,今天是大连船舶技术学校(见图1-28-3)。

东清铁路公司海运管理局局长宅邸 (见图1-29-1、图1-29-2) 坐落于市政广场(今大连艺术展览馆门前广场),面向铁路高架桥(今胜利桥),背向大海,从这里可以看见港口,系东清铁路公司海运管理局局长的住宅。大楼建成于1901年11月,建筑面积1400平方米,主楼地上两层、地下一层,副楼地上两层。

整栋建筑为浓郁的哥特风格,顶层带有阁楼,砖混结构,英、德式半木屋架建筑。采用不对称的设计手法,屋顶最是自由活泼,极富魅力和动态感,坡屋顶与帐篷陡顶尖塔交错,老虎窗不规则呈现,露明木的规则蓝色线条、粉白色的山墙与乌色坡屋瓦、高高的红色烟囱构成了一幅妙趣横生的生动画面。正面门窗上为跨度较大的弓形山墙装饰,二楼两大露天阳台是喝下午茶休憩的好地方。整个建筑立面参差不齐,墙面高度与坡度不一,墙体为清水红砖,英式手法砌筑,白色隅石与块状线条装饰,窗户较多,具有良好的采光效果。整个建筑的主色调为红、白、黑,极具表现力,相互大胆映衬,再加上极具张力的弓形、三角形几何装饰,间之以凹凸不平的界面和老虎窗、眼窗、屋顶窗,构成了别具格调的建筑外形,体现了设计师的匠心妙思,无论从哪个角度审视,都显得特别精致和与众不同。

这栋大楼的内部结构与俄国管理人员的住宅一样,踩着精致的石制台阶进得门来,玄关处和2~3米的过廊是房屋内外冷暖空气过渡的缓冲区,左右是虽不大但十分实用的储藏室,方便主人进出换鞋、帽、外衣等;一楼的接待室和餐厅都特别大,分别有50平方米和80平方米,二楼也有两个100平方米以上的房间,房间的举架在3米以上。这种内部结构布局,满足了贵族或官员举办宴会、舞会、音乐会等社交活动的需要,而这也正是今天这栋大楼被

从小渔村到繁华都市——达里尼市的欧式建筑

图1-29-1
1902年，东清铁路公司海运管理局局长宅邸

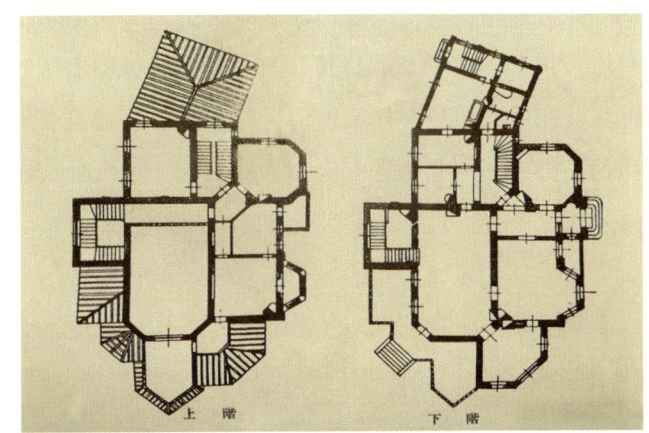

图1-29-2
东清铁路公司海运管理局局长宅邸平面图

图1-29-3
今大连艺术展览馆

用来作为艺术展览馆的主要原因。

1905年5月后，这栋建筑被入侵大连的日军步兵第六十三联队本部所用。1906年为大连民政署办公所用。1908年，大连民政署迁往大广场（今中山广场）后，这里经过改造装饰，变为满铁大连俱乐部，主要为外国人服务。也许其顶部就是此次改变的，正面的老虎窗由两个改为一个。1915年这栋建筑为满铁日本桥图书馆。新中国成立后，曾作为苏联援华专家住宅，之后为沈阳铁路局职工家属住宅。1995年3月25日，为纪念大连市与日本北九州市结为友好城市15周年，在北九州市门司港按照该建筑原貌和结构仿造建成了一栋一模一样的建筑，命名为国际友好纪念图书馆，楼内设展室，主要展出与大连有关的书籍、图册、实物等，一时成为门司港的旅游热点。作者2014年曾到访，与门司港当地政府有关人员和纪念图书馆的馆长进行了友好交流。1995年年底，借鉴北九州市门司港仿制成功的经验，大连市将老建筑拆除，而后在原址上复原重建。但复建后的建筑在某些细节上还是有出入，比如正面坡屋顶上的老虎窗由初建时的上下两个变成了现在的上下三个。此楼复建后一直为大连艺术展览馆使用（图1-29-3）。

由于此建筑处于大连城市最早建成的市政区的显要位置，又是使用饮用自来水最早的建筑之一，直到今天，其水表号仍为大连市水表001号。

关于这栋建筑的具体设计师是谁，满铁建筑课课长小野木孝治在分析文章中猜测："据说俄国人在设计这条街区的时候，从德国和法国聘请了数名年轻有为的建筑家负责设计工作。他们只画了设计图，而没有制作施工图等更详细的图纸就开工建设了。这只是传言，难辨真伪。而日本桥附近的大连俱乐部，他们只画了正面图就开始施工，导致屋顶的制作相当粗糙。背面的山墙里没有空间，它带有一扇窗户，还有莫名其妙的屋顶窗，这种例子有很多。"[1]

东清铁路公司海运管理局办公大楼（见图1-30-1、图1-30-3）坐落

---

[1] 小野木孝治：《满铁社宅对东清铁路公司住宅的继承》，载《满洲建筑协会杂志》，第2卷第7号，1922（7）。

从小渔村到繁华都市——达里尼市的欧式建筑

图1-30-1
1902年，东清铁路公司海运管理局办公大楼

图1-30-2
今沈阳铁路局大连工务段办公楼

图1-30-3
东清铁路公司海运管理局办公大楼设计图（中文为翻译所加）

达里尼港口城区建设　　海运管理局设计图　　煤炭大街和小教堂街拐角

正面图　　　　　　　A、B剖面图　　　　侧面、正面图

总工程师：萨哈洛夫

051

于市政广场（今大连艺术展览馆门前广场），与东清铁路公司海运管理局局长宅邸之间隔着煤炭大街（今上海路胜利桥北段），建成于1901年11月，哥特风格的两层建筑，西侧局部地下一层，建筑面积2169平方米。整体建筑平稳大气，灰色墙面配以白色隅石。正面两侧哥特式塔楼，坡屋顶四周各开一眼窗，之上又叠加一四面坡，仿佛一顶礼帽。后面两侧角为帐篷顶四面坡，是俄式建筑常有的形态，与达里尼市长官邸建筑中的坡屋顶相似。两柱式门廊，拱券式正门。

1904年5月27日下午5时，日军进入无人守卫的达里尼市，日军司令部进驻这栋大楼，一路之隔的东清铁路公司海运管理局局长宅邸（今大连艺术展览馆）则为日军司令官使用。1906年，这栋大楼为日军野战铁道提理部使用。日军野战铁道提理部是一个对沙俄在东北修筑的铁路进行修复和改轨以供军用及经济侵略之需要而设的机构，成立于1904年5月14日，7月18日修复了达里尼市内到郊外南关岭22.5公里的铁路，将其轨距由俄国的宽轨距1524毫米改为日本国内标准1067毫米。此后，随着日军侵占地域的扩大，改建的铁道线不断延伸。这栋东清铁路海运公司大楼之后为满铁所有，曾作为满铁瓦斯部办公楼。1907年，该大楼为满铁大连护路事务所使用。解放后该大楼为大连铁路分局所有，曾做饭店，今为沈阳铁路局大连工务段办公楼。随着岁月的流转和大楼主人的变换，大楼的外立面墙体颜色几经调整，而变化最大的还是大楼的顶部，如今四角塔楼的哥特式尖顶已不在，每侧房顶的老虎窗也由三个变成了一个（见图1-30-2）。

达里尼宾馆 （见图1-31） 达里尼宾馆的建成是城市初期服务业兴起的标志。当时达里尼市已经建有大小两座宾馆。达里尼宾馆有16间客房，位于市政区的行政广场西南边上，与绿地花园仅仅隔着一条缅绍夫街（今连海街），位置非常好，不但位于市政区中心，而且旅客出门就可上花园休闲游乐，同时又与市政厅同处广场周围，旅客公干办事非常方便。投资4.3万卢布，面积144.89平方俄丈（659.82平方米），有围墙88.2俄丈（188.22米）。1907年8月1日，日本殖民统治之初，达里尼宾馆被改名为大和旅馆。1914年

从小渔村到繁华都市——达里尼市的欧式建筑

图1-31
1902年，达里尼宾馆

大广场（今中山广场）的大和旅馆（今大连宾馆）建成后，达里尼宾馆改为满铁大连医院儿科分院。

莫斯科旅馆（见图1-32-1、图1-32-2、图1-32-3）建于1903年，共三层，有24间客房，投资7.5万卢布，建筑面积3000平方米，坐落于基辅大街（即日据时期的寺内通，今天的长江路一段）上，靠近码头，非常气派。

莫斯科旅馆为具有俄式特点的巴洛克风格建筑，楼顶中部是典型的俄式帐篷顶，两边的四坡顶显得很厚重。格子窗及其顶部的山墙，上下楼层、左右楼体形态各不相同，有的是弓形，有的是三角形，有的是涡卷饰，尤其是一楼的连拱以宝瓶式拱柱支撑，形成长长的连廊，呈现出曲线美的艺术魅力，精致优雅，富有意境，为欧洲高档饭店常有的格调。由于没有建成之初的彩色照片，看不出整体大楼的色调，目前的大楼白墙与蓝色线条的搭配，是典型的俄式格调，显得高贵典雅，与圣彼得堡的

图1-32-1
1902年，达里尼市莫斯科旅馆设计图（背面，中文为翻译所加）

图1-32-2
日据时期的大连海友会

图1-32-3
莫斯科旅馆遗存，今万通物流办公楼
（刘军理 摄）

从小渔村到繁华都市——达里尼市的欧式建筑

图1-32-4
1901年,达里尼大宾馆设计草图(建筑师云克亨杰里 绘)

斯莫尔尼修道院和皇村宫殿非常相似。后者由著名的建筑师拉斯特雷利设计。这位16岁时随雕塑家父亲移居圣彼得堡的意大利人,还设计了圣彼得堡冬宫、彼得宫等建筑,其设计风格均为耀眼的天蓝色墙面搭配白色柱式,独具一格,好似剪裁下来的蓝天白云,自然清新,纯净洗练,不染一丝微尘。同时,建筑精美的线条和多样的雕饰,将俄国巴洛克艺术运用到了极致,不愧为建筑艺术大师。拉斯特雷利的经典作品,不仅是俄国建筑艺术的杰作,也是世界建筑艺术的丰碑。

达里尼市的莫斯科旅馆其时是作为"码头饭店"规划设计并建造的,以便就近接待下船的旅客。大楼内安装了单管循环的供热系统,当时使用单管循环供热系统的建筑物仅有这一栋。该供热系统一直保留到1940年代,虽然已经极少使用,但在当时确实是独一份,可以说非常稀罕。日俄交战时,该建筑曾被临时作为日本"满洲军"的军饷供应通道使用。在日本占领大连后的军政时代,这里也曾被当作陆军仓库。之后,该建筑作为海员中心亦即海友会俱乐部大楼。现在是大连海事协会办公楼。

1901年,俄国建筑师还设计了一座非常气派的欧式大型宾馆(见图1-32-4),但因战争爆发而未建成。

孤独的木刻楞　（见图1-33）达里尼市政区还有一栋俄式纯木建筑——木刻楞，坐落于今天北海公园西侧、原达里尼市政厅后身，因其房屋的纯原木材质与周围以至整个大连市的建筑格格不入而备受瞩目。它与大连开埠建市同时建成，120多年来，奇迹般顽强地存活了下来，成为大连城市历史建筑独特的"这一个"。

纵观俄国的建筑历史，其建筑形态大概可以分成南部和北部两大类。在俄南部的乌克兰地区，拜占庭文化早在中世纪就已传入，此后，与砖造建筑

图1-33 木刻楞旧影

的建设方法相融合，诞生了继承罗马式建筑风格的一种建筑形式——俄国拜占庭建筑。这种建筑风格的东正教教堂顶部高耸的"洋葱头"伸向蓝天，红砖砌筑的墙壁质感强烈，外形凹凸有致。莫斯科红场的圣·瓦西里升天大教堂是其典型，今天哈尔滨市街头的圣·索菲亚大教堂也体现出这种风格。而从很久以前开始，自北欧到俄国北部、芬兰地区就都修建了木造建筑，这种建筑也逐渐推行到西伯利亚森林地区。它的墙体主要由原木构建，山墙人字板及屋檐装饰、门楣等采用独特的方法建造。这种北欧传统原木建筑也被称为罗格风格。砖造建筑也一样，只要屋顶是木制的，就会大量采用这种形式，反映了当地的风俗，饶有趣味，有些住宅和学校等建筑物采用了这种形式，形成具有俄国传统色彩的木造建筑。

19世纪末，沙俄建设远东铁路，由于远离欧洲大陆，在人迹罕至、荒凉且极其寒冷的西伯利亚，要解决设计、管理、监理、施工等大批人员的住房问题，只好就地取材，利用西伯利亚丰富的森林资源，搭建了许许多多施工简单方便的原木房屋，即俄国传统的木造建筑，中国人俗称木刻楞。最初来到中国东北的俄国人由于完全不知道当地的气候状况，而视同俄国一样的气候，建造了许多砖造或石造的房屋。但是，与建筑时间很短、材料含有的湿气较少、比砖瓦房尤其是石制房屋湿气还要少的木刻楞相比，人一旦住进这些用砖瓦或石头建造的房子中，刚开始就有各种不舒适、不方便之处。而且，依据俄国建筑法，禁止立即入住刚建好的石造或砖瓦造的房子，但木造房屋却是例外的。所以，在远东铁路沿线，俄国式的木刻楞就大行其道了。

东清铁路建设也不例外，特别是一期工程时，即俄国的设计、管理、施工人员最初移居中国东北时，"住宅大多数是原木制作的，按照在俄国使用的原木墙壁类型建造而成"[1]。但是，这种大多建于1901年、1902年的木造房屋，最终都是作为临时建筑来使用，毕竟还是不足以满足居住需要。而永久性的建筑物是以坚硬的石头作为地基，用砖或石头砌筑墙壁。这样的工程在施工时需要非常仔细，使用优质的材料，建成后即使住30年以上也不会出现

---

[1] 中村孝爱：《东支铁路建筑沿革史》，载《满洲建筑杂志》，第16卷第4号，1936（4）。

任何问题。

大连由于地处气候较为温暖的辽东半岛，建筑的墙壁厚度只需北方哈尔滨的一半即可，加之辽东半岛缺乏森林资源，要从1000多公里外的北方运送木材，又没有现成的火车，只能靠马车，相当费时费力，且成本太高，所以，砖石建筑是现实选择。

但是，即使这样，在达里尼市政区还是出现了一栋木刻楞。也许是建市之初，俄国建筑师还没有认识到辽东半岛温暖湿润的气候，以为还是和北方一样寒冷而为之，也许是建市之初因住房紧张而应急造之，也许是在达里尼的哪位高官或建筑师对俄式木刻楞情有独钟，乡愁涌动而建之。总之，在当时达里尼建设之初木材紧缺的情况下，这栋特立独行的木刻楞的出现是很奢华的，并奇迹般留存至今，成为大连俄式纯木造建筑的代表。

这栋木刻楞原坐落在达里尼港口码头边，为达里尼商港所有。日俄战争时期也曾被用作日军停泊点司令部，之后被用作码头事务所的办公室，1907年至1919年一直用作大连水上警察署办公场所。后来港口码头改造时，"考虑到该房子是大连地区俄国木结构建筑的代表作品，风格独特，两侧还各设置有阳台，拆毁的话实在很可惜，所以就原封不动地将其搬迁到北公园，之后的一段时间用作东洋旅馆的馆舍之一"[1]。

市政区住宅

住宅特点 "为了能建造更多的小房子提供给每个职员，市政区的街区被划分为很小的地块，每块平均约180平方俄丈（819.71平方米），都带有一个独立的小院和花园。"[2] 建筑均用大连当地的块石作为墙体的基础，每栋建筑都用砖砌成1米左右高的围墙，而围墙有的修建在石头地基上，有的在石块砌成的基脚上。这样，市政区的每栋楼房和其围墙以及之间的院落，就构成了一个个独立的单元，既落落大方，又与干道保持一定距离，相对安静不

1《俄据时期的大连建筑物》，载《满洲建筑杂志》，第16卷第2号，1936（2）。
2 俄罗斯国家历史档案馆（350-18-14）：《达里尼城区和港口规划的报告及预算》，1900。

被打扰（见图1-34-1～图1-34-6）。这样的设计和建筑形态在大连日据时期被完全继承了下来。

为了使达里尼市政区的建筑具有气派的外表，成为"港口城市的范例"，"达里尼市城市房屋按照特殊设计建造，具体设计要求是，住房修筑成具有各种建筑风格的独栋房屋，每栋房子的正面设计十分雅致，独有的露台和阳台专为适应当地的气候条件而设计"[1]。这种独栋楼房，一般都采用一层或二层的，很少超过四层，均设计成像一个个岛屿，并风格各异，没有两栋建筑是一模一样的，"他们始终坚持避免修建两栋完全相同的建筑物，哪怕只是普通的住宅也会或多或少地加入与其他建筑物相区别的设计元素"[2]。这正契合了半岛的地理环境。这种设计得到了满铁建筑课课长小野木孝治的高度评价："俄罗斯街的很多建筑风格统一、设计巧妙，尤其是半独立住宅的设计令人叹服。"[3] 而为使每一位入住的员工能够使用独立的生活用具，特修建了地下室和储藏间。这样就使住房的造价由每平方俄丈220卢布增加到了263卢布。1902年年底，市政区基本建成的4170平方俄丈（18990.00平方米）面积的住房，费用共计超出了造价预算179310卢布，突破了原根据铁路工程的造价而定的预算标准。

在建筑物的朝向方面，应该南向分布，这样住宅的采光、通风可以做到最佳。但是达里尼市住宅的朝向都很不好，大部分住宅采光差，"这是因为当初道路规划不恰当的关系"[4]。关于达里尼城市街道平面的放线方法，作者在《大连开埠建市》一书已做了详述。原来的萨哈洛夫所做的规划中，采用了直角体系划分街区，但实践证明这个体系不适合丘陵起伏的地形，因此，决定采用斯科里莫夫斯基所做的辐射体系划分街区，在地势比较高的地方规划广场，街道沿着地形的天然坡度延伸，许多街道是弯曲、短小的，并

---

[1] 俄罗斯国家历史档案馆（323-1-1313）：《关于达里尼建设超支问题》，78页。
[2] 《俄据时期的大连建筑物》，载《满洲建筑杂志》，第16卷第2号，1936（2）。
[3] 小野木孝治：《满铁社宅对东清铁路公司住宅的继承》，载《满洲建筑协会杂志》，第2卷第7号，1922（7）。
[4] 同上。

形成各种尖角，住宅的地块也是倾斜的，这就使得住宅的设计和使用变得非常不方便。但是，正是这种不方便，考验着设计大师的智慧，也才呈现出街区和建筑高低错落、拐弯抹角、一步一景的独特个性，进而成就了今天大连城市不同于别处的花园城市的美名。满铁建筑课课长小野木孝治对达里尼市政区的建筑评价道："从建筑物与道路的关系上看，现在的设计没有可批评之处。但是代价是，他们牺牲掉了各个建筑物的方位。"[1] 而同时期在旅顺、辽阳、公主岭等地，因为土地相对平坦，俄国人所做的市区规划简单，所以大部分建筑物方位优越，日照条件好，采光好。

  市政区的这种独栋建筑的特色设计，体现的正是英式都铎风格和德式风格。特别是别墅的屋顶（见图1-34-1～图1-34-9、图1-35-1～图1-35-9），起伏不定，变化多端，总要别出心裁，与众不同，有的是四坡顶，有的是连坡顶，很少是两坡顶；有的建筑则带有塔楼式的屋顶，有的屋顶带有尖顶饰；有的老虎窗为拱券式，有的为三角式，有的是鸟瞰式；有的窗户设计为凸肚窗，有的为凸窗，大部分则为拱券式，窗边或窗套多用间隔均匀的缺口或有明显的凹处分割的粗面块体装饰，基本都是高而窄的窗型，而无宽而横的窗户，使得整个楼房显得更为高耸；屋檐多为高挑型（见图1-35-1～图1-35-4），而没有几乎落地的超大屋檐（这种屋檐在之后日据时期的大连市满铁建筑中出现），有的屋檐用木制作衬托支撑，特别是带有阳台的小窗户上方的木制衬托的屋檐，灵动活跃，给人以飞起来的动感；每栋建筑都有带栏杆的露天式阁楼阳台，有的为悬臂式，有的是由托架支撑，有的有跳台式窗栏，以供喝下午茶休憩之用。几乎欧式别墅建筑的各类山墙在市政区都能找到（见图1-34-10、图1-34-11、图1-35-5～图1-35-7）：有的是普通的直线形山墙，有的是高高耸起的阶梯山墙，有的是曲线山墙，有的是四坡顶下的山墙，有的则是两边为曲线顶部为三角山墙的荷兰式山墙，有的山墙则作为正面山墙，开设门户，大多山墙为侧山墙，开设多个窗户（这与中国传统

---

[1] 小野木孝治：《满铁社宅对东清铁路公司住宅的继承》，载《满洲建筑协会杂志》，第2卷第7号，1922（7）。

建筑的山墙不同）；有许多沿街建筑的边角善用隅石，有的则用条状粗面砌体。尤其是英式和德式建筑的露木结构，在市政区的别墅式建筑中被普遍使用。这种结构大量使用在墙面，并组成不同的图案。有的建筑一层设计带有木制的柱廊，常常是连拱，形成游廊，二层则形成阳台。

市政区建筑的烟囱造型讲究，富于创意（见图1-35-8、图1-35-9）。烟囱的外形都比较高，许多在房屋的最高处，这样取暖效果较好；烟囱的造型比较讲究，"尤其是他们引进了中国特有的方法处理屋顶和烟囱顶部，显示了设计者的游刃有余的实力。这一点也是它最受瞩目之处"[1]。有的顶部设计为"人"字冠状，有的为三联或两联柳叶窗老虎窗式……远看好似观察瞭望的哨兵，很有创意，就像是一件艺术品，而之后大连的日式住宅的烟囱就非常单调、乏味。

达里尼市政区的住宅房间狭小，而且各个房间不是连续的，而是各自独立的。日本人与自己和式风格的敞开式平面结构的建筑比较，感觉很不方便。造成这样结构的原因，主要是房屋本身设计得非常独特：英式、德式风格，凹凸不平的立面，带有大量常见的小阳台，有的位于正上面的角上、塔上，高大三角座上的窗户，入户门带有大量的凹角及其他设计，等等。尽管"建筑物的风格各异，非常漂亮，但是有的为了内部舒适牺牲了外表的复杂线条"[2]。自然，这种建筑从外面看非常大，但内部房间却很小，加之窄而陡的木质楼梯，显得很拥挤。不用说，"这种建筑方式成本很高，建筑物本身由于独特的设计损失了很大的容积率和居住空间"[3]。另外，这大概是因修筑东清铁路时派驻过来的员工家人少，不需要太大的空间，他们要用有限的资金尽可能多盖几间屋子。

市政区住宅的窗户都采用双层内开式，侧墙的出入口为双层推拉式窗户，内部也多是这种窗户，宽度各有不同。这种样式非常方便，通常只有入

---

[1] 小野木孝治：《满铁社宅对东清铁路公司住宅的继承》，载《满洲建筑协会杂志》，第2卷第7号，1922（7）。
[2] 俄罗斯国家历史档案（560-28-104）：《财政副大臣考察达里尼建设情况综述》，1901（11）。
[3] 俄罗斯国家历史档案（323-1-2675）：《东清铁路公司董事会监察委员会的报告》，1902（4）。

大连历史街区与建筑

图1-34-1
1902年，达里尼市政区别墅

图1-34-2
1902年，达里尼市政区别墅（两套住宅）

图1-34-3
1902年，达里尼市政区别墅（两套住宅）

从小渔村到繁华都市——达里尼市的欧式建筑

图1-34-4
1980年代，原达里尼市政区别墅旧址（池宫城晃 摄）

图1-34-5
1980年代，原达里尼市政区别墅旧址（池宫城晃 摄）

图1-34-6
1980年代，原达里尼市政区别墅旧址（池宫城晃 摄）

图1-34-7
1902年，达里尼市政区的私人住宅

图1-34-8
1902年，达里尼市政区别墅（两套住宅）

图1-34-9
1902年，达里尼市政区别墅（两套住宅）

从小渔村到繁华都市——达里尼市的欧式建筑

图1-34-10
1980年代，原达里尼市政区住宅局部（隋生 摄）

图1-34-11
1980年代，原达里尼市政区住宅旧址（池宫城晃 摄）

图1-35-1
1980年代，原达里尼市政区住宅局部（池宫城晃 摄）

图1-35-2
1980年代，原达里尼市政区住宅局部（柳林 摄）

从小渔村到繁华都市——达里尼市的欧式建筑

图1-35-3
1902年，达里尼市政区别墅

图1-35-4
1980年代，达里尼市政区别墅旧址
（池宫城晃 摄）

■ 大连历史街区与建筑

图1-35-5
1980年代，达里尼市政区别墅旧址

图1-35-6
1980年代，达里尼市政区别墅旧址

图1-35-7
1980年代，达里尼市政区别墅旧址

从小渔村到繁华都市——达里尼市的欧式建筑

图1-35-8
1980年代，原达里尼市政区住宅局部
（池宫城晃 摄）

图1-35-9
1980年代，原达里尼市政区住宅局部
（池宫城晃 摄）

口宽度三分之二的门是开着的，如果进出大件家具，需要把剩下的三分之一的门打开，这就是今天我们常用的子母门。如果入口处宽度为3尺5寸（1.17米）左右，那么一扇3尺5寸（1.17米）的门就太宽了；如果两扇门一共3尺5寸（1.17米），那门的宽度就太窄了。

俄国人设计的住宅在功能上以防寒为主要目的，同时也想办法使屋内的暖气不会散发到屋外。市政区住宅墙的厚度为2块砖或1.5块砖。这比俄国国内住宅建筑的正常标准厚度要薄。达里尼市的建设主体东清铁路公司采取这个标准，是根据达里尼的气候要比中国东北其他地方温暖——这里的冬季不超过3个月——做出的决定。而同一时期，因为中国东北的气温与俄国欧洲地区和西伯利亚中部地区的气候相似，甚至哈尔滨的气候比莫斯科还要低，所以，沙俄在哈尔滨市的建筑墙壁的厚度就设计成和上述地区相同，为3~4块砖，比达里尼市建筑墙壁厚1~2倍。因此，达里尼城市的建筑师"在墙壁不够厚的情况下，为了建筑外表的漂亮，过多地增加其外周长，可能会影响房子的保暖"[1]。而这也是引起当时市政区住户抱怨家里寒冷的原因之一。但是，这种非常漂亮的建筑，达里尼的建筑师在设计时，"有的（建筑）为了内部舒适而牺牲了外表的巴洛克式的复杂线条，显得较为简洁"[2]。但是房子的内部却相对宽敞了，这也是吸取了德国在青岛设计建造的住宅面积太小的教训。

在住宅的平面布局中，如果一间屋子与外部有出入口连接，那么卧室与这间屋子之间，至少间隔了两三间小屋。每间屋子都有厚厚的房门，把它与其他房间隔开。在冬天，暖房装置大部分都是俄式壁炉（见图1-36），英国风格的暖炉也很常见，其中不乏设计新颖的暖炉。壁炉产生的热量温暖了卧室。为了使屋内暖气不跑到外面，每间屋子的房门都要顺次开关，不能让卧室与外面相通。壁炉、锅灶、烟囱等产生的热量也尽量吸收到墙体中，要做到这一点，需要让烟道兵分几路通过墙壁，最后将烟释放到外部，这样可以更加经济高效地利用热量。

---

[1] 俄罗斯国家历史档案馆（560-28-104）：《达里尼港口和城市建设报告》，357页。
[2] 同上。

通风,对于冬天的中国北方住宅来说尤为重要,俄国人因为长年在高寒地区生活,解决住宅的通风问题很有经验。其方法是,把外部空气导入暖气室中,加热之后释放到室内,在保温的前提下给室内提供新鲜空气。在烟道附近的地板下安装通风通道,在重要地方钻上小孔,连通室内和地板下方,实现室内和地板之间的通风,而不是直接与外部通风。这种寒冷国度的自然通风换气法是一种行之有效的方法。

市政区俄国人住宅的冬季取暖和通风的办法,对后来的大连"日本房"建设产生了直接的影响,起到了很好的示范作用。尽管日俄战争后,日本人接收的是已经遭到损坏的俄国人住宅的采暖设施,但是,经过认真研究,不断地试错,日本人还是终于掌握了大连冬季的住宅采暖特点,并在此基础上创造出一套适合大连"日本房"的取暖方法。这一点参见书中《建筑史上的独特存在——大连的"日本房"》一章。

图1-36
1902年,在达里尼生活的尼古拉的家,角落为俄式壁炉

大连历史街区与建筑

达里尼市政区的建筑，特别是别墅式住宅，在采取当时英国和德国建筑风格的同时，因为是在中国的土地上进行建造，为了入乡随俗服水土，建筑物均不同程度地融入了中国传统建筑的元素，特别突出的是"混合有中国风情的砖顶"[1]，即建筑的顶部采用大连当地砖窑烧制的青砖青瓦，许多建筑坡屋顶的垂脊设计成中国传统的高高翘起的形式（见图1-37）。当然，这也是出于对建筑材料成本的考虑不得已而为之，即"南线城市规划实施之际，必须要考虑到和俄国不同的他国的建设条件"[2]。

图1-37
1902年，达里尼市政区的100套中式住宅（部分）

[1] 俄罗斯国家历史档案馆（560-28-104）：《达里尼港口和城市建设报告》，356页。
[2] 中村孝爱：《东支铁路建筑沿革史》，载《满洲建筑杂志》，第16卷第4号，1936（4）。

东清铁路公司建设的南部支线哈尔滨至大连旅顺段，开始时俄国建筑师不熟悉当地的材料，便从很远的地方用马车运来房顶用的铁板和玻璃、窗户、门、暖炉等用具以及涂料等等，所以材料价格十分昂贵。为了尽量节约，各地都极力限制这些材料的使用，急需建设时又常常发生现有材料不足的状况，影响了进度。同时，因为大连、旅顺当地没有精通欧式建筑施工的熟练工，俄国建筑师设计时必须要尽量避开复杂的构成，故只能忽略一些缺陷。而只有用当时大连、旅顺当地百姓房屋建筑所使用的材料，方可解燃眉之急，所以，"不得不应用一些特别的风格，比如必须用中国瓦铺盖房顶"[1]。使用中国瓦这种方法，必须要在主屋上使用较重的椽子，而"俄国建筑师对于这样的风格完全没经验，感到十分困难，但因为拿不到其他房架材料，只能采用这种风格"。可见，达里尼市政区的建筑，也是俄国建筑师因地制宜，不断改进设计和施工的一个过程。

1907年，一踏上大连的土地，满铁首任建筑课课长小野木孝治的目光就被达里尼市政区的街区布局和英、德、中式建筑的风格一下子吸引住了，他感慨道："露西亚町的各种建筑物在预先设计的街市中保留着统一的风格，引进地方性建筑要素，而且，设计的构想相当缜密。露西亚町分成几个街区很漂亮，所以，很能引起我们的兴趣。"[2] 于是，他就对市政区的建筑进行了更仔细的考察："在露西亚町及滨町的建筑物中采用了中国建筑的屋顶和屋檐等要素来制作构图，由此和墙体部分的西洋风格有一种调和感。能够如此自然地运用中国瓦，设计者的匠心不得不令人钦佩。瓦的铺设方法也并非沿袭中国的方法，而是在下面铺上毛毡，上面铺有约2寸（6.67厘米）厚的石灰浆，其上面用中国瓦作为屋顶，每两三片瓦之间用5寸（16.67厘米）钉充分固定，即使是陡坡也不会下滑。虽然有许多沟槽，但是却很少发生漏水的情况。"[3]

---

1 小野木孝治：《渡满时的回忆》，载《满洲建筑协会杂志》，第8卷第1号，1928（1）。
2 同上。
3 同上。

住宅类型 市政区的普通住宅，分为"家属楼"和单身集体公寓两大类，"家属楼"又分为独栋别墅和单元家属公寓。住宅按照居住者的家庭结构情况进行分配，而三类房屋的内部结构差异较大。

独栋别墅 就是所谓的"家属楼"，一般供有身份的东清铁路公司所属的港口、铁路和市政建设的高级职员居住，这种住房分为三种房型（见拉页图）。

第一种房型（见图1-38）：一栋两户，总面积57.53平方俄丈（261.99平方米）。其中，A套面积32.55平方俄丈（148.23平方米），B套面积24.98平方俄丈（113.76平方米）。一楼均设门厅、客厅、厨房、餐厅、保姆房、浴室和厕所、储藏室、室外阳台。但A套设双保姆用房，浴室带室外化妆间，而B套房则设单保姆房，浴室化妆间一体。两套房二楼均设卧室和儿童房，但A套还设有书房、带抽水马桶的厕所、封闭阳台，而B套则没有。

两套房储物间均位于门厅一侧，方便进出时存取鞋、帽、衣服、包、雨伞等；保姆间正对门厅，以方便随时迎送服务，也兼具安全防护功能；浴室都位于厨房的隔壁，以便热水就近传送；连同保姆用房，房角处都带有取暖的壁炉；一楼均设便门，方便到庭院花园。不足之处是，厨房在14平方米左右，面积大，兼具过廊，虽然使用效率高，但影响卫生，有碍观瞻。

第二种房型（见图1-39）：独栋独户，总面积36.5平方俄丈（166.22平方米）。一楼面积25.54平方俄丈（116.31平方米），设门厅、两个保姆房、餐厅、客厅、厨房、书房、走廊、浴室、卫生间。二楼面积10.96平方俄丈（49.91平方米），设卧室和儿童房。

这套住房的特点是，一楼走廊长达4.28俄丈（9.13米），面积2.57平方俄丈（11.70平方米）；浴室较大，为0.78平方俄丈（3.55平方米），并与卫生间分设；一楼设便门，可直通楼外庭院花园。缺点同样是厨房兼具过廊，有碍观瞻等。这套房型在市政区算是面积最小的别墅住房，其一侧超大的坡屋顶在市政区住房设计中独树一帜，但这种房型在市政区似乎没有建成，因为至今没有发现其照片实景。

第三种房型（见图1-40）：一栋两户，总面积42.34平方俄丈（192.81平方米）。两套房内部结构一模一样，每套面积21.17平方俄丈（96.41平方米），是别墅式住房面积最小的一套房。一楼面积为11.86平方俄丈（54.01平方米），有前厅、客厅、餐厅、厨房。二楼面积9.31平方俄丈（42.40平方米），设有卧室和儿童房。一楼二楼以狭窄的转角楼梯上下。

这个房型的两套房均未设有卫生间（也许在一楼楼梯下），也未设保姆房、储物间、书房；前厅兼做衣帽间使用；餐厅和厨房设有两个便门，可通楼外庭院花园。由此看出，这套房的住户经济收入和待遇都不是很高。同样，餐厅兼做过廊，具有第一种房型一样的优缺点。而二楼卧室拐角处的露天阳台，虽小但灵动俏皮，对房屋的通风透气采光非常重要，其上方的坡屋顶则高高翘起，桀骜不驯的样子，更显出不同凡响的气韵（前面已有叙述）。

值得注意的是，市政区的这些住房已经设置独立的厨房、餐厅、浴室、卫生间，特别是水冲厕所的使用，可以说是大连城市卫生革命的一次跨越。大连的夏季比俄国内炎热，为了解决住宅的通风和粮食的储藏问题，每户都设置有储藏蔬菜和水果的储藏室。

凡有2~4户的住宅楼，卧室房间常常位于二楼，厨房和门厅在一楼，那些孩子多的家庭，常因没有设置单独休息房间而留不住保姆，这样的住宅因建筑面积小，设计不合理，居住非常不方便。

单元家属公寓（见图1-41-1、图1-41-2）　这种公寓主要供应带家属的铁路职员或一定级别的单身职员，一栋楼共20套住房，为二层楼房。一楼共9套，面积从6.68平方俄丈（30.42平方米）到13.5平方俄丈（61.48平方米）不等，除2套小户型各只有两间房外，其余户型设施齐全，均设有门廊、2~3间卧室、独立厨房、卫生间，有的还有独立餐厅、书房、浴室、俄式壁炉。二楼11套住房，均带有阁楼的，除东侧顶头的一户9.65平方俄丈（43.95平方米）外，其余均为面积15平方俄丈（68.31平方米）以上，20平方俄丈（91.08平方米）左右，最大的一户面积27.32平方俄丈（124.41平方米）；均设有门

■ 大连历史街区与建筑

图1-41-1
1980年代，俄造单元家属公寓遗存，已拆
（池宫城晃 摄）

廊、2~3间卧室，俄式壁炉，独立餐厅、厨房、水冲厕所、浴室、书房、保姆房，有的还有储藏室。

　　这种单元家属公寓，因每个单元互相隔开，一个单元有多个房间，这与日本的木造房屋完全敞开式布局相比较，明显曲里拐弯像迷宫。1904年，该建筑物被日本殖民当局接收后，称其为"鬼屋"，先后被用作东洋旅馆、民政署官厅、美国领事馆等。

　　这种单元家属公寓已与现代住宅楼房相仿，具备了现代楼房的居住功能，只差电梯而已。其结构形态被日本的建筑师研究和学习，于1920年在南山麓建成的关东馆，就是此建筑的翻版，只是后者比前者高了两层而已。可以说，这种公寓开创了大连

图1-38 拥有2套面积共计57.53平方俄丈的住房

图1-39 面积为36.50平方俄丈的独栋住房

图1-40 拥有2套平均面积20平方俄丈左右的住房

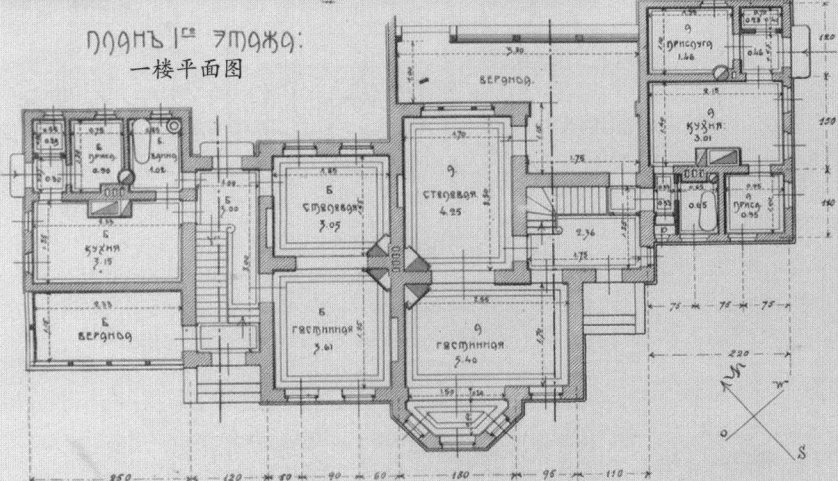

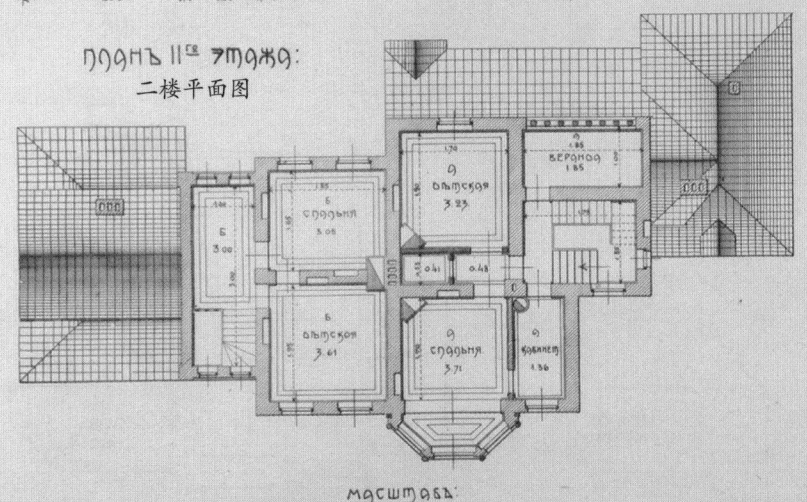

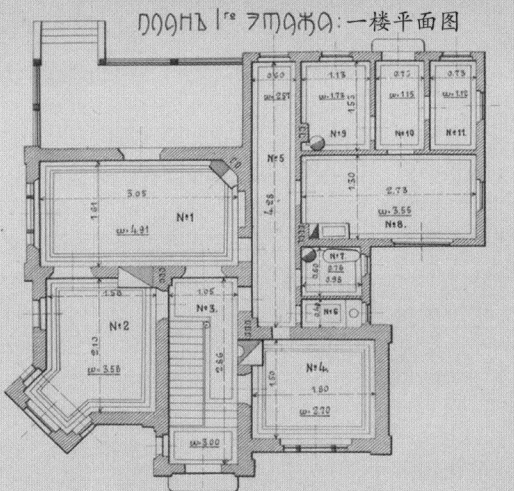

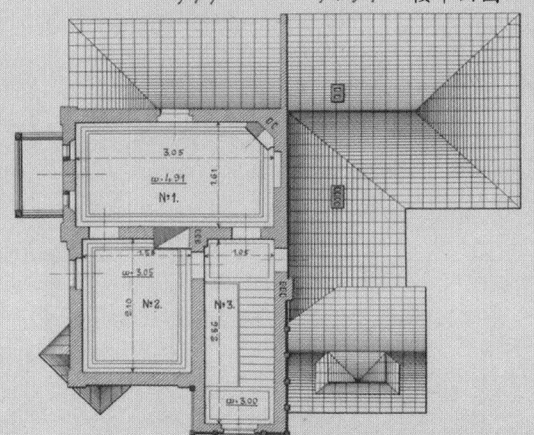

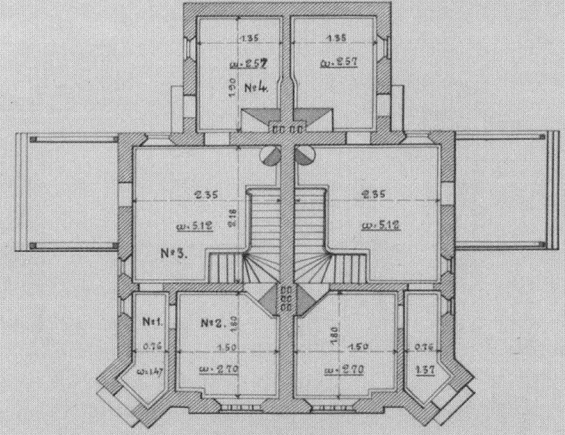

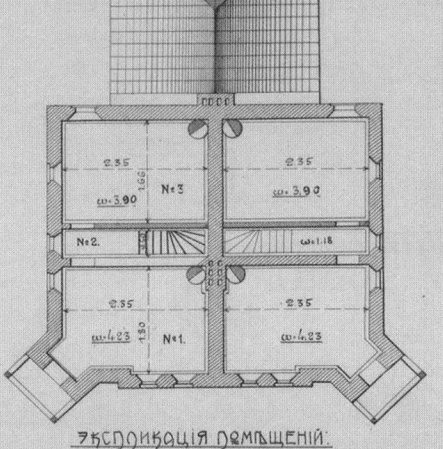

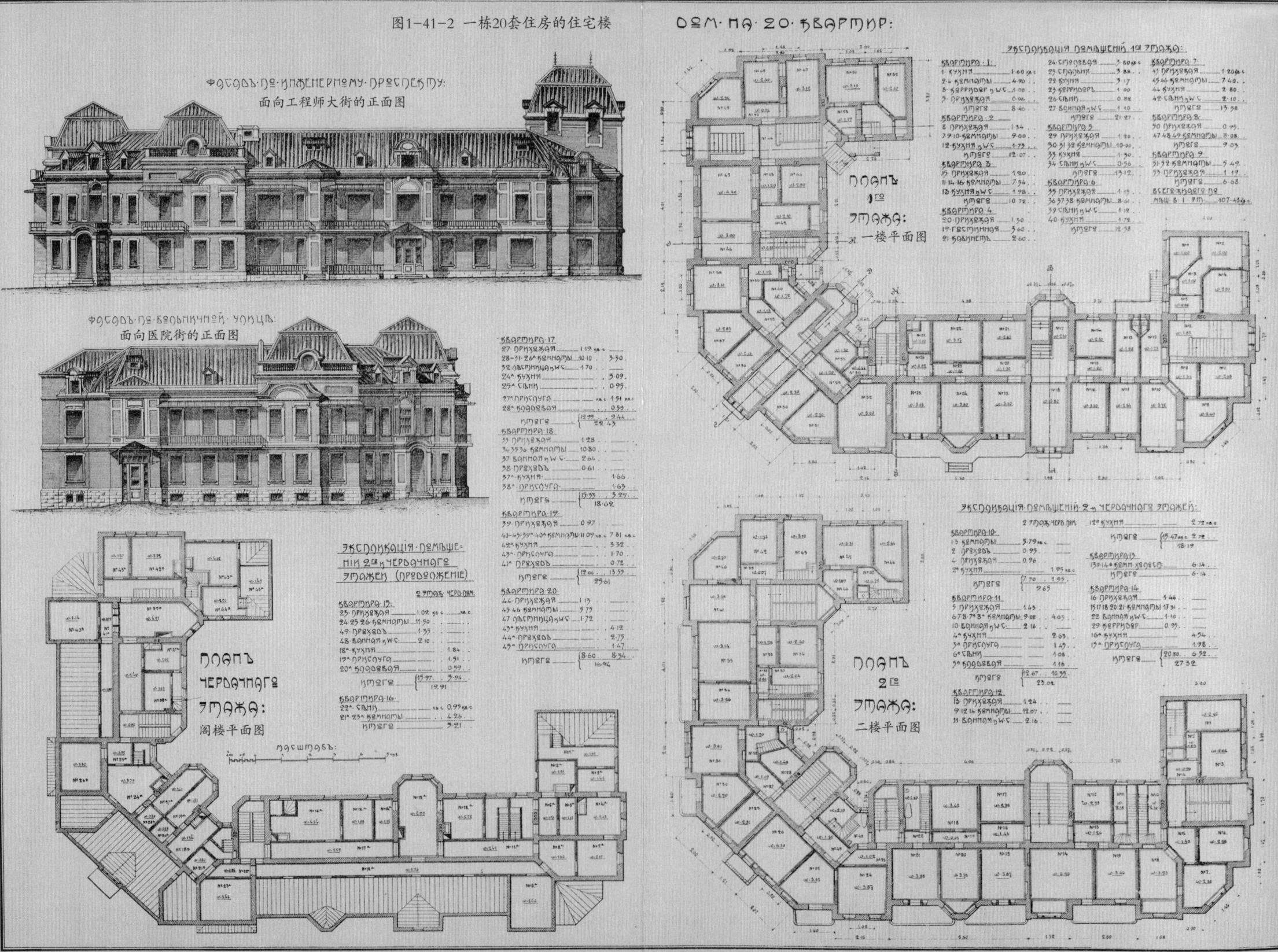

以至东北楼房住宅的新纪元。

单身集体公寓（见图1-42） 这种公寓主要用于贫民和单身职员居住，二层楼房，分为两种房型。

房型A：房间分为单间和工人集体宿舍，总面积139.88平方俄丈（637.01平方米）。房间一律在南面，出门北面带有明亮宽敞的走廊，工人集体宿舍位于一楼右侧两个房间、二楼两侧三个房间，其余均为单间宿舍，每个房间均有俄式圆形暖炉，两层均设门卫室。一楼左侧设有公共洗漱间、水冲厕所，右侧设有公共食堂、厨房、储藏室。

房型B：总面积113.96平方俄丈（518.97平方米），包括8套平均面积12平方俄丈（54.65平方米）的独立住房。上、下楼各4套，每套带有两个房间、一个独立厨房，每个房间角落均设俄式圆形暖炉，

图1-42
1980年代，俄造单身集体公寓（房型A）遗存

均未设卫生间，无浴室。非常方便实用，比如中式公寓。但是，这些房子的缺点是，仅仅有一个木楼梯连接两层楼（地下有特别出口），虽然木楼梯是抹灰的，但不完全防火，必须在宿舍里安装阻燃楼梯。

中式公寓 因为达里尼港口和城市建设需要大量中国工人，特别是技术工人，像当时英国在世界各地殖民地的做法一样，为了稳定这支建设大军，加速推进工程，需要建设一定数量的公寓，供中国工人居住，具有中国传统建筑风格。

中式公寓一般分为两种：一种是中国传统式样的大瓦房，这种房子带有临时性质，待港口、城市和入市铁路建设完工后一般会拆掉，仔细看与中式大瓦房还有细节上的区别，比如屋檐很短、山墙开眼窗等；一种是相对高级的两层楼房，也就是前面说的中式公寓。

这种两层高的中式公寓楼房（见图1-37），设计精巧，一楼和二楼均带敞开的外走廊，一楼的木拱柱排列整齐，形成廊道，二楼的木廊柱之间用齐腰高的木栏杆连接，二楼的楼梯缓步台外带露天阳台。其屋顶的设计可谓煞费苦心，中国传统的重檐四角攒尖顶、宝顶叠加融合，中间以一层夸大的阁楼相连接，突出的两层、三层的球形尖顶饰造型，更加引人瞩目。屋顶的垂脊上安置了垂兽和蹲兽，顺水滴雨的瓦当排列整齐，檐口的三层卯榫结构错落有致。三座重檐四角攒尖顶中间以悬山顶间隔，形成联排建筑。那栋共有100套房间的中式建筑，整体凸显了中国传统建筑艺术的高超智慧。很明显，这是达里尼建市之初中国匠人的神来之笔，身处市政区欧洲建筑的环伺之中，更加鹤立鸡群。当然，这样精心设计建成的中式楼房肯定是要永久保存、延续存在的。这样的中式建筑精品在市政区还有一些。

从建筑形制上看，欧式别墅主要供达里尼港口、城市、铁路方面的俄方管理层官员和职员居住，中式建筑主要供中国工人，特别是中国技术工人居住。

这也说明达里尼建市之初，既有像欧洲圣彼得堡皇家艺术学院毕业的斯科里莫夫斯基那样的建筑设计专家，也有中国传统建筑的能工巧匠；既有大量的英式、德式、俄式建筑被设计建造出来，也有中式建筑脱颖而出。中式建筑并不比欧洲建筑逊色，而且花样更是需要绣花功夫方可雕成。

这样说来，达里尼建市之初，就是一个中西建筑艺术纷呈的大平台，西方艺术院校毕业的建筑设计专业人才与中国民间的能工巧匠同台比拼，同台学习借鉴，惺惺相惜。

而身怀绝技的中国工匠并非来自大连湾当地，因为"（大连湾）那些从事耕地和打鱼的人们不可能去为达里尼港口和城市建设提供所需要的劳动力。他们相对于外来劳动力，只会参与到一些小工程和城外的大部分工程里。因为他们中间没有懂技术的"[1]。为此，达里尼市的工程管理机构通过与中国的承包商签订协议，由其按要求招聘中国技术工人。"大部分（懂技术的）工人来自于芝罘、天津和广东，工程鼎盛时期数量达到了1万至1.5万人。"[2] 由中国承包商提供的普通工人的工资，初期每天杂工35戈比，木工、采石工、抹灰工每天45戈比，一匹马的大车每天1卢布50戈比，两匹马的大车每天2卢布50戈比。后来则改固定工资为尽可能以计件方式把工程交给承包商，效率大为提高。专业技工工资比普通工人高许多，并根据工作水平确定不同档次。

同一时期，由沙俄殖民建设的哈尔滨市，其埠头区、道里区均不允许中国人居住，自然也就不会出现中国式样的建筑，而中国人集聚的道外区，则出现了中西结合的大量中华巴洛克建筑，至今保留下来，成为哈尔滨城市的一笔宝贵文化遗产。

达里尼建市之初，尽管斯科里莫夫斯基制定的城市规划将中国人区划定在市立公园（今劳动公园）以西，但市政区允许中国工人，特别是中国的技术工人居住，而且中式建筑与欧式建筑同时出现，不能不说是个奇迹。只可惜，历经百年的风雨洗礼，大连当年的中式建筑没有能够留下来，这成为这座滨海城市永远的遗憾！

达里尼市政区这种别具欧洲特色的别墅式建筑，以及由低矮的围墙组成

---

[1] 俄罗斯国家历史档案馆（560-28-104）：《达里尼港口和城市建设报告》，150页。
[2] 同上。

的花园式院落形态，恰恰被明治维新之后全盘西化、急于学习欧洲建筑的日本建筑师们所膜拜，为其在大连的建筑设计直接提供了样板。1905年侵入大连之后，毕业于东京帝国大学、京都大学建筑和土木工程专业的前田松韵、藏冢良夫，以及后来的众多日本建筑师均受此影响，在大连设计建设了一批又一批欧式建筑。特别是民居，继承延续了达里尼市政区建筑的建筑形态，在山麓台地建造了一栋栋大坡屋顶的独院独户别墅——"日本房"，与低矮的围墙组成院落，并在院落中种植蔷薇、海棠等观赏性强的植物，春暖花开时姹紫嫣红，仿佛一幅幅优美的油画。就连达里尼市政区为东清铁路公司和海运公司职员建造的联排住宅——集体宿舍，也被后来的满铁所仿制，在大连建造了许多类似的满铁社员集体住宅——寮。这种建筑形式经过岁月流转被传承下来，今天的大连城乡常常会看到。

施工方法

市政区的建筑，基础工程大体上用两三尺厚、有一定宽度的碎石块垫底，向其中注入石灰浆，而后倒入石灰石块，一直到地面上两三尺高度。在它上面堆上粗制砖瓦，因为砖瓦粗糙，所以大部分外角改用石灰石块。窗台门槛要涂漆，使用盖平石。第二层的房梁往往使用横梁。还有非常结实的顶棚木条，它的目的是防寒和隔音。它与上方房梁之间多用砖瓦铺好，塞满混入石灰的泥土。阁楼的施工方法与此相同。地板厚度为2寸（6.67厘米），楼下的托梁和二楼地板的结构相同。很多房屋结构不完整，缺少下面的横梁，所以侧墙略显突兀。各个接合部的接头最为简单，只用了普通的螺丝钉接合在一起。一旦出现地震，便有倒塌的危险。幸好当地地震较少，所以可以暂时安下心来。有意思的是小屋的材料很粗糙，有的甚至都没有用铁刨加工过。屋顶里侧的木板很厚，上面盖上了毛毡，抹上厚厚的石灰浆。坡度较大的屋顶，用两三枚5寸（16.67厘米）长的钉子钉到中国瓦上，这样不容易漏雨。而其他的防雨方法总有不尽如人意之处。俄国街区的很多住宅都有挑高的阳台，俄国人习惯于夏天在那里一边享受微风的吹拂，一边惬意地喝下午茶。到了日据时期，因为房间数量很少，而且日本人不习惯阳台，所以就把它给改造了。

市政区的住宅楼房为砖木结构，地板、天花板、房顶构架等这类木质部分因为需要考虑到防寒防噪声的功能，必须使用大量的材料，要求有巧妙的接头设计和精巧的整体结构，其施工难度就较大。满铁建筑课课长小野木孝治对市政区的建筑仔细考察后认为："这种建筑物的施工方法很粗糙，细微部分的施工也很随意，像房顶构架那些，人字木屋建筑末端、横梁头部、横梁末端、一方丈大小的柄、柄穴等，也大都用螺栓铁带子、大小鎹等勒紧、钉住、吸附住，可见在修建的时候一点也不用心。这将施工人员那不拘小节的心境淋漓尽致地体现了出来。"[1] 他进一步观察到："二楼的地板材料使用的是安全率达5至10左右的横梁，其下端用大钉子将厚2寸，宽七八尺的木板牢牢钉住，其上端堆满了砖并涂满了泥土油漆，从开端架起托梁，地板依然是用大钉子将厚2寸，宽七八尺的木板钉住，这种做法是很普遍的。"[2] 小野木孝治将达里尼市政区的建筑与1922年之后郊外土地会社在文化台（今中山区文化街）所建住宅的地板结构中所使用的其他材料进行了比较，明显看出达里尼市政区建筑地板使用的木质材料要比文化台住宅地板厚3到4倍。因此，他对达里尼市政区住宅建筑给予充分肯定："无论孩子们在楼上进行相扑游戏还是柔道练习，都不会对楼下造成噪声困扰，也就避免了对他们进行不必要的责备。"[3] 进而，小野木孝治向大连的日本建筑师们推荐："我认为在这些方面如果不用怎么考虑金钱的话可以尝试一下，保证会让你住得舒心。"[4]

达里尼商港和城市的建设者主要来自山东和河北，以及当地的大连湾

---

1 小野木孝治：《渡满时的回忆》，载《满洲建筑协会杂志》，第8卷第1号，1928（1）。
2 同上。
3 同上。
4 同上。

畔。在当时达里尼4万多人中，中国人占92%。因为中国劳工有建筑技术经验的很少，所以主要从事港口、城市、铁路建设的繁重体力劳动，包括木工厂的门窗加工，铸铁厂的管件翻砂浇筑，砖窑场和水泥厂的产品烧制等，俄国劳工只做监督及领班，这使得俄方建设负责人感到十分苦恼。一些工程的完成情况并不让人满意，主要原因是劳工不熟练、没有经验以及技术监督人员不够。达里尼市政区的前期工程出现许多返工的状况，迫使斯科里莫夫斯基于1903年制定了更加严格的城市规划细节，就是因为缺少熟练技术工人的缘故。如果能聚集更多优秀的劳工、技术监督人员，自然可以更好地落实城市规划。同时期，旅顺的公共建筑物几乎都是由军队的工程师设计监督完成的。殖民当局在中国劳工中培养了一批工头加技术工人，即木匠、房顶工、石匠、粉刷匠、玻璃工、泥瓦匠、炉工等，以便更好地推进达里尼和旅顺的城市建设工程。

建筑材料

达里尼建设需要大量的建筑材料。为了节省成本，建筑工程一般都就地取材，特别是基础材料，因为用量大，更需发挥当地"土特产"作用。在港口、城市、铁路开建之前，沙俄的工程师们已经将达里尼周围的建筑用材全部调查清楚了。由于整个中国东北的现代建筑从零开始，现代建筑材料及其加工也是从零开始，现代建筑材料极其匮乏，因此，达里尼的建设在努力挖掘本地建材的同时，不得不从遥远的美国、朝鲜半岛、俄国远东等购买和调运建筑材料，可谓煞费苦心。

石头，因其有较强的耐久性、抗压性和易开采、产地多等优点，经过加工，可以获得各种成品，或做基础，或做装饰，是中外建筑广泛应用的材料。又因其体量重，运输困难且成本较高，一般在当地大有用武之地。而从本地成形的流行建筑往往可以推断出当地石头的种类和应用功能。

达里尼市政区的石材主要来自辽东半岛，多用当地出产的石灰石和盖平附近的花岗岩（实际上是片麻岩）。石英石类不太适合建筑主体工程，主要用来砌筑庭园的围墙。这种用法被日据大连时期的建筑所继承，许多围墙、院墙、挡土墙、台阶均用较大的、不规整的石块砌成，显得十分厚重朴实，很有质感（见第312页《就地取材，垒石成基，筑石为楼》一节）。这也是滨海建筑的一大特色，至今在大连的一些乡村还能见到用石头砌筑整个墙体的大瓦房。石灰石作为饰面是非常好的材料，替代了理石或者其他建筑中需要的硬度高又漂亮的材料。理石用于教堂、宾馆基脚和内部饰面，以及堤岸的柱石和干船坞的饰面。理石分为两个等级，红色的理石采自一海之隔的山东半岛，质量最好的灰色理石则来自辽东半岛的东清铁路沿线。辽东半岛的石灰石完全适合烧制石灰。为了进行地产理石的加工，达里尼当局开办了许多采石场和石灰烧制厂。先期在西青泥洼小溪的山隘开采石英石，后来在南关岭设立采石场，采完的石头装上窄轨车皮运到港口和城市建设工地。最大的石灰厂位于大盐岛的海边，成品用小船运至对岸的建设工地，这也就是后来一直延续下来的鞍山钢铁厂大连盐岛石灰厂。到1904年，达里尼生产了7125.3吨石灰。

港口和城市建设所需的沙子，在大连湾沿岸的冲沟口附近非常丰富。那些被雨水冲刷过的石英石沙子，又被海浪洗刷掉各种杂质，原料非常干净。而这些材质优良的沙子就在建设中的港口和城市附近，用渔民的小平底船就可运到离工地很近的岸边，且很是便宜，每立方俄丈只需12~14戈比。同时，那些颗粒稍大点的粗沙粒，或者小石子，还常常被用于外墙贴面，作为正面装饰，代替灰浆拉毛处理，既结实耐用，又极富美感。更大点的石子则被用来装饰院子围墙，这在日据大连时期较为常见。直到今天，在大连湾城乡修建独栋别墅时，这种优质价廉使用方便的石材仍然大有用处。

由于当时中国的水泥厂数量较少，法国人在开封开办的水泥厂所产优质水泥的产能有限，达里尼港口和城市建设需要的水泥主要来自俄国新西伯利亚工厂，也有用日本产的水泥，但由于其质量有时不过关，故用量很少。因为达里尼市建设时水泥比较稀缺，所以大部分使用石灰砂浆，水泥只用于接缝处和涂抹的最后一层。像砖、瓦一样，建筑用的石灰等几乎都是用中国窑烧制出来的。在港口和城市建设工程开始时，达里尼当局本打算在距东清铁路金州站不远处的大黑山对面开办水泥厂，但是这个工厂没有建起来。

适合烧制生产砖和瓦的黏土在大连湾周边有足够的储量。因此，为了满足达里尼建设需要，开埠建市伊始，精明的中国承包商在靠近城市的郊外建起了很多中国式露天砖厂，烧制建设所需的红砖、灰砖和瓦。但是，中国人烧制的青砖质量好于红砖，红砖质量常常不过关，尺寸有时达不到俄国人要求的标准，运输时又产生很多碎块。1901年，发现砌筑不到一年的围墙砖就已经风化得很厉害。楼房外墙面亦然，但程度较轻。因此，这种砖也只能被用来砌筑围墙。之后，市政区无论是楼房外墙面还是院落围墙，均在施工时进行墙面抹灰，并让拼接的石块与其协调一致。这就是直到2000年团结街（原工程师大街）改造前和2012年烟台街（原季莫夫街）28栋老建筑改造前，这个区域的建筑和围墙有的是红砖，有的是灰墙的原因。

众所周知，青砖与红砖都是古老的建筑材料，二者均为黏土烧制而成。青砖是在砖坯烧透之后，直接往窑中淋水，使其在大约1000摄氏度的高温水蒸气下缺氧冷却，砖中的三氧化二铁会形成氧化亚铁，最终变成青砖。红砖则是以900摄氏度左右的温度烧透后，自然冷却，被充分氧化成三氧化二铁，变红成型。因此，青砖耐久性强，比红砖结实，耐碱性能好，但生产成本高，工艺复杂，产量很小，不能实现机械化生产，所以它的价格会很高；红砖的生产工艺更加简单，并且可实现机械化生产，故生产效率高，应用广泛。造成达里尼市当时砖的质量不过关的主要原因之一，是在烧制砖、瓦时，由于燃煤紧缺，只能使用高粱秆、木屑做燃料，其燃烧效能无法与煤相提并论，烧制出来的砖瓦脆弱易碎，表面附有蛋壳一样的薄皮，坚固程度和土块差不多。后来的日本人形容这种砖为"蟲喰炼瓦"，即虫子咬食过的砖。这种砖价格还很贵，出厂价在10~12卢布，到工地价为15~18卢布。后来，为了改善砖的质量并保证城市建设所需的巨大数量，东清铁路公司工程管理部在南三十里堡建起了自己的砖厂，采用高夫曼炉烧制中国样式的灰色的砖和瓦，月产能达到35万块，才彻底解决了这一困扰工程质量和进度的问题。

辽东半岛是一个缺乏森林的地区，而市政建设必然用到木材。正如前文所述，由于还没通火车，中国东北北部以及俄罗斯远东的木材靠马车是很难运到大连湾的。这时辽东半岛大连湾、旅顺，包括金州、普兰店等沿海的大小码头就发挥了优势作用，其方便畅达，运输成本低，解决了达里尼建设中的木材运输问题。朝鲜半岛盛产白松和红松，木材价格较低，质量上乘，往辽东半岛运输也非常方便，成为达里尼建设所需木材的主要来源地和首选地。每年的三、四月份鸭绿江解冻后，朝鲜木材便通过中国帆船贩运而来。有时会在白松和红松中间掺杂朝鲜半岛产的楸木和柞木，前者收缩性小、纹理清晰细腻，后者材质坚硬、纹理美观、抗腐蚀、耐水湿，是制作门窗的好材料。除了朝鲜木材，达里尼建设中还大量使用了来自俄萨哈林岛（库页岛）的木材，其木材质量比朝鲜松要好很多，主要是原木樟子松，长达6~12米，且各种直径都有，适合用作桩木、房架，但价格较贵。最好的建筑木材是来自美国俄勒冈州的樟子松，加工成木方和需要的板材尺寸等后，运到工地，其质量超过其他所有等级木材，因此达里尼最复杂的木结构基本上使用俄勒冈州的樟子松。虽然其价格比其他地方的都贵，比朝鲜半岛的木材贵一倍以上，但是基本抵上了朝鲜木材和萨哈林木材的二次加工费用。除此之外，新加坡的红木材和日本的手工木材被用于达里尼市建筑的门、窗框等。

为了加工木材，建设达里尼伊始就建起了蒸汽加工厂，后来转为木制品和细木工厂，达里尼市政区楼房的门、窗、框和家具大部分在此厂生产。

达里尼建设所需的其他材料来自欧洲，主要是德国工厂的产品，通过品牌中间商东方公司海运而来。浴室里的各种设施，以及厕所马桶、厨房所用瓷砖炉具、房顶的铁构件、宗教活动所需要的东西等基本从俄国进口。

市政区的另一部分建筑是位于东部紧邻海港的东清铁路修理厂、大型铁路机车库及调车台和发电站。东清铁路修理厂有机车组装、机车机械、机车粉刷、轮毂修理、车厢机械、锻造和弹簧、迁车台、木工、管道、煤水车、锅炉等厂房17栋,加上水塔、工厂办公室等共计19栋建筑。这些组装和修理厂房及设备是保障铁路正常运行的标配。1908年,该厂搬迁至沙河口地区,也就是今天的大连机车车辆厂的位置。这些与大连开埠建市同时诞生的第一批工业企业,使大连城市的制造工业从无到有发展起来。

欧式城市初露端倪

"一跃就变成了一座繁荣的大城市" 达里尼城市的建设快马加鞭,推进速度惊人。1901年6月,在下属提交给沙俄财政大臣维特的汇报信中说:"授权给工程师萨哈洛夫的达里尼工程,从小教堂奠基和一期建筑物开始经历了两年时间,这两年时间几乎都从我眼前经过。在我40多年的工作期间,我监督了很多建筑工程,但是这么出色而且在这么短时间内完成这么多工程,我还没见过。"[1] 到1902年3月15日,城市建设方面已修建了8.53公里的道路,在3.2公里左右的道路两旁已种植了树木。已建成住宅3.63万平方米,正在兴建的有1.11万平方米。已完成从马栏河引水的临时供水工程,管道供水已铺设至城市的行政区。此外,连接达里尼港口和城市的南满铁路主干线和支线路基铺渣工作已完成,沿线的营房和机车车库的地基也已建好。

1901年11月,沙俄财政副大臣一行在考察达里尼建设情况后的报告中说:"达里尼的勘测和准备工作于1898年夏天就开始了,港口和城市工程的施工在一年后,也就是1899年稍晚才根据最新批准的设计开始。尽管施工工期较短,甚至遇上恶劣的状况,比如鼠疫和伤寒等,不得不停工,最后正像我们在现场考察时所见,整个工程组织有序、高效,这一切都是建设者们努

---

1 俄罗斯国家历史档案(560-28-105):《达里尼市建设情况》,1901(6)。

力工作的结果。"[1]

随着商港与城市建设快速推进,达里尼市人口急速增加,从事建设工程的大批人员通过东清铁路公司的轮船渡海蜂拥而至,达到5.5万人,高峰期升至6万至6.5万人,与1899年建设之初的当地5000人口相比,增加了10倍以上。大批商人纷至沓来,贸易兴起,市场繁荣。1901年10月,从俄清银行办事处获得贷款支持的免税商铺就达450家,还出现了手工作坊、私人企业。邮电通信业务发展迅速,仅1902年就收发信函10.2万多封、包裹1129件,营业收入1.6万多卢布;邮政储蓄业务1714笔,计15.6万多卢布;邮政货物汇票接收13.9万多卢布,换汇4.7万多卢布。1902年,达里尼市内电话局放号200个,用户除市政、港口和铁路公司的管理机关外,还有医院、发电厂,以及44户普通市民,就连旅顺、沙河口以及城郊的砖厂、采石场等也与达里尼市内通了电话。

1902年10月,沙俄财政大臣维特考察了满洲和中东铁路建设情况,于10月15日抵达达里尼市。他对达里尼建设速度和质量非常满意,站在正在建设的大教堂工地(今二七广场)上,望着已见雏形的达里尼商港和城市,感慨万千:"看吧!这里成了一座城市!……多么漂亮的港口啊!"[2] 维特在给沙皇尼古拉二世的考察报告中写道:"目前市政区已经完全建好了。这里有港口和城市建设管委会大楼,中东铁路海运公司大楼,港口、铁路、海运公司员工以及俄国和中国工人住宅楼。同样这里也有教堂、学校、医院、宾馆、俱乐部及俄中银行临时办公点。街道铺设完毕,花园包围着房屋,排水、照明安装好,供水设施是临时性的。房屋都是石制的,大多为两层,设计款式各式各样。总之,这一部分已经完全看得出城区的样子了。"[3] "在数年前还仅仅是一个小村落的地方,到1903年1月,实际人口就已达41268人,此地一跃就变成了一座繁荣的大城市"[4](见图1-43)。

---

[1] 俄罗斯国家历史档案(560-28-104):《财政副大臣考察达里尼建设情况综述》,1901(11)。
[2] 大连市档案馆(H66-2):《沙俄统治时期的大连回忆录》,伊万·古梅诺夫,57页,1922。
[3] 同上。
[4] 关东州厅土木课:《大连都市计划概要》,第一辑,14页。

图1-43 1980年代的大连俄罗斯街区，原达里尼市政区遗存（池宫城晃 摄）

差一年就将全面建成的达里尼市 正当达里尼商港和城市的建设者们为实现"全世界重要贸易中心"的目标加速推进之时，1904年2月8日，日本军队偷袭了驻旅顺的沙俄太平洋舰队，日俄战争爆发，打断了这一进程。达里尼"港口和城市建设工程结束的期限定在1905年1月1日。但是，1904年1月开始的战争迫使施工停止了"[1]。也就是说，仅仅只剩一年，达里尼商港和城市的大规模建设就要完成了，然而，战争迫使其按下了停止键。

此时，达里尼的市政区已经基本建成，具有了欧式城市的模样，而欧洲人街区（今中山区主城区）的建设用地已经基本就绪，莫斯科大街（今人民路—中山路）、基辅大街（今长江路）、彼得堡沿岸街（今疏港路一部分）等主干道已具雏形，位于中央公园（今劳动公园）东边的第一批城建用地已拍卖。

到1903年年底，达里尼城市建设的地面平整工程基本完工，街道已经铺装，所有行政管理的楼房均已建好，仅仅剩下教堂、体操馆和学校等一些公共建筑未完成。城市供水设施已经使用，剩下供水的分管网和用永久设施替代临时配水站的工程还未实施。城市照明的所有材料已经准备就绪。城市建设未执行的预算合计40万卢布，其中，公共建筑部分17万卢布，供排水设施部分20万卢布，供电设施部分3万卢布。其间，1900年6月至1901年秋爆发的义和团运动，尤其是1902年发生的霍乱，使大批中国工人离开，工期推迟，这些主要影响了达里尼以北的东清铁路和城市建设，使东清铁路原定于1902年年初正式通车运营的计划，直到1903年7月14日才实现。而达里尼城市的建设虽受到影响，不得不短暂停工，但还是完成了当年施工任务。

---

1 俄罗斯国家历史档案馆（560-28-104）：《达里尼港口和城市建设报告》，174页。

■ 大连历史街区与建筑

谁烧毁了达里尼市政厅

　　1904年2月8日爆发的日俄战争，打断了达里尼港口和城市的建设进程，达里尼市也进入了临战状态。

　　达里尼港口和城市建设伊始，沙俄当局就没打算将其纳入军事防卫体系之中。1901年10月31日，俄财政大臣维特在给俄陆军大臣库罗帕特金的电报中就明确指出："我完全赞同阁下的观点，即从节约的角度来说，不宜修建该市城防工事。再者，就城市的商业利益而言，正如正五品文官盖尔别茨（东清铁路公司副董事长）、波科季洛夫和杜巴索夫（均为沙俄太平洋舰队旅顺分舰队军官）中将早在1898年讨论这一问题时达成的共识——这种城防工事弊大于利。因为，如果没有防御工事，一旦爆发战争，达里尼周边地区就不太可能成为军事行动的战场，从而使其商业少受萧条之苦。"[1] 然而，为挽救战争的颓势，被派往大连旅顺的沙俄海军大将马卡洛夫在实地察看了大连的地形方位之后，感叹不已，"他感到非常可惜的是旅顺被当作军港而不是达里尼。他认为如果在达里尼增设配套设备，那里将是舰队安全的避风港"[2]。

　　显然，沙俄一直将达里尼的商业价值放在首位，也许其对达里尼北部金州和南部旅顺的防御能力太过自信，没有把日本人放在眼里，布置在达里尼周围的兵力全部加起来也仅有一个中队，且弹药装备极少，每人只有60~120发子弹。这样的部队建制很显然不是在布防，只是为了应景配合警察维护城市秩序而已。面临战争的威胁，大敌当前，只好临时组织起一支由达里尼官吏和俄籍职员组成的"义勇军"，发给老式步枪，每天练习枪支的使用方

---

1 俄罗斯军事历史档案馆（846-16-27934）：《陆军总参谋部关于达里尼市防御工事的建设》电报，维特，1901（10）。
2 大连市档案馆（H66-2）：《沙俄统治时期的大连回忆录》，伊万·古梅诺夫，73页，1922。

法，要求其"只负责监视、守备，不让敌人入侵"[1]。为了临时应急，在大连湾布置了700个水雷，因操作不规范不专业而两次触雷引起爆炸，船长、士兵伤亡，舰艇被损毁。因此，可以说达里尼是一座不设防的城市。

战争一开始，由于不相信中国工人，中国工人被迫下岗。一方面因为要支持俄方军队应战，一方面中国工人的离开使人手不足的修配厂无法正常生产，港口、城市建设完全停止，铸造厂、陶砖厂和修配厂暂停生产。达里尼的俄方人员一部分被派往旅顺港的海事部门，一部分则转入港口修配厂替换中国的修理技师，加紧完成战时俄军海事部门的订单，继续汽艇、机车车辆、中心电站等日常维修保养工作，其他人员则往达里尼转运那些放在海滨采石场的财产，收集各个工厂厂房内的资产，拆卸铁路路轨运往北方，同时也开始从达里尼搬运对旅顺港有用的东西。最后一个月修配厂的主要工作是拆卸设备，运往旅顺港。大部分设备得以整体运送，在旅顺被围困期间发挥了巨大的作用。5月26日前，从达里尼转到旅顺的浮式设施有挖泥船，50吨的浮式起重机，7艘汽艇和铁驳船等，其余的浮式设备沉入海里。

1904年4月13日，随着俄军"彼得罗巴甫洛夫斯克号"和马卡洛夫海军中将在旅顺黄金山外海触雷遇难，达里尼市的俄国人开始变得惶恐不安。5月25日，日军猛攻金州，当夜11点钟，俄军下达了达里尼俄军和俄侨撤离的命令。由于是深夜匆忙下的命令，甚至弄不到有限数量的工具运送居民必需物资，不得不步行撤退。"撤退完全是混乱无序的。我们离开后，城里只剩下了中国人。"[2] 为了维持秩序，在日本人来到之前，达里尼当局将市政区留给中国当地警察管理，避免无政府状态，并"委托中国承包商泰厚和孙法藏全权代表维持秩序并转交城市及财产给日本军队。用英语书写的委托证明交给了泰厚和孙法藏"[3]。

5月25日的夜晚，是萨哈洛夫在达里尼的最后一晚。市长、总工程师萨哈洛夫的助手基洛夫后来回忆："在夜里两点半，市长、警察局长、我和三

---

[1] 大连市档案馆（H66-2）：《沙俄统治时期的大连回忆录》，伊万·古梅诺夫，65页，1922。
[2] 同上。
[3] 俄罗斯国家历史档案馆（560-28-104）：《达里尼港口和城市建设报告》，174页。

名警察骑马绕着空旷的达里尼街道转了一圈。"¹ 想必此时的萨哈洛夫内心五味杂陈，非常沮丧、失望、遗憾。经过七年的紧张忙碌，精心谋划，大连湾畔的青泥洼小渔村已经变成了一座欧洲式样的滨海城市，沙俄在远东拥有一个自由港，建设一个全世界重要贸易中心的梦想马上就要实现了，自己的职业生涯也即将画上一个圆满的句号了，可是，战争却使这一切戛然而止。看着自己一手打造的城市就要拱手相让，怎不令人郁闷。

5月26日凌晨，萨哈洛夫恋恋不舍地望了达里尼市最后一眼，带着五名随从匆忙出城追上了撤向旅顺的达里尼卫戍军队。此时，从"达里尼城里传来了水兵和工兵炸毁船坞、桥梁、兵营等的爆炸声。同时，达里尼的铁路车站灯火通明，那是工作人员在离开前烧掉了最后的火车"²。而此时，400多名从达里尼撤出的饥肠辘辘、疲惫不堪的俄国人，包括妇女和孩子，以及军人，正沿着通往旅顺的大道艰难奔波。

其实，日俄战争伊始，沙俄当局就考虑到达里尼可能被敌人占领。"完全可以想象得到，如果那样的话日本人会把达里尼作为阿尔图尔战役的基地。"³ 旅顺的沙俄军事指挥部因此决定毁掉达里尼的防波堤、船坞、修配厂和铁路大桥，为此，军事工程专家大尉捷德吉尼泽被派遣到达里尼，执行这一艰巨任务。5月14日，进行试验性爆破，在距离码头线大约4.27米的宽防波堤（今大连港2号码头）上设置深3.6米的药井，填装了196.56公斤炸药，爆破结果是，形成了一个直径不到15米的大坑，水上砌体移动了0.6米，第一排大块料移动了0.3米，堤壁水下部分没有任何损坏。爆破产生的威力不大，实际破坏能力非常小。"除了岸壁之外，其他的设备也只有破损没有被彻底毁坏。为何不彻底毁坏所有设备呢？根据计算结果，如要彻底炸毁达里尼的所有设施，必须使用旅顺所有的炸药，而这一点旅顺军方绝不可

---

1 俄罗斯国家历史档案馆（560-28-104）：《达里尼港口和城市建设报告》，174页。
2 俄罗斯国家历史档案馆（560-28-104）：《达里尼港口和城市建设报告》，176页。
3 同上。

能同意的。"[1]

　　同样，撤退之夜，执行旅顺指挥部下达摧毁余下的达里尼运输机车命令的效果也不理想。最终，达里尼小船坞的门被拆下沉入海底。大尉捷德吉尼泽还炸毁了通往南关岭的铁路桥，"根据照片看，经过西青泥洼河的桥梁完全被毁掉了。撤退时仅仅烧掉了电报楼和铁路车站，后来5月14日红胡子掠夺达里尼时烧掉了几栋建筑物"[2]。这里的俄历5月14日，即公历5月26日，"红胡子"即所称的中国当地盗匪。

　　由此可见，达里尼市建筑——基本是达里尼市政区的建筑——在俄国人撤离时被自己烧毁的传说是不正确的。5月26日凌晨俄国人从达里尼全部撤离，到5月27日傍晚5时日本军队进入达里尼，其间达里尼已是不设防的空城，也是无人管理的空窗期，正是劫匪大肆横行之际。对此，1904年6月10日，从旅顺前去达里尼悄悄打探消息的俄军侦察员卡伊斯基发给关东防区司令部的一份关于日军在达里尼地区分布情况的报告中有更详细的记载："日本人5月15日（公历27日）傍晚5时许占领达里尼。5月14日（公历26日），红胡子就已洗劫了各个大楼。行政市街的楼房里住着一些日本人，每幢房子里住15~20人。达里尼共计有近4000名士兵，没有日方辎重车队，一切都是由中国大马车进行运输。"[3] "未使用铁路，通往火车站的道路已被5月14日红胡子烧毁的12节车厢堵住。"[4] 因此，说明达里尼市政区的几栋建筑，包括达里尼市政厅，是在1904年5月26日俄国人撤离后被红胡子所烧，并非俄国人所毁（见图1-44）。"儿玉町尽头市政厅的建筑物，全部被烧毁后，中国人盗走了水道的铅管及黄铜栓，因此这附近都成了一片汪洋。"[5] 当然，从俄国人撤退时对铁道的破坏程度，也可推理出其对达里尼市政区的破坏程度非

---

[1] 俄罗斯国家历史档案馆（560-28-104）：《达里尼港口和城市建设的报告》，176页。
[2] 同上。
[3] 俄罗斯军事历史档案馆（846-16-27957）：《东西伯利亚第四步兵师旅顺港师部关于1904年6月军事行动的通信、汇报和命令》，883页。
[4] 同上。
[5] 同上。

常小，因为"当时俄国人逃跑时打算之后返回来恢复统治，所以铁路及其他建筑物也没有被严重地毁坏，这是非常幸运的"[1]。

1904年5月26日，达里尼市长、总工程师萨哈洛夫撤到旅顺后，立即投入旅顺防御战之中，"他曾经指导了已失去的阿尔图尔港从战争开始到结束的要塞工程"[2]。当年9月中旬，萨哈洛夫感染伤寒，于10月26日夜里病死，时年45岁。

图1-44　1904年11月12日，被烧毁了的达里尼市政厅

图1-45　1930年代的满蒙资源馆

---

1 大连市役所：《大连市史》，875页，1936。
2 俄罗斯国家历史档案馆（560-28-104）：《达里尼港口和城市建设报告》，172页。

日本"趴趴房"
——传统木造建筑登陆大连

1902年,达里尼市政区

20世纪初，在中国东北大地上爆发的日俄战争，最终以日本的胜利和沙俄的失败而结束。这场战争检验了日本明治维新以来的变革成果，导致了俄国革命的爆发，深刻地改变了世界政治、经济、军事格局。

日本虽然表面上取得了这场战争的胜利，但日俄在文化上的较量远未结束，具体表现在大连城市建设领域，其另一场对决才刚刚开始。

由于俄国建筑师斯科里莫夫斯基遵循当时欧洲先进的规划理念，参照柏林、巴黎等国际城市规划，将达里尼城市设计成以广场为核心，辐射状路网通联的形态，使日本人深受震撼。德国作家阿尔封斯·帕凯特（Alfons Paquet）1908年参观大连时感慨道："这个城市不可思议的构思是绝对不会从日本人的头脑中跑出来的。"[1] 同时，已经建成的达里尼市政区的各式各样的砖造欧式建筑，没有两栋是一模一样的，让日本的建筑师们顶礼膜拜。这与登陆大连的日本传统的木造"趴趴房"形成鲜明对比，使侵入大连的日本殖民当局深受刺激。于是，经过激烈的思想斗争，其决定沿着俄国人在达里尼的规划建设思路走下去，并以期超过之。

---

1 阿尔封斯·帕凯特：《在新兴的东方》，116页，1913。

日本"趴趴房""丢尽了脸"

1904年5月27日,日军侵入达里尼市。到1905年1月2日旅顺战事结束之前,日军严禁本国人进入达里尼市,但有许多日本人抱着发财的梦想,通过山东半岛的威海、朝鲜半岛至丹东偷渡而来,计有500多人。1月4日,日本陆军颁布《大连湾出入船舶及渡航商人规则》,实行许可证制度,一定程度放宽日本人进入达里尼的限制,但是这种放宽是有先后顺序条件的。"如果现在给他们发放渡航许可,没有给他们提供所需的住宅,就会产生很多的困难。因此决定先给最必要的行业人员,即日本旅馆业主、土木建材承包商、饮食店主、铸造工、木匠、伐木工、泥瓦匠、石匠等其中的若干名发放渡航许可,随着该市的准备整顿进度,分批发放其他种类人员的渡航许可。"[1] 于是,大批日本商人纷纷登陆大连湾,一时达到700多人,这其中也包括从事土木建筑的人员。同年2月11日,日本辽东守备军颁布第3号令,改青泥洼之名为大连,标志着日本对大连正式侵占经营的开始。日俄战争结束后,1905年9月1日,日本殖民当局开放普通日本人自由进入中国东北,大连的日本人剧增。

随着大量的日本军政人员的到来,其办公、住

---

1 大连市役所:《大连市史》,274页,1936。

宿问题出现。同时,大批日本商人的到来,其住房问题也凸显出来。1907年年初,满铁迁址大连,其职员的住房也需要解决。

1905年2月,大连军政署责成土木课建筑师前田松韵和仓塚良夫,对接收的达里尼市的建筑物进行详细登记,之后,除满铁职员占有的东清铁路公司住宅之外,将俄国人遗留在达里尼的市政资产和东清铁路公司其余资产对外出租,同时出租的还有大连市未建设的空地。承租人主要为做小本生意的日本商人、医生、包工头等。

因此,赶走俄国人,初来乍到的日本人在住房方面呈现两种形态:

一种是沿袭使用达里尼市政区的俄国人住房。进入达里尼市的日本殖民当局迅速恢复城市秩序,将俄国人逃离后被烧毁破坏的房屋在短时间内予以修复。当时,俄国人遗留的住房主要在市政区,也就是今天的胜利桥北一带。日本入侵后,市政区成了满铁的附属地,1907年随满铁总部迁入大连的满铁职员等优先居住于此。同时,大连的城市管理人员等也首先入住这些现有住宅。

当时,市政区不管是公共用房还是住宅,均是建筑时间最长不到5年的纯西洋风的砖造建筑。面对这些别样的建筑,特别是德式、英式建筑风格的俄国人住宅,日本人一下子还适应不过来,只好因循旧有的生活习惯,很自然地使用榻榻米取代俄国人的卧床。为了利用这些房屋,日本殖民当局也认为必须尽可能地符合日本人生活习惯,把日本风情带入这些住宅,"创建一个让日本人住得舒服的环境"[1],因此,同意住进俄国人住宅的日本人在其地面加装一层木地板后,将榻榻米铺满卧室。"恐怕这时是满洲前所未有的榻榻米的使用最为兴盛的时候了。"[2] 同时,允许在室内普遍用木板装上了日本住宅常常必备的壁橱,作为放置被褥等物品的装具。

当时市政区遗留下的俄国人住房外部的显著变化是,日本人对其开放式

---

1 高岗又一郎:《怀古漫谈》,载《满洲建筑协会杂志》,第8卷第1号,1928(1)。
2 同上。

阳台的改变。日本人将露天阳台封闭起来，安装上推拉门，铺上榻榻米，作为一个卧室使用。俄国人觉得在气候温暖的季节，在开放式阳台上品茶看书看报，充分享受阳光，是非常惬意的事情，而日本人则感觉不到这种快乐，他们宁愿把阳台四周围起来隔断外面的空气使其变成一个房间，在这里享受冬天的乐趣。"这显示了日俄两国国民不同的习惯。"[1]

另一种为自建的木造住宅。由于市政区遗留的俄国人住宅仅供应港口和城市管理人员以及满铁职员，且数量有限，涌入大连的大批日本人只能建造新的房屋栖身。起初日本人建造的均为其传统的木造房室（见图2-1）。

图2-1
木造的大连花屋旅馆

[1] 小野木孝治：《渡满时的回忆》，载《满洲建筑协会杂志》，第8卷第1号，1928（1）。

1905年，日俄战争刚结束，许多日本人认为战后的中国东北遍地都是"黄金"，因而满怀发财的美梦野心勃勃地踏上了东北的土地。这些人主要来自四个方面：一是从日本国内蜂拥而至的商人；二是从台湾移民过来的一群人，他们在台湾这个殖民地经过近十年的积累，在土木建筑等各行业中有了相当多的经验，想在中国东北新的殖民地干一番大事业；三是从朝鲜半岛过来的人；四是早年在中国华北的日本商人及工程技术人员。

当时这些企图一本万利、豪赌一把的投机者，来时没有一个人想过在大连长期居住，都只想大赚一笔后衣锦还乡。时逢大连军政署以市场化方式出租土地，急于求成、无落脚之地而经济实力又不足的这些日本人，在建房子的时候都不用砖，搭建了许多低矮、丑陋又不规则，被大连人称作"趴趴房"的木造房屋，有的只在外面涂了些砂浆，外表看起来像是西洋的东西，就靠这种房子在大连生活。一夜之间大连就形成了许多日本人聚集区，一眼望去，"都是些低矮、丑陋又不规则的建筑"[1]，好似日本乡下一样的村落，"就像日本的乡间街道一夜间出现在异国他乡"[2]。这种状况与俄国人规划的先进气派的达里尼市背道而驰，与已经建成的洋气市政区相比，简直是天上地下，可谓"丢尽了日本人的脸面"[3]，让在大连的日本军政高层的自尊深受刺激。

然而，这只是表面现象，随着大连寒冷冬天的降临，日本人在大连遇到了从未有过的棘手问题，即什么样的住房才能保障其度过比自己国内气温低得多的冬天？

日本自古以来就对木造建筑情有独钟，在西方建筑技术传入之前，日本的建筑一直都为木造。

日本是一个岛国，属于海洋性季风气候，冬季较为温暖，夏季较为凉

---

[1] 前田松韵：《在大连市施行建筑临时规则的效果》，载《建筑杂志》，第254号，1908（2）。
[2] 同上。
[3] 同上。

爽，建筑无须较厚的墙壁，木材的低导热性，比较适合日本大部分地区越冬。其岛国的木材资源非常丰富，盛产桧柏和杉木等树木，纹理美观，质地柔软，便于加工，不用油饰，本色使用，是性能极佳的建筑用材。木屋的建造成本最为便宜，如果烧毁了重建起来也很简单，所以即使频频遭遇火灾，日本人也依旧坚持木造建筑。而且木造住宅建筑周期短，极为适合应急之需。另外，木造建筑的抗震性较好，也比较适合地震多发的日本列岛。日本是一个雨量充沛的国家，为防雨排水，日本木造住宅的屋檐都非常伸展、低矮。因此，从气象状况和风俗习惯上看，日本人对木造建筑相当的依赖。

日本地形虽变化多端，但没有高山大川，海洋环绕、气候温和、四季分明，无严寒酷暑。这就使日本人形成了不求高大宏伟、雄奇壮阔，但求清淡雅致、小巧优美、简便实用、质朴开放，与自然融为一体的文化理念。木造建筑承载了这种理念，同时，这种理念巩固和助推了木造建筑的推广，并经过长期的融合发展，形成了大和民族传统的建筑文化。

日本是一个善于吸收外来文化的民族。明治维新之后，全盘西化，学习欧洲的建筑理念和方法，日本开启了砖造建筑的历史。起初，因本土无欧式建筑的设计与施工人才，就直接聘请国外建筑师担当，同时，在"工部大学校"（今东京大学工学部的前身）开办西方建筑学课程，培养本土建筑人才。1887年，从德国引进砖的制作生产技术，实现本土制砖规模化。此时，日本国内的政府、银行、医院、警察署等大楼，以及兵营、学校等建筑普遍采用砖造欧式风格。经过近50年的学习钻研、模仿自建、与本民族风格融合，日本国内欧式砖造建筑的技术日臻成熟。然而，日本民间住宅建设则不同，尽管政府大力提倡砖造建筑，以期代替易于发生火灾的木造建筑，但是，由于砖造建筑的造价较高，加之其隔潮效果并不适用潮湿的日本气候；砖砌的西式建筑与木造的日式建筑相比，自然换气效率不过是其四分之一左右，哪个更有利于身体健康，显而易见，所以，日本传统的木造建筑依然深受民众喜爱，一直传承下来。

1923年9月1日，日本东京、横滨发生了8级大地震，砖造建筑损失惨重，其抗震性能差的缺点暴露无遗，而钢筋混凝土结构的建筑抗震性能和防火性能强的优点得到了充分检验。于是，日本国内完全停止了砖造建筑，纷纷兴起了钢筋混凝土结构的建筑。但是，采用钢筋混凝土结构的主要是政府机关、学校等公共部门的建筑和大型企业的办公楼，而民间的小住宅、神社、寺院则仍然沿袭木造建筑的传统。第二次世界大战前，这种木造的小住宅占到日本全国每年建筑总量的90%以上。尽管19世纪下半叶曾出现过一个时期的"拟洋风"建筑现象，但直到1960年代初日本进入经济高速增长时期，木造建筑才降到其每年建筑总量的50%以下，并逐渐退出日本国内建筑主阵地。

因此，"一直以来，在日本人的住宅概念中，木材是无论如何都难以割舍的重要部分。"[1] 日本在1868年至1911年开拓北海道时，尽管其气候基本上和中国东北一样寒冷，但是那里依旧采用了木造住宅，并没有采用北欧城市那样具有较厚防寒墙壁的砖造建筑。甲午战争后，日本在中国台湾以及后来的桦太（库页岛）和朝鲜半岛也同样采用了以往传统的木造住宅。

基于对木造建筑世代承袭、喜爱有加的这种文化传统，日本人登陆大连初期，建造大量木造住宅——"趴趴房"也就不奇怪了。

日俄的另一场对决——大连的城市规划与建设

1904年5月，日俄战争还未结束，日本从俄国夺得的达里尼市，无论是规划还是已经建成的市政区街道和建筑，均是一个不同凡响的欧式城市形态，这直接刺激着日本人敏感的神经。

---

1 宍道七郎：《大连市的火灾状况》，载《满洲建筑杂志》，第15卷第2号，1935（2）。

当时，登陆大连的日本人对达里尼市政区的欧式城区十分佩服。从日俄战争开始就到大连的日本建筑师高岗又一郎说："俄国以惊人的气势稳步开展实施了建筑工程。从码头到市区整体，我都对照着当时的俄国地图仔仔细细地看，真是惊人的规模宏大的工程啊，从露西亚町的一角开始到满铁本社的方方面面，星罗棋布的兵营，以及其他的各种砖砌的建筑物，在当时的我们眼里都十分有威严有气势。要能买真想把它买下来。这和我初到满洲时的印象一比，让我着实感到佩服。"[1] 而不只日本的建筑师对眼前的俄造欧式建筑和街区由衷折服，就连普通日本游客也是慕名蜂拥而至，"原俄占时期各个官府的所在地，现在还有几栋建筑在这边挺立着，这一带受到了从日本来连旅游的日本人的青睐，就好像是亲历了欧美旅游一样"[2]。

显然，达里尼欧式城市的街区与砖瓦结构的建筑，与登陆大连的日本人建造的木构房屋形成了强烈的对比。而斯科里莫夫斯基运用当时欧洲先进理念规划的达里尼市，以及已经建成的欧式城区市政区，正是日本明治维新之后梦寐以求向西方学习的理想城市模版。

日本明治维新之后，向西方学习现代先进城市建设之路并非坦途，其艰难程度，既有传统观念的掣肘，也有政治经济社会制度的原因。

1868年，日本实行明治维新，以强盛国家为目的，以全盘西化为手段，走上了近代化的道路。其城市的建设也不例外，自然以学习欧洲先进的城市规划与建设理念和方法为要旨。

日本最早学习欧洲城市建设的标志性事件是东京银座的砖瓦街改造。1872年（明治五年），一场都市大火，使明治政府抓住了改造东京的木造建筑为欧式风格的砖瓦建筑的契机，于是，聘请外国人设计银座地区，以展示日本为近代化国家的新形象，其市街、建筑、建材完全效仿欧洲式样，开启了日本城市欧式规划与建设时代。1886年（明治十九年），日本政府实施以现在东京日比谷公园附近地区为中心的政府机关厅舍集中建设计划，当时的

---

[1] 高岗又一郎：《怀古漫谈》，载《满洲建筑协会杂志》，第8卷第1号，1928（1）。
[2] 大连市档案馆馆藏：《大连市案内》，6页，1907。

政府临时建设局委托德国建筑师进行设计，采用近代欧洲城市设计风格，规划了广场、公园、纪念碑、公园道路等大规模公共建筑。

城市规划和建筑样貌，是时代的风向标。当时的日本明治政府，无论是集中规划建设象征政府权力的官署、厅舍，还是民间商业街区的建设，均采用或极力倡导欧式风格，充分体现了建设欧式城市的梦想，进而树立和展示明治政府西化路线决心。然而，东京银座砖瓦街却因地震而全部摧毁，日比谷的官署厅舍集中规划因为未充分考虑原有都市结构、市民意愿和经济状况而惨遭挫折。这些新的尝试均暴露出单纯聘用西方建筑师设计建设欧式风格街区和建筑的"水土不服"的弊端。

日本真正的近代化城市规划与建设则开始于1888年颁布的《东京市区改正条例》。然而，该规划法在日本国内的实施却遇到层层阻力。日本元老院就曾经断然否决了日本政府所提的《东京市区改正条例》及附带的《东京市区改正土地建物处分规则》。当时元老院反对的理由很多，诸如：计划经费未确定就确定征收税金；为了东京一地之修饰而要政府出面征收特别税，加重人民经济负担；造成东京和其他地区贫富失衡；不应该模仿外国人这些皮毛，而应先求经济和知识上之进步……总之，在日本社会的争议中反映了这些构想不成熟的一面。元老院甚至批评这两个条例规则是"古今未有之恶法"。虽然第二年日本政府以敕令强行通过了《东京市区改正条例》，但日本国内对这种所谓"市区改正"总抱着怀疑的态度，认为是奢侈的财政支出。除了东京一地外，日本所有都市都没有准用《东京市区改正条例》。

经过了甲午战争、日俄战争、第一次世界大战，日本的城市急速膨胀发展之后，日本的其他城市适用市区改正条例的时机才逐渐成熟。于是，1918年日本的京都、大阪、名古屋、神户等五大城市宣布准用《东京市区改正条例》。当然，大阪等其他城市之前也进行了自发的市区改正工作。

其实，日本入侵我国台湾后，在其第一个殖民地实施的市区改正工程也是颇费了一番周折。

台湾的气候环境与风土和日本的并不相同。所以，日本人入侵台湾首先碰到的就是环境适应问题。1895年日军侵台伊始，南下作战，就遇到了疟疾，伤亡惨重，连北白川宫能久亲王也死于该病。日本人在台北罹患伤寒等传染病的比率高于台湾人8倍之多。在日本人的眼中，疫病发生的原因，就是当时台湾的城镇是极其落后不卫生的：市区马路狭窄，道路弯曲，污水横流，家畜乱跑，污秽难闻，交通极为不便……因此，要改变这种卫生落后的状况，首先就要改造城市。于是，提出了市区改正计划。而要"改正"城市，首要的是改良城市的下水道。1896年，"台湾总督府"聘请日本内务省卫生工程顾问英国人巴尔顿进行台北市下水道的调查与改良工程的计划，并于第二年实施。

1898年2月，儿玉源太郎就任第四任"台湾总督"，同年3月，受儿玉源太郎提携，后藤新平就任台湾民政长官。这两位都是极力主张向西方学习的维新官员。1899年，殖民当局颁布《台湾下水道规则》，同年，为了方便征用土地，又颁布律令第30号。1900年，殖民当局制定《台湾家屋建筑规则》，1907年，制定《台湾建物建筑规则实施细则》。其对家屋的建筑审批、遇有疫病时的拆毁等做出规定，此外从卫生和安全角度出发，对有关厕所、厨房、浴室、排水、防火、防震也做出了规定。

这种市区改正计划出发点仅仅是改善市区公共卫生状况，然后为了取得所需的道路、上下水道及公园用地等主要的公用或官有土地，才衍生出预先计划的方法，它并没有预测市区整体发展趋势的概念与能力，当然也就没有为城市未来发展预先计划的概念了。这种规划方法可称之为问题导向而非发展导向的方式，目标单一，手段直接，主要工作不外乎是市区道路的扩大、拉直、新开、上下水道的改善，以及预定所需之公用官地。这种规划是以侵略者急迫的需要为前提，通过强制手段来实现。

1918年，日本国内京都、大阪等5个人口50万以上的城市实行《东京市区改正条例》的时间，比类似台湾的《台湾家屋建筑规则》条例足足晚了19

年。虽然台湾的市区改正条例与大连几乎同期，两者都是通过殖民当局的强迫力量来推行，但比日本国内的推行要容易得多。台湾的城市尤其台北市是在原有市镇的基础之上，仅以卫生改善为目的进行改正，而大连从"一张白纸"开始，沙俄当局按照欧洲先进的理念进行高起点系统规划，将港口、城市、铁路统筹为一体，实行自由港政策，对全世界开放，以求建成全世界重要贸易中心。其建设也是按照城市规律有计划地稳步推进，计划在1904年年底之前全部建成。虽然被日俄战争打断，但已经建成的达里尼市政区和欧式城市旅顺就令日本人感到非常震撼。

  本来俄国人自视其国力比日本强大，根本没有把日本放在眼里。日俄战争之前，俄国及欧美各国普遍认为战争结果将会毫无悬念是俄国战胜日本。俄国陆军大臣扬言，一个俄国士兵可以对付三个日本士兵，这次战争将会是一场军事散步。但战争的结果却出乎意料，俄国惨败。即使日俄战争失败了，但俄国人打心眼里也不服气，认为本国的文化要比日本先进。而日本要证明自己比俄国强大，不仅在战场上逞匹夫之勇，也要在文化上不比俄国差，并要强力压过俄国，直接的战场就是大连、旅顺，诱因就是达里尼市和旅顺市先进的欧式风格的规划和砖造建筑。然而，登陆大连的日本人沿袭其传统建造了许多"简直丢尽日本人脸面"的低矮、丑陋的木构"趴趴房"。两相比较，极大地刺激了日本人的自尊。同处一城，仿佛俄国人时刻透过达里尼市那些欧式洋风的街区和建筑，在显示自己文化的高贵，嘲笑日本的愚昧与落后，这让日本的统治高层无地自容。

  城市的规划、建设与管理是文明程度的体现。从这个意义上讲，日俄的另一场对决——大连的城市建设，才刚刚开始。

  日本是一个善于学习外来先进文化的国家。隋唐时期学习中国的木造建筑，到明治维新开始学习西方先进建筑艺术。1904年，日本侵入大连时，日俄战争还在继续，是临时安排大批来连日本人员的住房问题，还是从长远考虑，谋划日本长期占领统治大连的国策，是摆在日本当政者面前的紧迫任务。当时达里尼市的建设框架已经基本成形，市政区已经建成，欧洲人区（今中山区主城区）的道路基本成网，城区土地平整基本完成。

面对眼前现成的欧式城市达里尼市，"仅仅是这座城市的外形，就显现为沙皇权力的一座不朽的纪念碑"[1]。这正是日本人学习先进城市建设的模板。故只要沿着达里尼城市原有规划方向推进，省时又省力，事半功倍，既解决了眼前的住房急需难题，又明确了大连城市未来规划建设的大政方针，可谓两全其美，日本人自然是"照单全收"了。

于是，时任日本辽东守备军参谋长、大连军政署署长神尾光臣一锤定音，决定"宜承袭俄据时期的计划"[2]，并明确了承袭的原则和方针。当时儿玉源太郎等日本军队大佬们也极力赞同。首任大连民政署署长关屋贞三郎1935年再次来到大连时，在大和旅馆（今大连宾馆）召开的座谈会上说："当时俄国留下了城市规划的精密地图，经研究最后说就按照这个规划来吧，建设期间也咨询了留下来的俄国人……"[3]，可见当时的日本人"虚心"到何种程度，不但全盘照抄俄国人的达里尼商港、城市规划，连俄国建筑师也极力挽留下来，帮助其续建百废待兴的城市，当然也说明了日本人的决心。

为什么在大连"承袭俄据时期计划"首先由日本军队提出来，而不是由当时的建筑师们提出呢？这一方面说明日本军人当时具有绝对的决策权，另一方面与明治维新以来日本军人的一贯作风相关。

日本明治维新的主要领导人是一些青年武士，他们以"富国强兵"为口号，企图建立一个能同西方并驾齐驱的国家。因此，明治维新伊始，日本军人就是最激进敏感的一个群体。甲午海战、日俄战争、九一八事变、诺门坎战役、偷袭珍珠港，等等，日本军人每次的冒险冲动，看似偶然，其背后都

---

1 阿尔封斯·帕凯特：《在新兴的东方》，116页，1913。
2 关东都督府官方文书课：《关东都督府施政——旅顺》，342页，1919。
3 大连市役所：《大连市史》，701页，1936。

是强烈的学习西方先进技术与文明,增强日本国力,以期侵略扩张的野心作祟。因此,看到眼前以当时世界最先进的规划理念绘制的达里尼城市规划,达里尼市政区已经建成的欧式风格街区和建筑,想想日本国内城市西化的艰难和在台湾推行欧式规划和建筑的波折和缺憾,由侵入大连的日本军人而不是建筑师,首先提出承袭沙俄制定的达里尼规划,也就毫不奇怪了。

纵观日本殖民中国东北40年的城市建设,特别是其前期的建筑活动,极力模仿各种形态的欧式建筑,似乎要与沙俄以及欧洲列强较劲,彰显其并不比欧美落后,进而证明日本已进入了文明世界的行列。

承袭与改变达里尼市规划之争

日本军政当局决意沿袭达里尼市规划,主要是保留斯科里莫夫斯基的规划格局,延续其街区设定和辐射型路网设计,包括功能区划分、中心广场及主要路街的标志性建筑的设置。

1905年4月,日本辽东守备军发布第13号令,实施《大连专管地区设定规则》,对占领的大连市土地进行了区域划分,即在设定专管地区中,把市区划分为军用地区、日本人居住地区、中国人居住地区三个区域。军用地区是从吾妻桥(位于今民主广场),经大广场(今中山广场)到萨摩町(今解放街)沿线以东,除东公园预留地以外的市内东部一带地区。日本人居住地区是其军用地区西到中央公园(今劳动公园)一带,以及包括露西亚町(今胜利桥北地区)在内的地区。中国人居住地区是中央公园(今劳动公园)以西的一带地区。

这个区域设定,大体上沿袭了俄据时期斯科里莫夫斯基对达里尼城市功能区及族群居住区的划分。俄据时期的达里尼市规划的欧洲人区(今中山区主城区）分为商业区，位于今人民路以北至铁道区域；高级住宅区，位于今儿童公园明泽湖以东海军广场区域；普通欧洲职员居住区位于今友好路昆明街区域。此次区域设定，大连的日本人居住地区是俄据时期达里尼市欧洲人区的大部分地区及市政。其中的俄据时期达里尼市欧洲人区的商业区部分几乎划分为日本军事专用区。但之后，1907年和1909年，当初的军用地区除军用仓库和工厂外，两次对民间开放，允许建设公司总部、商业设施和住宅。最终，这个区域仍然发展成为城市最繁华的商业区，直到今天依然是大连的商业中心。日本军政当局划设的中国人居住地区几乎完全与俄据时期达里尼市中国人街区相同。

此规则旨在避免日本人与中国人混居而制定。其第四条规定，在起初一段期限内，允许中国人在日本人居住地区居住，主要是做生意。然而随着时间的推移，其结果是做生意的中国人长期在日本人居住区安顿了下来。但对于不做生意或做小生意的中国人，"由于担心劳工及其他下等中国人的杂居，考虑到卫生、风俗习惯等各方面的关系"[1]，1905年9月至11月，殖民当局将市区南麓山附近的劳工、小商贩等1.4万余名中国人迁移到市区西部的小岗子及谭家屯（今人民广场西南）一带。

《大连专管地区设定规则》的制定及执行，对之后大连市区的房屋建筑和居住形态产生了重要影响，出现了东部全部为"日本房"的日本人居住区和西部小岗子一带以"中国房"为主的中国人居住区的结果。关于这一点将在第279页《中国人的住宅》部分详述。

日本是一个岛国，资源有限，独特的地形地貌和海洋性气候，形成了清淡雅致、小巧优美、简便实用、与自然融为一体的建筑文化理念。这与俄国地大物博，有广阔的平原、高山大川，以及寒冷的气候等条件下，形成的讲求高大宏伟、雄奇壮阔和深沉厚重的建筑文化理念不同。尽管俄据时期的达里尼市规划和建设代表了当时欧洲先进的理念，尽管明治维新后日本的建筑

---

[1] 关东州厅土木课：《大连都市计画概要》，第一辑，30页。

师也急切地学习欧洲的先进理念，但是，俄日这两种相异的文化理念所形成的城市规划建筑思想，在日本殖民当局承袭沙俄的达里尼市规划时，不仅在理念上，也在操作的实践层面产生了矛盾，甚至在某种程度上产生了激烈的冲突。特别是日本许多年轻的建筑师认为沙俄的达里尼市规划设计的道路、桥梁太过宽阔，公园绿地太过广大，楼房举架过高，建筑墙壁过厚，等等。因此，尽管日本殖民当局承袭了沙俄达里尼市的整体规划，但也根据其自身的民族性格、居住观念、生活方式和文化传统，以及对具体或单体建筑设计的独特理解，对沙俄建筑师斯科里莫夫斯基的规划进行了许多改变。

1909年1月，日本殖民当局在沙俄当局规划的基础上，决定将中央公园以东的整体部分（含南山麓及寺儿沟）纳入大连市区规划。这样，一方面明确了市区承袭沙俄殖民时期规划的方针，一方面可以应对城市人口的急剧增长。此次市区规划由1904年东京大学土木专业毕业的仓塚良夫和建筑专业毕业的前田松韵负责主持。山县通（今人民路）、西通（今中山路）以北地区因为俄据时期已经形成，所以未做变动。其以南地区沙俄当局规划的广场位置和直线型的道路也基本保留，只是将大部分曲折道路变为直线。典型的是将沙俄当局规划的从尼古拉耶夫广场（今中山广场）到博物馆广场（今三八广场）的萨哈洛夫大街（今鲁迅路）在市立花园中的一段弯道改为直道。改变最大的是今天的胜利桥。俄据时期设计的桥面宽为54米，日本设计师认为只要16.4米就足够了，经过激烈争吵最后确定为22米。否则，当时的有轨电车在桥上通过时就非常拥挤。1992年，大连市城建部门在胜利桥两侧建造了两条钢结构人行天桥，拆除了原有人行道，并重新铺筑沥青混凝土。2006年9月，又将桥西侧加宽为4车道。在疏港路建成之前，胜利桥一直是大连港货物运输的主要渠道。

原沙俄当局规划的达里尼市欧洲人区中供高级白领居住的别墅区，其街坊设计的面积都比较大，在此次规划中设置道路时，将其变成了小街区，这样也就适应了日本人一般建造小住宅的传统，避免了俄国人习惯建造高大住宅的浪费。另外，沙俄当局原在城市广场中央设计的教堂等标志性建筑，均被取消，广场中央并没有设置任何建筑物，日本殖民当局规划的神社、寺院等宗教建筑则设置在了南部山麓。

日本殖民当局延续了沙俄当局围绕尼古拉耶夫广场（今中山广场）规划公共服务机构的理念，只是设置在大广场（今中山广场）周围的公共建筑功能有所不同，并随着时间的推移，其建筑用途也有所调整。1908年，大连民政署大楼首先在大广场（今中山广场）落成，同年，满铁总部从达里尼市政厅转移至此附近的公园町（今鲁迅路沈阳铁路局大连办事处）。其后，围绕大广场（今中山广场）的大型金融机构横滨正金银行大连支店、大清银行大连分行、朝鲜银行大连支店，以及大和旅馆、关东递信局、英国领事馆相继拔地而起，直至1919年大连市役所在此中心广场建成，标志着大连城市的行政和金融中心从日本桥（今胜利桥）北的市政区转移至大广场（今中山广场），也标志着新的城市中心的形成。

日本殖民当局对沙俄规划的达里尼市改变最多的是城市公园绿地。俄据时期制定的达里尼市规划中，公共绿地达1平方公里，占总用地的16%，人均17平方米以上。其中，规划的城市花园面积较大，为80.2公顷，分为上花园和下花园。这个花园从南山而下跨过萨哈洛夫大街（今鲁迅路），越过了今三八广场直抵莫斯科大街（今人民路—中山路）。日本殖民初期就已不见了俄据时期的这个城市花园规划，代之一个东公园的设计，位于朝日广场（今三八广场）西北侧，面积非常小，不及俄据时期城市花园的七分之一，类似街头公园，且将旁边的道路命名为东公园町（今鲁迅路）。但就是这样一个较小的公园，也在1915年之后被陆军仓库取代，而东公园町（今鲁迅路）的路名依然堂而皇之存在着。1909年，日本殖民当局沿袭了沙俄对东部城区深度超过6.39米的较大沟壑筑坝蓄水的规划设想，为防洪蓄水之需，依据地形地势修建了雨水调节池镜池（今明泽湖），贮水量8万吨。1921年，鉴于其调节雨水能力有限，又在其左上方修筑了最大贮水量4.5万吨的弥生池（今映松池），二者以地下暗渠相通，聚水面积为133.73万平方米，并分别形成了公园，也就是今天的儿童公园和植物园，但是，这已经与俄据时期规划的城市花园大相径庭。1920年代之后，在公园附近建造了大量高级住宅，即今天的南山住宅区。

　　大连建市之初，为了将欧洲人街区和中国人街区完全隔开，斯科里莫夫斯基规划的城市公园和苗圃（今劳动公园的前身），从南部山麓（今绿山）跨过莫斯科公路（今中山路）一直延伸到了北部海边。而日本殖民当局为了发展商业，将位于西通街（今中山路）北的公园部分改建为连锁商业区，将沙俄当局规划的城市公园一分为二，南部为中央公园（今劳动公园），北部为电器游园，后改为小村公园，再后来为大连动物园，而后逐渐被蚕食。今天的劳动公园面积已大大缩小，而动物园也于1995年10月15日被整体搬迁，今天被高30多层的多栋全玻璃幕墙大楼组成的建筑群所取代，成为大连城市主干道中山路上从东向西一眼望去的端景，给已经热闹拥挤的青泥洼徒添了压抑。

　　另外，被日本殖民当局从斯科里莫夫斯基所做的达里尼市规划图上抹掉的公园和花园，还有位于今天二七广场旁占地4.8公顷的英国花园、位于欧洲人街区北部铁路线附近（今中山区民生街小学附近）的占地1.8公顷的教堂花园和占地2公顷的西北公园（原市政区教堂学校院内）。日据时期随着大连大公园（今劳动公园）以西地块的规划与建设，虽然也陆续在规划中设计了圣德公园（今中山公园），以及1941年遵循《关东州州规划令》在北部大连和南部马栏河下游规划中，设计了2个大公园和6个近邻公园，但当时大连市的人口已经快速向70万攀升，其公共绿地的规划与人口呈几十倍急速增加相比，可谓微乎其微了。

　　沙俄建筑师斯科里莫夫斯基规划的萨姆索洛夫林荫路（今七一街）是一条宽89.46米的景观大道，面积达2.9公顷，其端景是海港码头对面的大黑山。而日本殖民当局于1910年代就将其中部敷岛广场（今民主广场）到码头的北部长门町（今大连港码头）段，改作为电车库和满铁电气部，阻隔了景观大道的视线。1911年，敷岛广场（今民主广场）到大广场（今中山广场）段的沟壑被填平，后在其上建筑楼房，彻底抛弃了沙俄当局规划的视觉走廊的设想，葬送了大连市民欣赏城市山海旖旎风光的机会，也使一处城市规划的杰作永远地停留在了设计的图纸上。1997年在此建成了高260米的60层全玻璃幕墙体世贸大厦，为当时中山广场最高建筑。

纵观日本殖民统治时期对沙俄当局所规划的大连公园绿地的蚕食，令人惋惜。时代发展到21世纪的今天，对于惜绿如金，把环境视为生命的人们来讲，更应珍惜今天来之不易的一草一木。

施行《大连市房屋建筑临时管理规则》

日本军政当局虽然提出了"承袭俄据时期计划"的方针，但要有效落实还需下一番功夫。当时为立即制止乱搭木制房屋行为，日本辽东守备军参谋长、大连军政署长官神尾光臣下令军政署土木课的工程师前田松韵、仓塚良夫制定了《大连市房屋建筑临时管理规则》。

1905年4月1日日本辽东守备军发布第11号令，实行《大连市房屋建筑临时管理规则》，这是日军侵占大连之后颁布的最早的城市规划法规。《大连市房屋建筑临时管理规则》针对房屋构造的安全、城市街道的美观、公共卫生等应具备的各种功能做了规定。房屋的安全主要指满足消防需要的建筑材料种类，美观主要指房屋高度与道路的比例关系，以及建筑密度的要求。鉴于此，根据建筑物的结构和规模，将其划分为临时建筑及永久建筑，分别出台了限制规定。永久建筑必须是具有一定规模的砖、石、钢骨防火耐火墙结构；临时建筑是指木制或小规模的砖、石砌筑建筑。对于临时建筑，军政署可随时下命令拆除或改建。永久建筑的檐高规定为：面向一、二级道路下限在30尺（10.00米）以上，三级道路在15尺（5.00米）以上；临时建筑为下限在12尺（4.00米）以上。建筑密度的最低基准限制在30%。

当时，大连的特等级道路设计宽幅为45.5米，一级道路山县通（今人民路）设计宽幅为32.7米，二级道路（今中山路）设计宽幅为25.5米，三级道路设计宽幅为18.2米，四级道路设计宽幅为14.5米，五级道路设计宽幅为10.9米。其一级以下的道路宽幅与开埠建市时达里尼建筑师斯科里莫夫斯基设计的莫斯科大街（今人民路—中山路）宽幅为34.14米、大街（今中山路）宽幅为25.61米、街道宽幅为19.21米、小巷宽幅为12.8米的道路宽幅相当。按照斯科里莫夫斯基遵循欧洲著名建筑美学原理对达里尼市标志性建筑的设计高度要求："要想仔细欣赏任何建筑物，观看者应当站在与建筑物高度相当的距离上；要想欣赏建筑物的全貌，这一距离就应当是建筑物高度的2~2.5倍。"[1] 这样，大连城市一级、二级道路沿街建筑物檐高在9米以上，也就是三层楼的高度；三级道路沿街建筑物的檐高在4.55米以上，也就是一层半高房屋，均是适宜的审美范畴。

其实，1905年4月，日占大连才刚刚满一年，就提出这样的临街建筑标准规则，是完全参照了达里尼市政区已经建成的街道与楼房的现实比例提出的，且提出的标准是面临一、二级街道的楼房在三层以上，显然是超过了俄据达里尼时期市政区的建筑高度，也有压过俄式建筑，显示自己实力的意味。

但是，《大连市房屋建筑临时管理规则》有关建筑物高度的规定，特别是要求邻近一级主干道和二级道路房屋要建成三层以上的砖、石结构的规定，无论对当时刚刚经历日俄战争而经济实力不足的殖民当局，还是对登陆大连不久而固守木制房屋传统观念的一般日本人来说，均过于超前，故遭到了强烈抵制，以至于推行起来比较缓慢。三年之后的1908年5月，殖民当局

---

[1] 斯科里莫夫斯基：《论达里尼市规划图的设计》，载《建筑师》，1904（13），164页。

不得不对规则进行了修改，将一、二级道路临街建筑的高度降为8.1米，相当于两层半楼房的高度。

《大连市房屋建筑临时管理规则》公布三年之后的1908年，为了弥补普通市民的财力不足，增强其解决住房问题的积极性，保证推行永久性建筑所需资金，殖民当局从正金银行以长期低息贷款方式拆借资金300万日元，进而又在市内相继开设各种融资机构，使建筑资金困难问题得到了解决。同时，促使普通市民认识木造建筑的弊端，采用永久性建筑。

虽然《大连市房屋建筑临时管理规则》从城市房屋的消防安全、防寒保暖和美观等方面出发，确定了临时建筑和永久建筑的标准，以期阻止和消除临时建筑，倡导和推广永久建筑。然而，大多数怀揣一攫千金梦想登陆大连的日本人并没有多少资金，只能搭建木制房屋以求栖身。又由于建筑规则并不严密，在相当长时间内允许进行临时建筑行为，木造临时建筑在大连屡禁不止，在一段时间内还风头不减，并未出现人们想象的临时建筑立即消失的现象。当时许多人的注意力都被监部通（今长江路）所吸引，都认为这条街靠近海港，连接码头、车站和市政区，以后肯定会发展得很好，即便是租住在那里也都希望能修建自己的房子。不过根据官方的要求，想在此街修建房屋的话必须按照规则要求建成两层以上楼房，并且至少包含八间屋子，因为大多数人都没有这个财力，只好望而却步先去别的地方建房了。当时的浪速町（今天津街）非常破陋和落后，放眼望去都是一片片棚户区。但是，此地建房成本较低，所以许多人都前往落脚。因此，此规则"指定建筑方法更是令人恼火，所以最终谁也没那个能力在那里建房。曾经大家眼里的黄金地段如今成了发展程度最低的地区"[1]。

但是，毕竟有新规则的出台，随着经济的发展和时间的推移，人们的收入逐渐多起来，加之市政监管和拆除临时建筑的力度不断加强，1914年又制定了禁止建造木制房屋的方针，砖造的永久性建筑逐渐增多。当初，登陆大

---

[1]《俄据时期的大连建筑物》，载《满洲建筑杂志》，第16卷第2号，1936（2）。

连的日本人中有很多是木匠，在听闻大连有建筑热潮后纷纷奔涌而来。但进入大连后，只会建造木构房屋的这些木匠在砖造建筑占主流的大连根本就没有大显身手的用武之地，为此不得不纷纷改行转为砖瓦匠人。类似的还有木材商人，当看到木材的需求没有想象的那么多后，有先见之明的人早早地开始转向从事制砖行业。而没有转向的其余人则奔赴港湾装卸场所寻求工作。这从一个侧面反映出《大连市房屋建筑临时管理规则》实行后的一个效果。

当然，在大连推行砖造建筑以代替日本传统的木造建筑，并非仅仅因为民间的财力不足问题，更来自日本人固有的对木造建筑传统的坚守，特别是关东州高层对木造建筑的固执己见。在关东都督府开始建设房屋之初，曾在日本北海道任职的关东州民政长官白仁武认为，日本最寒冷的北海道能修建和使用木造房屋，大连也可以，因此，固执地要求在关东州推行木造建筑，就连关东都督府厅舍也要求建成木造建筑。而关东都督府土木课代理课长山路魁太郎和建筑课课长松室重光尽管据理力争，反复说明砖造建筑的防火、保温隔热等性能的好处和木造建筑不适合大连的缺陷，然而，仍无法改变民政长官白仁武的想法，还是建了一些木造建筑。由松室重光设计的关东都督府官舍，不得已在木制墙体内侧砌贴了半块砖，以增加其保温性能，并在其外部贴上日式格子板木制门窗，使其成为一栋真正的砖木建筑。当然，经过大连真正的冬天之后，特别是《大连市房屋建筑临时管理规则》实施的威力，木造房屋将被作为临时建筑而取缔的压力，加之木造与砖造房屋的价格基本相同，最终民政长官白仁武还是同意了建设砖造房屋的主张。

经过不懈坚持和努力，砖造建筑的理念在大连逐渐深入人心。到1914年，也就是规则颁布10年之后，满铁进入大连建筑行业7年之后，大连城市永久性建筑达到2365栋，其中，砖造建筑2355栋、石造建筑6栋、水泥砖建筑4栋；临时建筑为2049栋，其中，木造建筑为1838栋、木龙骨土坯房211栋。这样，大连以砖造为主的永久性建筑数量超过了以木造建筑为主的临时建筑。这时，市民一般在新建房屋时都会下意识地建造永久性的砖造建筑。据档案记载，1915年当年，向关东都督府大连民政署提交的建房申请中，永久性建筑达369栋，面积40204平方米，其中，砖造264栋、面积39633平方米，石造4栋、面积514.8平方米，水泥砖造1栋、面积56.1平方米；临时性木造建筑申请8栋、面积966.9平方米。合计为377栋、面积41174.1平方米。也就是说，在此之前，临时性建筑与永久性建筑并存。之后，木造临时性建筑渐次减少，直至1920年代后期基本消失。

《大连市房屋建筑临时管理规则》的制定，打破了日本人固有的住宅理念和生活的旧有惯性，并克服经济财力上的紧张，在当时具有一定的前瞻性，执行起来也遇到了一定的阻力，但不管怎么说，这部大连城市规划建设历史上的第一部规则，从消防安全和美观方面对城市建筑的规范，对大连城市建筑安全的保障，尤其是建设美学意义上的贡献是较大的。"如果这里没有行政上的管制，日本人应该还是会建起一座可燃性的木造城市。关于这一点，当时执政者的英明决断起了效果，现在大连成为日本本土见不到的气派的城市。"[1]

城市基础设施建设

城市基础设施是其正常运转的基本保障。日本殖民当局从沙俄殖民当局手中接过大连之时，城市的给排水、道路、交通、电讯等基础设施有的遭到战争的严重破坏，有的因战争建设半途而止，有的还没有来得及建设。因此，只有快速恢复完善或新建城市必需的基础设施，方可使整个城市进入正常运转的轨道。大连城市的基础设施建设主体由两方面组成，道路、桥梁、上下水道由关东都督府建设，电、煤气、轨道交通、电气游园、星之浦游园

---

[1] 宍道七郎：《大连市的火灾状况》，载《满洲建筑杂志》，第15卷第2号，1935（2）。

（今星海公园）等由满铁建设。

关东都督府民政部土木课首先从建立城市的道路、给水和排水三大系统做起。1906年，投入了306万日元，其中，道路6万日元、上水自来水管道160万日元、下水排水管道94万日元，着手三大工程的建设。"经过八年的艰苦施工，到1914年3月，大连的三大工程基本竣工。"[1]

"三大工程"中，道路大体上按照俄据时期的规划方针建设。由于原达里尼市政区已基本建成，而欧洲人区只建设了雏形，因此，此次道路工程以大广场（今中山广场）为中心建设成放射状道路，各广场之间以干道直接相连，再做几层环路，各种路街也分出等级，林荫道种植胡藤、白杨树等树种，路面逐渐铺设在大连发明的煤焦油"沥青"。

1909年关东都督府制定了《关东州下水道规则》，到1914年"三大工程"竣工时，城区排水管网健全，并与众多调蓄水池相配合，形成了高效的城市排水系统，使暴雨季节的洪水有序排出，之后随着城市的扩展而不断完善。到1930年代初，整个城市路面雨季基本无积水存留，比当时的日本东京都先进。尽管今天看来这种雨污合流的排水系统已不尽合理，同时也对近海造成污染，但在当时已属非常先进。

按照《关东州下水道规则》规定，城市公用下水道建设与私人家庭污水排水管布设相结合，使大部分家庭实现了水冲厕所。1932年伪满洲国首都新京（今长春）建设时，普遍实行了水冲厕所，而日本东京1960年代才普及了水冲厕所。当然，大连先进的水冲厕所的做法，源于日本建筑师谦虚学习俄国人建设达里尼市政区时的排水规划与建设，关于这一点在本书前面达里尼《市政区的基础设施建设》一节已做详述。

值得一提的是大连的轨道交通。经关东都督特许，1909年5月至9月满铁在市内铺设有轨电车，同年8月9日第一条线路竣工，9月25日开始营业。开通了三条有轨电车线路：一条线路的电车车厢为红色，无座位，专供运送小

---

[1] 关东州厅土木课：《大连都市计画概要》，第一辑，26页。

岗子的"苦力"到火车站和码头等地干活；另两条线路的电车车体为白色，设座位，专供日本人和有钱的华人乘坐，经由大广场（今中山广场）向东到东码头，向西到伏见台（今一二九街），向南到逢坂町（今武昌街）。此三条有轨电车线路全长9.8公里，为大连当时公共交通的最主要工具，大连也由此成为继天津、上海之后中国第三个拥有有轨电车的城市（见图2-2）。大连最早的有轨电车有37辆，车身都是由美国制造的木质结构，底盘是英国制造的，电气部分则是由德国制造。有轨电车的开通成为大连城市一道亮丽的流动风景。

图2-2
1909年，大连市街地图（图中红线为有轨电车线路）

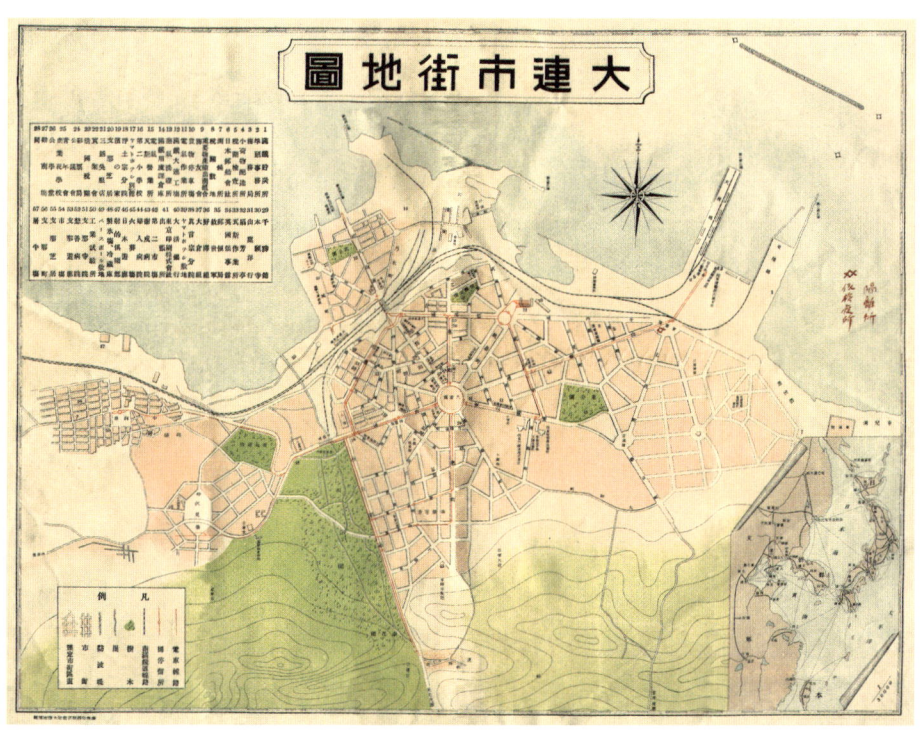

1914年旧市区道路工程基本结束后，每年继续新增改造扩建道路。到1935年3月，工程总额花费了440多万日元，使道路总长达到27万多延长米，面积达到398万多平方米。总之，在改造市内外已有道路的同时，不断调整城市规划区域内的道路体系，使道路建设逐渐得以完善。

1928年4月，满铁的子公司电气铁道股份公司开始运营大连市内的公交车业务。1936年4月，其改称大连都市交通股份公司，只经营路面电车和有线公交车。1939年11月1日，其成功收购了奉天交通、营口水道交通、复县交通三家公司，规模迅速扩大了。

1908年，满铁得到了日本东京煤气公司的支援，在今天大菜市所在的海岸建设工厂，命名为煤气作业所，为暖气、做饭提供热源。该所从德国引进先进设备，在德国技师的指导下加工抚顺出产的煤炭，于1909年3月开始供应煤气，在各家各户广为普及。满铁从一开始就把管道供应煤气作为重要措施，随着城市区域的不断扩大，管道铺设面积也相应扩张，到1916年为止，已铺设了长180公里的管道。由于冬季寒冷，在预防冻结方面想了种种对策，比如管道埋深在1.2米以上，进户管道从地下通过地板入宅，煤气计量表挂在室内等，这点与日本国内煤气绕外墙从地下进户，煤气表在室外不同。

随着住宅区的扩大，煤气供给范围也在逐渐扩大。1925年，满铁设立了南满洲煤气株式会社。1929年，供给能力达到每天230万立方英尺（6.51万立方米），煤气管道长407多公里，消费量为每天100万立方英尺（2.83万立方米），使用户数为20692户，占到当时大连日本人总户数21000户的98.5%，几乎遍布日本人住宅。管道煤气在大连被这样高比例使用的做法，不但使生活质量得以提升，也使住宅功能建设得到优化，当属世界先进行列。

最初煤气的用途全部是为生活提供热源，后来使用领域不断扩大，煤气的利用结构为生活用85%，工业用15%。1929年9月，在大山通（今上海路）铺设了煤气灯。此后，1939年南满洲煤气株式会社从满铁会社独立而出。

满铁在开发煤气的过程中，还意外发现了煤焦油的铺路功效。当时因大连的一车豆油在监部通（今长江路）意外倾倒，虽无法清除，但路面却因此遇雨水不带泥泞，晴天不起灰尘。受此启发，关东都督府土木课的建筑师们研究替代成本太高的豆油的铺路材料目光最终落在了正犯愁怎么处理的煤气副产品——煤焦油上面，经过反复试验，成功研制出煤焦油可用于铺装沥青路面的方法。这样不但避免了碎石铺路容易干燥扬尘的弊端，而且使煤气工厂和玻璃工厂产生的煤焦油变废为宝。而大连的中国人使用煤焦油作为房屋顶部防水、防腐材料的做法，开创了住宅防雨的新路子，特别是对1930年代大连普遍出现的钢筋混凝土结构的现代建筑的屋面防雨具有显著效果，直到今天仍然发挥着很好的作用。这样致使煤焦油需求大增，经济效益十分可观，也使煤炭的产业链整体被拉长了很多。

1907年，满铁对俄据时期的滨町（今滨海街）火力发电所三台750千瓦的设备进行维修后，开始向市内供电，满铁电力作业所的发电能力逐渐扩大。1909年，受益于城市供电，有轨电车开通。而同年开设的电气游园（解放后的大连动物园），昼夜照明，设施电动，这两大工程标志着大连进入了"电气时代"。1924年，建成天川第二发电所，发电量提高到19250千瓦，老化的滨町（今滨海街）发电所被废弃。

1935年，甘井子发电所竣工，标志大连的电力发展进入新阶段。在此之前，城市夜间的街道照明方面，浪速町（今天津街）等繁华街道都设置了漂亮的街灯，大广场（今中山广场）安装的是煤气灯，当时一到傍晚用带钩子的长杆把煤气灯从长长的竹竿前头挑起，一灯一灯地点亮。之后煤气灯变成电灯，一般的住宅街上都在电线杆上吊着带有雨伞状遮挡的灯泡。这样，"大连的马路在当时来看比东京还要漂亮"[1]。当年，城区浪速町（今天津街）埋设了地下配电线，这是城市公共管网埋设地下的最早探索，为日后伪满洲国首都新京（今长春）建设时，主干道管网全部埋入地下积累了经验。1942年，大连从鸭绿江水丰发电所架设了22万伏、272公里的输电线，构成近

---

1 大连会：《续大连市史》，498页，2009。

代的电力设施。

　　大连城市在建设前期，道路铺设沥青路面，有轨电车较早通行并四通八达，大部分家庭实行水冲厕所，电力供应充足，煤气管道进楼入户，这样的基础设施的建设，加速了土地利用和住宅开发的进度，也使房屋的功能更加完善，更加现代化，使大连的南山麓、郊外老虎滩一带、星海住宅区等赢得了"文化住宅"声誉，也使大连一跃成为"文化都市"。

洋风劲吹
——1910年代的大连欧式建筑

1910年代的山县通（今人民路）

那是一个模仿的年代。

那是一个欧式建筑雨后春笋般拔地而起的大连。

从1907年开始,按照俄国建筑师斯科里莫夫斯基的规划图谱,沿着欧式城市的建设方向,今天的劳动公园以东,中山广场、港湾广场、胜利桥以南一带,展开了大规模建筑活动。城市基础设施逐步完善,众多民间设计、施工企业纷纷登上建筑舞台……经过十几年的建设,到1910年代末,大连主城区基本成形。

1919年,是大连城市历史上的重要节点。城市中心由铁路以北的市政区转移到今中山广场,重要的路街和区域,高楼鳞次栉比,沿街望去,欧式建筑比肩而立,店铺食肆密集繁华,会社总部遍布其中,有轨电车穿行而过,一派欧式风情,俨然西洋城市形态。

大连的建筑组织

日本殖民统治时期,大连的城市建设分别由行政机构和南满洲铁道株式会社实施。这一点与沙俄租界时期的达里尼城市建设不同。自开埠建市伊始,俄据时期的达里尼港口和城市建设,就如同东清铁道一样,始终只有东清铁道公司一个建设主体。1902年,由于街区的成形、基础设施的完善、人口的增加、商业的繁荣和对管理秩序的急需,达里尼设立了市制。但是,当时成立的市政府仅仅负责社会的管理和正常秩序的维护,并未参与市政设施与房屋的建设。

关东州主导大连城市建设

日本殖民统治时期大连的行政机构几经变化,先后有军政署、关东州民政署、关东都督府、关东厅、关东州厅(关东局)等,主要负责大连城市基础设施的桥梁、道路、上下水道等建设。为叙述方便,这里统称为关东州。

1904年2月,日俄战争爆发。日军侵入中国领土后,从安东(今丹东)开始,每占领一地,都要实施军政管制。5月27日,日军占领大连。随之设立青泥洼军政署(1905年2月22日改为大连军政署),并在其下设土木课,负责大连城市土地、房屋的管理和出租,以及建筑的设计与监管等事宜。1905年1月,日军攻陷旅顺后,辽东半岛全部归入日本军政统治之下。同年6

月23日,在大连设立隶属辽东守备军的关东州民政署,开展民政事务工作,设民政署土木课,具体负责大连城市建设。同年11月17日,隶属于"满洲军"总司令官的关东总督府成立,并把民政署归入旗下。1906年9月1日,废除军政署,组建关东都督府,并设置了民政部和陆军部两个部门,将之前隶属于总督府的民政署事务归到民政部,从此进入民政时代。都督府作为日本天皇的代理人,肩任管辖关东州行政,保护及管理南满洲铁路线,监督满铁会社的业务经营状况,统率派驻南满洲的驻屯军等职责。

关东都督府民政部设有土木课,负责城市建设事务,下属有土木系、修建系、会计系,工程师有山路魁太郎、仓塚良夫、前田松韵,三人均毕业于东京帝国大学,前二者系土木专业,后者系建筑专业,山路魁太郎为土木课代理课长。

1919年4月12日,废除都督府,改民政部为关东厅,改陆军部为关东军司令部。关东厅专门掌管关东州事务,在其内务局设土木课。这样就形成了政治上有关东厅,军事上有关东军,经济上有满铁的三方统治格局。1934年12月26日,日本废除关东厅,设关东州厅,归属新成立的关东局,关东州厅土木课负责大连的城市建设事宜,直至1945年日本战败投降。(见127页"关东州建筑组织一览表")

大连市役所参与大连城市建设

1915年10月1日,日本殖民当局在大连和旅顺实行特别市制,大连市役所(即市政府)成立。当时只不过是把以前唯一存在的自治组织——大连卫生组合主要承担的给排水、污物处理、收卫生费事务接了过来,并进行某种程度拓展。之后,仅仅于1921年开始土地经营事业,于1922年开始市营住宅建设,对于城市建设的贡献非常小。与此同时,关东厅新设了经济警察和外事课,并向大连市移交了杂费收取、税收、道路、水道等事务的管理权。接受这些管理职能后,大连市相应新设了大连税务署和水道事务所,并进一步对学校经营(小学校21所、公学堂8所、青年学校8所)、土木行政(上水道

关东州建筑组织一览表

行政机构	时间	城建组织	负责人	主要工程师	毕业院校、专业
大连军政署	1904.5.30～1905.6.23	土木组 1905.2组建	佐佐木静吾 1905.2～1905.6	前田松韵1905.2 仓塚良夫1905.2	东大建筑学、1904年 东大土木学、1904年
关东州民政署	1905.6.23～1906.9.1	庶务部 土木系 1905.7组建	山路魁太郎 1905.7～1913.9	山路魁太郎 前田松韵 仓塚良夫 池田贤太郎	东大土木学、1898年 东大建筑学、1904年 东大土木学、1904年 东大建筑学、1896年
关东都督府	1906.9.1～1919.4.12	民政部 土木课 1906.9组建	山路魁太郎 1906.9～1913.7 松室重光 1913.9～1922.10	前田松韵 1906.9～1907.10 松室重光 1908.3～1922.10 近藤伊三郎 1916～1922	东大建筑学、1904年 东大建筑学、1897年 东大建筑学、1915年
关东厅	1919.4.12～1934.12.26	内务部 土木课 1919.4组建	岛原集一 山本德明	小园贞助 吉冈荣夫	（资料不详）
关东州厅	1934.12.26～1945.8	土木建设课	清水本之助	森冈谨一郎 小冈之助 小园贞助	（资料不详）

注："东大"即东京帝国大学。

仍留在关东厅）、卫生、税收等也接管了，这样就为后续大连市参加市政建设提供了基础。1924年8月1日，关东州内的大连和旅顺开始实施内容大体上与日本内地制度相近的新市制，大连市内的市场、屠宰场、火葬场、墓地、公园的经营都由关东厅移交给大连市役所。1939年实行的市政改革，除上水道之外，有关道路及下水道的新设、维护、修缮等土木事务从关东局（关东州厅）移交给了大连市役所。

这样，大连的市政建设在当局财力支持方面，从实行市制后开始就有关东都督府—关东厅—关东局（关东州厅）和大连市役所两支力量，而前者的作用非常显著，掌握着大量城市建设的主导权；后者，大连市役所在某种程度上属于补充力量。特别是在大连城市的建筑方面，市役所不直接掌握土地资源，势单力薄，要进行城市建设，需首先向关东州协调借用土地，向大藏省（日本财政部）申请资金政策支持后向银行贷款，因此其参与度很低。比如，1922年，大连市役所为了建造作为第二次计划的市营住宅，选定南山麓、谭家屯（今人民广场西南）、工商学校（今大连市第三十六中学）后面三处作为用地，就其出租方法向关东厅申请交涉，其结果是，由于与关东厅民政署意见相左，申请未能获得批准，之后一直拖延。大连市役所为了迅速解决这一问题，多次访问关东厅，反复交涉，直到1923年，关东厅才派遣秘书高尾和财务课长佐藤来大连进行实地调查，结果是承认大连市役所的要求有相当合理的理由，并同意出租所申请的全部土地。之后，随着地皮出租的批准，当局尽可能加快施工，在年内完成了施工计划。其建筑物与第一次计划相比，外观、内容均有进一步的改善。由此可见，大连市役所参与城市建筑之艰难。

南满洲铁道株式会社与大连城市建设

南满洲铁道株式会社简称满铁，于1906年11月26日在东京成立，1907年4月满铁总部迁址大连。满铁继承了沙俄东清铁路长春以南经营权及其设置沿线附属地的衣钵，且有过之而无不及，成为日本大陆政策的据点，其假公司之名行政治之实，在中国存活了近40年，主要从事铁路、煤矿经营及调查情报工作，开发和管理附属地，成为对中国进行政治、经济、军事、文化侵略的策划和指挥中心。

铁路附属地指的是铁路运营时所必需的土地。具体来说，为了保障铁路线安全所占有的铁路线两侧的带状土地，还包括车站及周边运营车站所必需的职员生活用地、警备军队用地、煤矿及定义比较模糊的土地都是附属地。沙俄在中国东北铺设东清铁路时，拥有驻扎守卫线路及附属地军队的权利。日本从沙俄手中获得东清铁路南线权益时，除了拥有铁路之外，还得到了清政府的许可设置独立守备队，取得每10公里可驻兵15名的权利，同时，满铁还拥有在铁路两侧16.7米至3000米不等的附属地，其在中国东北的附属地总面积达482.9平方公里。

满铁在大连开发建设公用建筑和社员住宅所用之地，除铁路附属地之外，还从关东州借用了大量城市用地（见图3-1）。

洋风劲吹——1910年代的大连欧式建筑

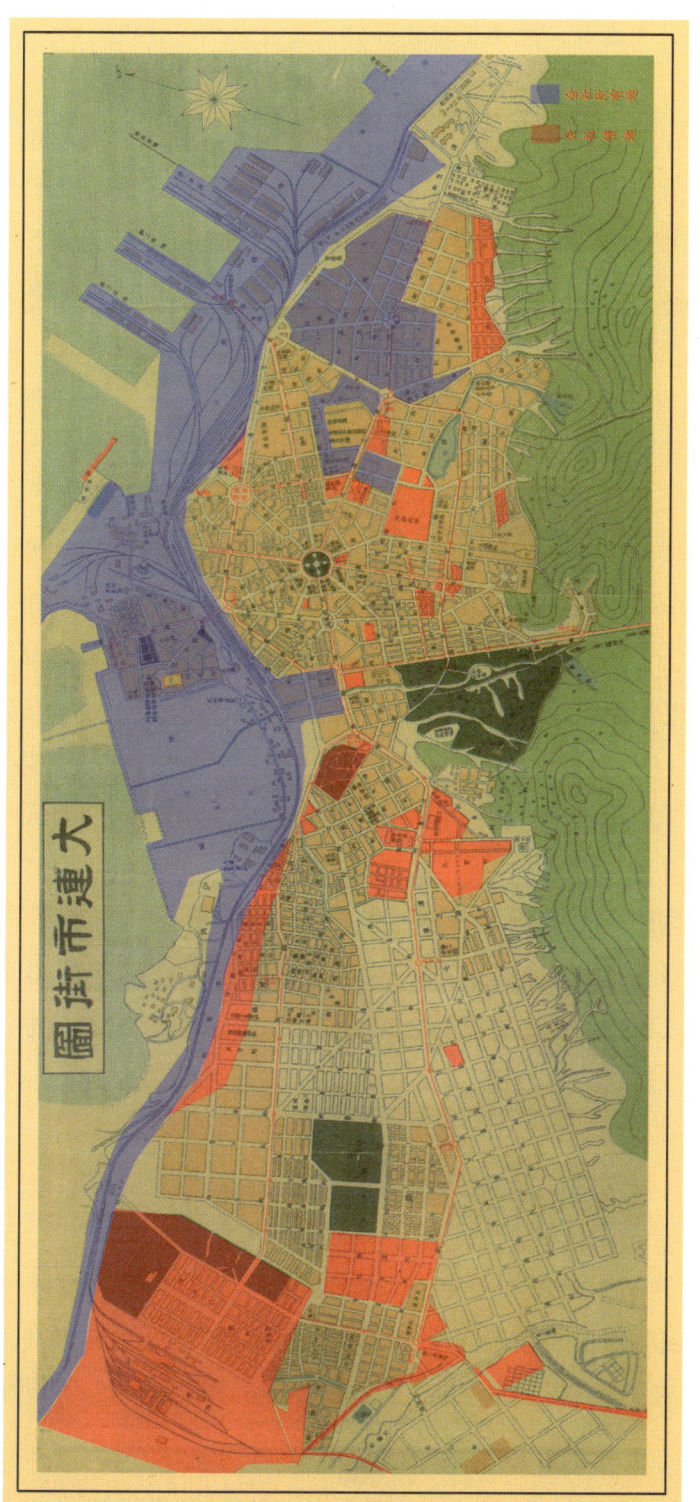

图3-1 满铁与大连市政地域分界图,蓝色为满铁所有地,红色为满铁借地(根据1924年大连市街图制作)

满铁内设土木课，隶属于总务部，下又分土木、建筑二系。1908年12月，满铁实施了一次改编，将土木课合并到运输部建设课下；新成立工务课，并下分保线、土木、建筑三系。1914年5月，满铁修正了各部门具体职权规程，并在总务部下设立了技术局，技术局又下设保线、土木、建筑三课。1918年1月，满铁修改职位制度，撤销了技术局，在工务部下新设工务局，工务局又下设设计、土木、建筑三课。1919年7月，满铁废除了技术局而新设了技术部，技术部下设线路课、土木课、建筑课、机械课、筑港事务所及工厂。1922年1月满铁又废除了技术部，土木课归地方部管辖，主要负责与地方部相关的土木设施事项。以上可见，土木课经历了好几次改制，每次改制，土木课的隶属机构和业务范围都发生了或增或减的变化，但其职能主要是负责铁路、筑港以及相关给水、堤防、河岸保护、附属地规划、房屋建设等土木建筑事项。

满铁在大连主要建设和经营附属地、大连港、铁路、星之浦游园（今星海公园）、电气游园（解放后的大连动物园）、圣德公园（今中山公园）、市内有轨电车、沙河口铁道工厂及其附设社员住宅，以及电、煤气等能源供给。

满铁建筑科负责人：小野木孝治，1907年至1923年在任；冈大路，1923年至1925年在任；市田菊治郎（又名青木菊治郎），1925年至1937年在任；满铁铁路总局建筑课长平野绿，1937年至1945年在任。

当时大连的建筑工程师，主要来自日本东京帝国大学、东京高等工业学校等高等教育机构的土木建筑专业毕业生，技术人员主要来自日本各地的工业学校，以及后来的大连南满洲工业专科学校、旅顺工科大学等毕业生。

满铁的建筑组织相较于大连市政（关东州、都督府、关东厅、关东州厅及大连市等）建筑组织，整体实力要强大许多。

其一，满铁的建筑师队伍庞大。成立伊始其本部就有28人，一般为30人左右，高峰期达到41人。1921年时，满铁建筑课大连本部、大连事务所，包括抚顺煤矿建筑事务所的建筑师合计达102人。且受教育程度较高，比如土木课建筑组成立时有工学学士学位的就有太田毅、横井谦介、市田菊治郎、安井武雄等多人。其职员主要来自东京帝国大学、东京高等工业学校,以及后来的大连南满洲工业专科学校建筑专业的毕业生。而关东州土木课从大连军政署开始,只有三人,建筑专业的只有前田松韵一人(1905年至1907年任工程师),之后的松室重光(1908年至1922年任工程师,1913年至1922年任土木课课长)也是仅有的两位建筑工程师之一。1908年3月,关东都督府土木课特聘请当时的满铁土木课课长小野木孝治为工程师,委托其设计大连小学,就显示了关东州在建筑方面的实力不足。

其二,满铁的建筑师队伍经验丰富,从土木课长到一般技师大多都有从事建筑的经验。比如满铁第一任土木课课长小野木孝治就是从"台湾总督府"建筑技师任上赴大连,之前其担任过日本海军技师和陆军技师,设计过台湾许多地方政府系统的办公楼。太田毅入职满铁之前,已担任日本临时烟草制造准备局工程师和大藏工程师。太田宗太郎1907年入职满铁前,已任日本警视厅工程师两年。而1904年才刚刚从东京大学建筑专业毕业的前田松韵,1905年就成为关东州土木课的唯一建筑工程师。

其三,满铁土木课的建筑财力相对雄厚,活动相对活跃。这与满铁的经营不受日本国内掣肘,特别是不受日本大藏省的限制,自成一体、自我繁殖、自行发展紧密相关。满铁成立时,注册资本2亿日元,其中,日本政府以实物投资占有1亿日元股份,日本皇室、贵族、官僚占1亿日元股份。日本政府入资的1亿日元实物就是日俄战争后,日本获得的中国东北的旅大租借地和南满铁路权益,以及这些侵占土地上的房屋不动产等。代表日本政府的满铁不费吹灰之力就获得了原始积累,即刻大展拳脚,在中国东北划设附属地,开矿、建厂、筑港、修路、架桥、修公园、盖房屋,医院、学校、图书馆、运动场纷纷涌现,俨然与关东州并驾齐驱。而满铁既行使了类似政府的管理职权,又具有大型公司多种经营的灵活性,可谓如鱼得水,其实力迅速攀升,财大气粗。这也是日本殖民中国东北获得丰厚收益的成功经验。而关东州及大连市仅靠地方开发和税收滚动发展,对城市建设的投入力度不如满铁。

以上说明，满铁在大连的建设和经营要比大连市政方面更为活跃。1937年取消附属地之前，满铁在大连建设和经营的地区总面积达到4.6平方公里，已经占大连市域面积45.1平方公里的一成多。1906年至1921年，满铁在大连投资2500多万日元，共建筑房屋2115栋，建筑面积83126平方米。1925年，满铁在大连开发建设的社宅就达4033户，大大超过了1940年大连市的市营住宅1262户。同时，日本殖民时期，满铁在大连建设了试验所、医院、火车站、图书馆、宾馆、港口及其候船厅、事务所等大型公用建筑。

事实上，满铁建筑课在中国东北包括大连在内的建筑活动，已经形成了一股强大的势力，这个"官有"的组织在东北的建筑市场具有绝对的垄断地位和实力，其在大连近40年的建筑实践，积累了丰富的建筑经验，也涌现出许多建筑大师，影响着中国东北日本殖民时期的建筑活动。1920年在大连成立的满洲建筑协会就是有力的证明，其会员以满铁建筑领域职员为主，1921年创办的会刊《满洲建筑协会杂志》，到1945年日本战败为止共出版277期，是这一时期大连及中国东北建筑历史的集大成者，从中可窥见满铁建筑师的实践经验和理论水平。

当然，从体制上讲，关东州—都督府—关东厅—关东州厅以及大连市役所，作为殖民统治机构，其主要职能是管理和监督，因此，在城市管理与建设方面，其主要在于制定规划和建筑规则，并监督执行。而满铁作为公司制经营主体，与关东都督府、关东厅、大连市紧密配合，遵守其有关城市规划建设的相关规定，即使是满铁本身附属地内的建设也是与市政方面规定相衔接一致。历任满铁总裁都兼任关东都督府顾问，除积极参与大连的有关公园、有轨电车等市政基础工程项目建设外，大到从关东州大连民政署借地建设社宅，参与大连都市规划的制定，小到大连火车站的建设项目等，都是在与市政方面协商或在大连城市规划委员会的统一组织协调下进行。由此可见，关东都督府与满铁在大连的事业发展上是协调推进的。

在关东州的政府和满铁建设大连城市的同时，一些民间开发组织也加入大连的开发建设之中，土地公司有大连郊外土地株式会社、中央土地株式会社、关东州工业土地株式会社等，从政府拿到土地之后，进行开发、销售和出借。

至于1920年代，因为住宅开发高潮的到来，出现了诸如大连郊外土地会社、大连共荣住宅合作社、星之浦住宅公会，甚至社团法人圣德会等建设主体从事住宅建设，只是按照关东厅对大连市住宅的建筑规则，进行市场化运作，开发本社会员或市场所需的房屋而已。

这样，在日本殖民统治时期，大连的城市建设就形成了以关东州（军政署、都督府、关东厅、关东局）为主导，满铁强力协同，大连市政府参与，民间积极加入的格局。到1945年日本战败投降时，大连市内共有房屋建筑面积621.1万平方米，其中，属于日本人的房屋面积421.9万平方米，占全市房屋总面积的67.9%；属于中国人的房屋面积195.6万平方米，占全市房屋总面积的31.5%；其他国家人居住的房屋面积3.6万平方米，占全市房屋总面积的0.6%。

大连建筑领域的市场化机制

不同于俄据时期的达里尼港口、城市、铁路建设只有东清铁路公司一家建筑企业，日据伊始，大连城市建设就走上了市场化之路。除满铁这样的"官有"大公司外，许多民间的设计、建筑公司也纷纷登场，这不仅增加了建筑市场的活力，而且在成本、质量、效益的竞争中，促进了大连建筑市场的快速成长。

一批民间建筑公司登上大连建筑市场的舞台

自从1897年沙俄建设东清铁路开始，中国东北进入了现代土木建设的时代。日本人随风而动，进入东清铁路的建设工程之中。不过日本人的参与仅仅限制在承包施工方面,也就是民间所说的施工队而已。原因主要是东清铁路公司具有强大的设计能力,根本没把不具备原创欧式建筑能力的日本人放在眼里,因而也就限制日本人进入设计领域。

  但实际情况是,日本人的近现代建筑活动从明治维新之后就已开始。当时聘请国外建筑师设计东京的银座砖造建筑一条街,施工的是日本公司。甲午战争后,1895年日本侵入台湾,随着台湾台北市街改正工程的启动,许多日本企业纷纷登岛参与建筑施工。1910年《日韩合并条约》签订之后,日本全面侵入朝鲜半岛,随之大批日资土木建筑企业进入半岛。无论是日本国内,还是在中国台湾和朝鲜半岛,日资建筑企业开始只是承包建筑施工项目,干一些没有多少技术含量的体力活,加之日本传统重视的是木造建筑,因此,建筑企业的施工技艺提高不大。随着东京帝国大学、东京高等工业学校、大连南满洲工业专科学校等开设土木建筑专业,一批批学有所成的科班人才进入建设领域,以及日本建筑界从模仿到消化吸收欧式砖造建筑的转变,大批日资建筑企业在不断提高其施工水平的同时,也逐渐参与到建筑设计行列。这些建筑施工企业、设计公司在多年的工作中积累了丰富的现代建筑施工和设计经验,同时培养锻造了大批专业人才,这就为日后登陆大连建筑市场施展才能打下了基础。

  1904年5月,日本侵占大连。随着建筑活动的展开,一年之内,怀揣发财梦而登陆大连的71个民间企业中,就有10个土木建筑施工和材料经销商。1907年4月登陆大连的满铁可谓财大气粗,吸引了大量日本国内土木建筑方面的优秀人才,在大连以及东北建筑市场独霸天下。与此同时,从日本国内、朝鲜半岛及中国台湾、华北、东北纷纷来到大连的土木建筑业主们,一般都从事工程施工,成立了诸如长谷川组、大井组、西本组、吉野组、柳生组、小杉组等施工承包企业。其中,由长谷川辰次郎任法人的长谷川组1896年成立于台湾,柳生组的代理人高冈又一郎曾在日本国内及中国台湾、天津日租界区、奉天(今沈阳)从事过工程承包。还有以工务所为名成立的企业,诸如冈田工务所、大町工务所、日本铁工所、菅原工务所、小林工务所等。同时,还有以洋行、商会名义成立的工程施工承包企业,如山叶洋行、奥山洋行、白川洋行、堀内商会、石井商会、矢野商会等。1910年代,活跃在大连的大仓土木,系日本大仓财阀的核心企业之一,成立于1917年,发迹于1873年;1915年成立的清水组,始创于1804年的日本江户时代,两者就是今天日本著名的五大国际性综合建设业公司(大成建设、鹿岛建设、清水建设、竹中工务店及大林组)之一。

洋行是中国人对外国企业的称呼,其中,山叶洋行即山叶工务所,其法人大庭仙三郎原为日本制造土木家具乐器的公司——日本乐器株式会社的职员,此公司就是现在日本著名的雅马哈株式会社。1906年,日本乐器株式会社在大连的代表大庭仙三郎成立了其姊妹公司山叶洋行,在经营乐器、西洋家具、室内饰品、卫生洁具等的同时,其工事部陆续承包施工建设了大连海关关长官舍(今大连政协文史馆)、横滨正金银行大连支店(今中国银行大连市分行)、大连大和旅馆(今大连宾馆)、露西亚町第二小学(今西岗区兆麟小学)、近江町(今友好路南段)满铁宿舍、沙河口工厂(今机车车辆厂)第一、第二市场等标志性工程。当时大广场(今中山广场)上的八栋欧式风格的建筑山叶洋行就承包施工建设了两座,足见其实力。

山叶洋行主营业务为乐器、家具制造与销售,却染指建筑施工行业,说明当时大连有实力的企业以营利为目的,什么赚钱就干什么,纷纷投身建筑市场,期求分得一杯羹。这也从另一个方面说明当时大连建筑市场的火热。而且随着企业效益的持续增加,城市经济的持续发展,这种状况愈加明显。

最典型的例子就是大连福昌公司加入建筑施工行列。1907年满铁进驻大连之时,相生由太郎因为先期在处理日本港口工人罢工问题上协调有效,受到满铁高层关注,作为满铁特约非正式职员被委任为大连码头的事务长。相生由太郎同码头搬运队和运送队的头头商谈,促成了将全体从业人员收为满铁职员的工作,使大连码头的一切都为满铁直营。1909年,相生由太郎从满铁辞职,在大连山县通(今人民路)开设了福昌公司,雇用了8000人的中国搬运工,在大连码头进行船舶和火车的装卸工作。1926年,福昌公司的大连码头装卸业务以及碧山庄均移交满铁管理。当然,即便是移管,相生由太郎制定的管理制度还依然存续。除了福昌公司的装卸业务,相生还介入承包土木建筑、烧制和贩卖砖、石材开采和销售、挖掘和贩卖煤炭、出租房屋、仓库业务、保险代理、贸易、农场果园等诸多业务。这些业务在其1930年死后由后代继承,直到1945年日本战败投降,一直处于繁荣状态。相生的福昌公司承包的最大建筑施工项目是大连连锁街的建设(见图3-2)。

图3-2
福昌公司施工建设的连锁街旧址
(摄于2013年)

大连连锁街占地面积近3万平方米，位于低洼的青泥洼地区，海水涨潮时常常被淹没，退潮时一片泥泞，地质状况复杂。设计整体用地分为八个组团式现代商店街，共6栋建筑，大约200户商店，通过约7.3米和14.5米宽的道路分割为8个街廊，部分地块之间用地道连通。各区被约3.6米的道路分隔为2到3个部分，地上部分一般为2~3层楼房，下店上宅，或前店后宅，同时配套有公共浴池、旅馆、舞厅、电影院等。该建筑群多呈现不规则设计，拐角处一般为弧形，特别是基础施工采用钢筋混凝土制连续梁结构，即像住宅一样沿直角方向挖地基坑，使用钢筋混凝土浇筑成梁，在其上连接柱，形成反转梁基础结构。电影院的地面是填埋造地，使用东洋压缩机株式会社制造的直径1尺4寸（46.67厘米）的地桩共130根。

连锁街施工较为复杂，既有地上连廊房屋，也有地下通道；既要满足各式各样的门店需求，又有公共设施的配套要求，等等。这是大连历史上第一个大型购物中心建设，于1928年6月开工，1930年10月全部完工，历时两年4个月，建筑费用188万日元（含附属设施）。建成的连锁街与当时的东京银座齐名，开创了大连商业业态的新模式。当时，福昌公司还承包了其他施工建设，如美国驻大连领事馆。

相生由太郎在包括大连建筑领域的许多行业赚得盆满钵满，其土木建筑承包工程年均营业额达80万日元，在大连市内拥有150户出租的房屋，保险代理的业绩在大连排名第二位。随着事业的发展，他也成为公众人物受到重视，在大连实业界有着重要地位，从1916年起，相生由太郎担任大连商工会议所第二任所长长达十年之久。

这一时期，大连市许多体量较大的标志性建筑往往需要几家施工企业联合承包或接续施工方可完成建设任务。如1916年6月开工的大连港码头事务所（今大连港务公司办公楼），由当时满铁建筑课的首席建筑师横井谦介设计，七层砖造建筑，建筑面积8596平方米，是当时大连最高、最大的建筑。此工程由清水组承包施工，一期工程于1920年11月10日竣工。此后，长谷川组与另一家施工企业于1926年1月完成了二期工程（见图3-3）。

　　大连港码头事务所与同时期建设的大连港乘客候船厅受到满铁的高度重视，被称为"体现满蒙门户之壮观"的标志性建筑。后者由实力较强的高冈久留工务所承包施工，于1924年施工建成，该建筑由满铁建筑课汤本三郎设计，系改建、增建了原港口钢筋混凝土平房仓库的产物，能容纳5000名乘客候船，柱形支撑的半圆形造型，大连人称为"蛤蟆头"（见图3-4）。1989年改为梯形块状造型，2013年被全部拆除，夷为平地，大连港口城市的标志性建筑消失在历史的长河之中，令人十分遗憾。

　　除了大量的日资建筑企业和少量的中资建筑企业外，如火如荼的大连建筑市场也吸引了美国等国实力较强的建筑同行。最具代表性的是满铁大连医院（今大连大学附属中山医院）的施工建设（见图3-5）。该项目的设计与施工通过竞标承包给美国福勒公司日本分公司。福勒公司带来了大连建筑市场从未见过的6种现代化施工新材料和多达16种施工新方法。如其在大楼主体周围铺设轨道用于建筑物资搬运，大楼主体建成后，在屋顶板的上方铺设轨道，用于台车水平移动大量卸载水泥混凝土等；使用最先进的美国脚手架公司的专利产品，从建筑物顶端通过伸出的钢轨吊起钢铁线缆，悬挂绞盘，在各绞盘上并排放置脚手架板，登上脚手架可升降施工作业。这样的脚手架与灵活的轨道车非常方便高效，对当时只知道以木材搭建脚手架的大连本地建筑施工企业来说闻所未闻，这种机械化、规程化的全覆盖施工模式，令在场负责监理的满铁工作人员十分吃惊。就连今天建筑工地常用的砖夹子这种铁制小型工具，单手即可夹取5块砖，双手操作也十分方便，当时也是第一次在大连使用。在钢筋混凝土烟囱施工中，使用滑动式模子，以极短的间隔按顺序从下往上推，昼夜不间断地灌注混凝土，可将钢筋混凝土圆筒加工为无接缝的状态，做出来的圆筒上端的直径和下端都是完全一样，而且内径也是通过计算得出的最合适的，即上下贯通的内径。这种状态对于烟囱是最合理的，并且是经济的。过去的施工方法是随着烟囱的升高其内径逐渐缩小，

洋风劲吹——1910年代的大连欧式建筑

图3-3
1926年建成的大连港码头事务所,今大连港集团公司

图3-4
1924年建成的大连港客运站,1989年改建,2013年拆除

图3-5
1926年建成的满铁大连医院,今大连大学附属中山医院

以最高部分的内径或称之为最小内径来计算烟囱一定能够满足的必要横截面积，所以安全指数倍增，但不经济。满铁大连医院工程动力室的附属烟囱高56米，前端内径2.4米，壁厚31厘米，是个极其少见的大烟囱，就是通过这个滑动式模子方法施工建成的。还有在砂浆和混凝土施工时掺入防冻混合溶剂，防止材料凝固，有效解决了大连冬季因结冰而不能施工的问题。满铁大连医院建设过程中美国工程公司使用的这些新方法新技术新工艺，都是大连建筑市场所没有的，在大连建筑界引起强烈反响。

　　大连的建筑施工企业随着日本侵华的步伐也进入中国东北腹地，其在大连积累的建筑施工经验助其承包到许多重大工程，技术水平和实力不断提升。这期间最有名的当属高冈又一郎领衔的建筑施工企业。1909年，高冈又一郎在大连成立了柳生组，1911年又加入加藤洋行，1922年成立高冈久留工务所，一直活跃在中国东北的建筑施工市场。1911年承包奉天日本总领事馆、长春日本领事馆、牛庄日本领事馆的施工，1914年承包奉天邮政局、长春俄国领事馆新建工程的施工，1918年承包工程费55万日元的大连交易所新建工程（今港湾广场大连银行），1924年与长谷川组共同承包了满铁大连医院的剩余工程（工程费为71万日元），1927年承包工程费41.7万日元的大连邮政局新建工程，1936年承包伪满洲国合同法衙新建工程（工程费为71.4万日元），1938年承包满洲碳矿总部大楼新建工程（工程费为92.7万日元），1939年承包昭和制钢所（今鞍钢集团前身）第二炼钢工厂均热炉设备基础建造工程（工程费为194.3万日元）。特别是1935年高冈组承包的大连火车站工程，由满铁工程课太田宗太郎设计，总工程费为295万日元，其中主体建筑95.5万日元，工程耗时两年，于1937年6月投入使用，成为当时亚洲首屈一指的火车站，"设计、施工都费尽了心思，使看到的人都不得不点头称是"[1]。

　　大连的建筑业伴随着城市的发展而不断壮大。据1940年出版的《关东州劳动者调查书》记载，当时在大连有日本人经营的建筑企业331家，有建筑

---

[1]《大连火车站工程概要》，载《满洲建筑杂志》，第17卷第6号，1938（6）。

工人27736人,而中国人经营的建筑企业只有63家,且本小利微。

民间建筑设计公司大显身手

如果说建筑业中施工企业是被动地按图索骥,不需要多少技术含量的话,建筑设计行业则充满知识和技能,它是一切建筑活动的基础,需要经过专门培训的专业人才方可胜任。日据大连时期的建筑市场,除满铁建筑课、关东都督府民政署土木课、关东厅土木建筑课这些实力强大的团队外,还活跃着许多民间建筑设计队伍,其建筑设计师均从东京帝国大学、东京高等工业学校等土木建筑专业毕业。二者互为补充,相互促进,使大连的建筑设计市场不断壮大。

1919年之前,大连的建筑施工企业主要以承包工程为主。但是,冈田时太郎任法人的冈田工务所却是一个例外。也许是因为冈田时太郎曾经是日本第一个民间建筑事务所——辰野建筑事务所职员、曾经留学英国等缘故,1906年成立的大连冈田工务所不但承包了大量建筑工程,同时还参与设计了许多建筑,如满铁大连码头事务所、大连民政署、三井物产公司、横滨正金银行大连支店等机构职员宿舍的设计,冈田设计并施工的著名标志性建筑有大连歌舞伎座(见图3-27)、大连实业俱乐部、泰东日报办公大楼、大连基督教青年会馆(见图3-6)等。1908年,受满铁委托设计建设的大连海关大楼(见图3-29),至今依然使用。

1920年之后,随着大连民间资本以及住宅市场需求的增加,大连掀起了住宅建筑热潮,也就是今天所说的房地产热。此时,住宅热的一大特点就是随着土地出售的放开,住宅的私人订制风行,个性化的设计凸显,南山麓、郊外(今岭前至老虎滩)、星海等文化住宅区庞大的住宅建筑市场,急需大量具有专业知识和丰富经验的设计公司,显然像满铁土木建筑课这样的机构是无暇顾及了。为此,许多民间建筑公司应运而生,加入建筑设计的队伍,而这一时期的建筑设计公司常常担负建筑监理的职责。

这一时期大连著名的民间建筑设计企业有中村与资平建筑事务所，它在朝鲜、日本国内均有建筑事务所，经营良好。该事务所在大连设计的标志性建筑有1927年建成的三越吴服店大连支店（见图3-7），1922年建成的日本朝鲜银行大连支店（今中国工商银行大连市中山广场支行）。宗像建筑事务所设计的有：1930年建成的近3万平方米的连锁街建筑群，1931年建成的美国驻大连领事馆，1936年建成的东洋拓殖株式会社大连支店（今交通银行大连市分行）（见图3-8）。

1920年代，由于大连民间资金充裕，住房需求旺盛，土地市场活跃，形成了房地产热，加之建筑市场招投标等制度的规范完善，许多有才华、善经营的建筑师抓住机遇从满铁建筑课离职，成立私营建筑事务所，加入大连民间建筑设计的队伍中。而且，建筑师们可以在"官有"机构和民间企业间流动，这充分说明大连的建筑市场经过十几年的发育已经相当成熟了。首先从满铁离职独立创业的是从东京大学毕业，在满铁建筑课工作了13年的横井谦介。1920年，以他名字命名的横井建筑事务所成立。随其从满铁建筑课离职加入事务所的相贺兼介，1932年担任伪满洲国国都建设局建筑课长。横井建筑事务所营业后，凭借实力和在满铁的人脉，设计监理了大连南山麓共荣住宅群等。1923年，满铁建筑课课长小野木孝治辞职，与横井谦介、市田菊治郎合伙成立了小野木横井市田共同建筑事务所，成为当时大连最大的民间建筑事务所。该事务所在设计监理了大量民间建筑的同时，承接了许多满铁建筑设计监理的外包业务项目，最典型的是1929年的奉天大和旅馆（今沈阳辽宁宾馆）、1930年的辽东旅馆（今天津街的大连饭店）、三菱商事大连分公司等，这些建筑屡创建筑设计记录，至今仍然是标志性建筑。

在日本建筑师几乎占据大连建筑市场所有份额的情况下，也出现了欧洲建筑师的身影。1920年代，德国人威廉·瓦伦从青岛移居大连，在大连开设了建筑事务所，设计教堂或住宅类建筑。由其设计的大连圣公会教堂（见图3-9），即今中山广场附近的玉光街基督教礼拜堂，占地面积约

洋风劲吹——1910年代的大连欧式建筑

图3-6
1980年代，大连基督教青年会馆旧址，已拆（吕同举 摄）

图3-7
三越吴服店大连支店旧址，今上海路大连银行

图3-8
东洋拓殖株式会社大连支店旧址，今交通银行大连市分行

2079.67平方米，建筑面积376.75平方米，哥特式风格，1921年8月开始基础施工，1928年4月主体开工，当年10月竣工。瓦伦设计的独立式住宅，代表作是位于南山麓的传说中的张作霖宅邸（见图3-10-1），敦实稳重，落落大方，中部半弧形突出，左右两边对称，折复式屋顶、弧形老虎窗，特别是头盔式绿色穹顶彰显的德式建筑风格，在南山麓众多洋房别墅中鹤立鸡群。其设计的位于黑石礁的远腾博士公馆（见图3-10-2），起初该建筑是应邀为一位在大连的俄罗斯人设计，已经完成了七成之后转让给了日本人远藤博士。公馆建筑面积486.62平方米，顶部是标志性的德式折复式坡屋顶阁楼，书房、

图3-9
德国建筑师威廉·瓦伦设计的大连圣公会教堂旧址，今中山区玉光街基督教堂
（池宫城晃 摄）

洋风劲吹——1910年代的大连欧式建筑

图3-10-1
威廉·瓦伦设计的传说中的张作霖宅邸（1990年，池宫城晃 摄）

图3-10-2
德国建筑师威廉·瓦伦设计的远腾博士公馆

图3-11
威廉·瓦伦设计的大连金城银行旧址，今大连银行中山支行

会客室、餐厅都有面向日光室的高采光率的出入口，且楼上卧室都有阳台，是典型的阳光公馆。威廉·瓦伦设计的大连金城银行于1935年6月建成（见图3-11），系现代建筑，地下一层，地上三层，总建筑面积1676.8平方米，钢筋混凝土制砖瓦幕墙结构，配套设施齐全，卫生器具为德国制造，特别是正门的七根挑高柱式和屋顶的五个条形装饰使其整体建筑挺拔而起，别具一格。该建筑解放后加盖了一层。

建筑市场分工更加专业化

建筑行业是一个非常庞大的综合体，既涉及土地、环境、选址、地质勘探，又具体到房屋的设计、施工、监理、验收等，环环相扣，紧密衔接。就建筑物本体而言，除建筑主体的设计、施工外，还涉及上下水、供电、煤气、采暖等配套设施的设计与施工，以及砖、石、瓦、水泥、混凝土、木材、钢材等建筑材料和家具、灯具、五金、窗帘等装饰材料，能够带动众多产业发展。现代建筑行业必须有与之相适应的分工更加专业细致的市场，这样的市场随着建筑事业的发展而不断发育、成长、壮大和成熟。大连城市建设的历史充分说明了这一点。

沙俄建设达里尼商港、城市、铁路之时，无论建筑主体还是配套设施，其设计施工监理由东清铁路公司一家垄断，像中国商人纪凤台以及日本承包商只是施工包工头，组织民工施工而已。建筑材料中水泥从俄远东西伯利亚工厂运来，沙子取自大连湾的河口，铁材来自欧洲，砖、石灰在大连本地生产，砖工厂有一年能生产300万块砖的火窑，石灰工厂在周家屯（今周水子一带）附近。而日据时期则完全不同。由于建筑规模日益扩大，市场需求不断激增，一个建筑项目除主体由一家建筑公司设计外，其配套设施则由其他专业公司设计，而施工也有总承包、发包、直包。大到上万平方米的大楼，小到不足100平方米的一栋别墅都是如此。

这一时期大连建筑市场的分工愈加专业细致，发育更为成熟，走上了良性循环的轨道。比如，1928年开建的占地近3万平方米的大连连锁街建设项目（见图3-2），土建工程承包商是福昌公司工程部，暖气工程和换气工程承包商是三菱商事株式会社机械部，浴池供水装置工程承包商是胜本机械事务所，电力工程承包商是中村电气商会、东京电气株式会社、圆桥商会，卫生工程承包商是渡边商会，电影院观众席的家具座椅等是山叶洋行提供，电影院舞台缎帐是伊东洋行提供，各商铺的展示橱窗大玻璃镶嵌工程承包商是三菱商事株式会社的松岛商店，电影院基础工程承包商是东洋压缩机株式会社。以上只是这个项目的一级承包公司，算上更下一级的参与公司，大小有20多家。

  特别值得一提的是这个超大项目的供暖工程，既要考虑到200多个店铺的供暖，还要满足大型影剧院、公共浴池的需要；既要达到供暖的效果，又要设法减轻煤烟污染，满足防火安全要求，提高经济效益。是分为八个区域八台锅炉分别各自解决供暖问题，还是整体集中供暖？当时的大连以至日本工程师都从未遇到过，无法自行解决，不得不聘请德国供暖工程专家杰比梅耶进行设计。德国专家经过现场调研、分析计算，充分利用地势特点，最终采用中央供暖系统，使用全自动蒸汽及凝结水运行装置，店铺和住宅散热器分别使用两种美国最新型号产品，影剧院则采用了在走廊以外的区域布设散热器、在舞台和观众席使用热风加热的供暖形式。同时，还考虑了为将来要建设的位于东南部的五六层大酒店等预留供暖变量。

  大连连锁街建设项目创造了多个设计和施工技术第一。一个项目有如此多的专业公司参与，分工协作，既有大连公司，也有日本公司，更有德国专家参与解决关键设计难题，足以说明当时大连的建筑市场已经走上了国际化分工协作的道路。

  这一时期，大连建筑市场的专业化还体现在高度繁荣的建材市场上。据关东都督府的调查，大连的制砖业发展较早，在1818年金州已有从事烧砖的行业。1898年，沙俄强租辽东半岛，建设达里尼商港和城市时，引进先进的霍夫曼窑烧制建筑用砖。日俄战争后，1906年3月，周水子砖瓦制造所在当时的周水屯阎家砲子开设工厂，后来满洲砖瓦制造所、恩田砖瓦制造所、大连砖瓦制造合资会社等开始营业。其时，实力较强的是营口砖瓦制造所。1910年，其收购了满洲砖瓦制造所的工厂，开设了大连分工厂。1914年4月，又收购了周水子砖瓦制造所，取名为周水工厂。其后，两工厂都改善设备、扩大规模，除了生产普通砖以外，也制造空心砖、铺路砖、耐酸砖、砖石等，年产额高于50万日元。这一时期，仅制砖业就有大连窑业株式会社、大和砖工厂、东亚砖工厂、福昌公司剑山砖工厂、岛儿砖工厂等等，1938年达到28家，年产量8000万块。制瓦工厂有钉岛商会制瓦所。

因为建筑市场的需求，制砖业不断向精细化发展。特殊砖是对耐火砖、装潢砖、空心砖、铺路砖、钢筋砖及其他砖的统称。大连窑业株式会社主要制造耐火砖，于1925年7月脱离满铁，成为一个独立的公司。到1938年时，该公司年产量达7.5万吨，产品有黏土砖、硅石砖、碳酸镁砖及熔渣砖、各种耐火灰浆等，销路遍布中国东北和台湾地区，以及朝鲜、日本等，因产品品质优良而广为人知。除大连窑业株式会社之外，耐火砖的制造厂家还有大陆窑业株式会社、奥野制陶所、营口砖瓦制造所、日华窑业所、小林耐火砖瓦工厂、川崎窑业株式会社、福井组石河工厂等，大陆窑业株式会社及营口砖瓦制造所也生产除耐火砖之外的其他特殊砖。

著名的小野田水泥株式会社是当时东北地区唯一的水泥制造企业。1907年5月，小野田适应大连及东北快速发展的建筑市场的需要，在大连周水子泡崖设厂，将南关岭的石灰石矿作为制造水泥的原料基地进行开采。这个石灰石矿的开采一直延续到解放后的2010年前后。1909年5月，水泥厂投产。在此之前，满铁所使用的水泥量实际上多达数万吨，其在大连建设所需的水泥从日本国内运来，或从唐山的水泥厂通过营口走水路运来。刚投产时，小野田水泥的年生产能力为3000吨，后来于1921年实施了第一期扩大工程，将年产量扩大到13万吨，1928年实施了第二期扩大工程，年产量达到25万吨。1932年，小野田水泥在鞍山设立了分厂。

随着建筑市场的发育发展，一些行业组织纷纷自发成立。纵观大连的建筑行业，承包商有土建协会，作业人员有作业组织，材料商有材料商组织，比较健全完善，维护自身利益的效果也显而易见。这从另一方面也说明了建筑市场分工的深入。

建筑工程招投标模式

1920年代，随着建筑热的持续升温，建设主体对建筑质量和艺术性的要求不断提高，同时，"官有"和民间建筑设计事务所、施工企业大量涌现，于是，建筑的买方市场出现。建设方在项目启动伊始就将设计方案或公开登报招标或在一定范围内比较选择招标，后者类似于今天的议标。房屋所有者在计划施工的时候，当然都希望施工工程能够最经济实惠、施工效果又最漂亮。因此，也就出现了投标招标这种形式。比如，1924年建设的大连俱乐部，建设方经过协商指定由小野木孝治和横井谦介经营的建筑事务所进行设计，工程费用合计大约15万日元。8月28日选择施工方时，则指定长谷川、高岗久留、三田、大仓、清水等各组竞标，9月2日公布由三田公务所以98500日元中标。

公开招投标的典型案例，如前文提到的满铁大连医院项目的设计与施工，1922年通过竞标方式把医院的图纸设计、施工全部交给美国福勒公司，"全部采用最新式的设备，对满洲建筑界来说，其革新意义十分重大。"[1] 1924年，大连新火车站的设计招标在建筑界引起积极反响。满铁发布的大连火车站设计招募公告，设一等奖一名，奖金7000日元；二等奖一名，奖金4000日元；三等奖二名，奖金各2000日元，还设若干优秀奖。同时，组成了以满铁社长任会长，东京帝国大学、早稻田大学、东京高等工业学校、建筑学会、满铁建筑课等机构权威专家十人参加的方案评审委员会。经过激烈的角逐，在众多参选方案中，从东京高等工业学校毕业刚刚两年的满铁建筑课职员小林良治的设计方案脱颖而出，赢得一等奖，其余二等以下获奖者均为日本国内设计师。小林良治等的中奖设计方案中，火车站均以跨线桥的形式横亘于铁路线上，与日本桥（今胜利桥）平行，月台设于铁路凹槽之内，进出站旅客则沿着台阶上下。小林良治的方案（见图3-12）巧妙地设计了三个进出口，南北进出口分别朝向行政街（今胜利桥北）和商业区（今胜利桥

---

[1] 冈大路：《大连医院建设计划以及设备梗概》，载《满洲建筑协会杂志》，第12卷第9号，1932（9）。

■ 大连历史街区与建筑

图3-12
小林良治设计的大连火车站透视图

南），特别是其设计的东面进出口，在日本桥（今胜利桥）的拓宽部位上，与桥融为一体，大大方便了不同方向的进出站旅客。但最终因为满铁资金紧张以及大连城市中心西移而放弃了小林良治的设计方案。

在大连建筑市场上，1920年成立的满洲建筑协会发挥人才的优势，组织、参与了许多建筑理念、技术进步、人才交流等工作，在大连的建筑水平有效提升方面发挥了重要作用。其中，组织建筑设计大赛是其形式之一。1923年年底，针对正在热火朝天开发的大连郊外文化住宅区（今解放路文化街至老虎滩沿线）这一大型建设工程，满洲建筑协会组织了一场住宅设计竞赛，由当时协会会长小野木孝治、冈大路、久留弘文、铃木正雄、市田菊次郎、横井谦介等建筑界专家7人组成评审会，经过认真评审，有18名参赛者分获A部分、B部分一、二、三等奖，并颁发了奖金。其中，满铁建筑课职员小林良治获得A部分二等奖第一名。加上第二年获得的大连火车站设计一等奖，小林良治可谓获奖专业户了。当年12月16日~18日，时值满洲建筑协会会馆落成纪念日，举办了大连郊外住宅设计大赛获奖作品展览。

建筑领域的招投标方式，不仅可以开阔视野，在较大范围内募集到理想的一流设计作品，同时也可将国际流行的建筑设计理念引入大连建筑市场，使大连的建筑水平不断取得质的飞跃。

1930年代中后期，因为不能一直依赖协和会馆（今大连铁路文化宫）和大和旅馆（今大连宾馆）召开大型会议等，1935年，大连市殖民当局起草了公会堂建设的方案。1937年年初，决定以能容纳2500人的大集会厅、800人的大宴会场，同时能供演讲、电影放映、戏剧演出为目标，建设一座高度为地上三层左右的公会堂，最后选定中央公园（今劳动公园）北端，北接今天的中山路，位于今现代大厦地块。1938年6月，市政府面向社会公开进行设计方案的悬赏招标，奖金1万日元。各地设计师踊跃参赛，"大连虽然在建造公会堂上起步较晚，但征集到了集各地公会堂设计之精髓、大放异彩的设计方案"[1]。当年11月，由日本国内、伪满洲国和大连地区的8位建筑专家组成评审委员会，对120份参赛设计方案进行了历时3天的评审，前川国男的设计方案获一等奖（见图3-13-1、图3-13-2），其建筑面积14879.7平方米，预算总投资223万日元。

前川国男是日本现代建筑的著名领军人物，1928年曾赴巴黎拜欧洲现代建筑大师勒·柯布西耶为师，建筑设计理念深受其影响。前川国男设计的大连公会堂之所以获得一等奖，与1920年代中后期流行的讲究空间构成、规则性并忌讳装饰的国际建筑样式不无关系。"公会堂与大宴会厅左右分开，中间用柱廊连接，从正面创造出一种匀称的效果，由此我们可以看到作者非凡才华的闪现。公会堂与大宴会厅的结合既有理论上的依据，又体现了完美的秩序，同时还兼顾了外观上的布局效果，可谓一举三得。正是这里体现出了该设计方案的生命力。"[2] 平面设计的基础就是要有一个"轴"，"轴"即为

---

1 前川国男：《大连市公会堂设计获奖图案说明书》，载《满洲建筑杂志》，第18卷第12号，1938（12）。
2 佐藤武夫：《大连市公会堂有奖设计大赛评审报告》，载《满洲建筑杂志》，第19卷第1号，1939（1）。

图3-13-1
前川国男设计的大连公会堂透视图

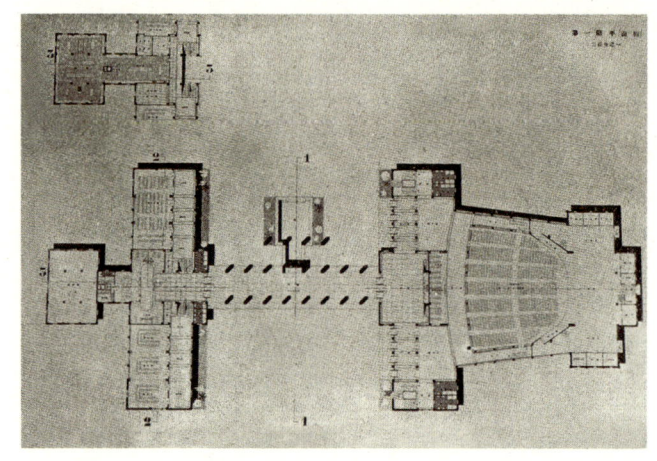

图3-13-2
前川国男设计的大连公会堂一楼平面图

秩序的主干。这是前川国男作品中一贯体现出的特性。1964年东京奥运会主会场代代木国立综合体育馆的设计者、日本著名建筑师丹下健三是前川国男的徒弟。

但是，由于七七事变的爆发，大连公会堂的建设被搁置。而从该项目公开设计招标的过程和结果可以看出，当时的大连建筑活动已具有国际化视野的广度和高度。

洋风劲吹——1910年代的大连欧式建筑

1910年代的大连欧式建筑

1904年5月27日，日军进入达里尼市。随着人员的增加、市政的恢复和正常运转，以及1907年满铁总部的迁入，除继续使用达里尼市政区的原有建筑外，急需增加公共建筑。

这时候，从日本桥（今胜利桥）到南山麓，从东广场（今港湾广场）到大广场（今中山广场），俄国人1904年之前已经基本进行了大量土石方工程，今天的人民路中山路地区，沟壑已经填平，道路及两旁的排水沟已经开拓出型，今天的中山广场等已露雏形，整个建设用地就像一张白纸，似乎在静静地等待绘画大师的挥毫泼墨，来描绘一幅优美的画卷。

此时，大连城市"宜承袭俄据时期的计划"的指导方针已经确定，《大连市房屋建筑临时管理规则》已经实行了两年多，明确了采用砖、石、钢建筑材料，以及建筑高度标准等，摒弃日本传统的木造建筑，以便达到防火、安全、美观之目的。那么在大连这个待建的大工地上，采取何种建筑风格，建设什么样的楼宇房屋，形成一个怎样的城市形态，这些不仅考验着建筑师们的才智、胆量和视野，也是与俄国人在大连的另一场对决——城市建设中能否取胜的关键，更是检视日本明治维新之后，全盘西化学习西方的试金石。

前文已述，1868年，明治新政府甫一成立，即提出要"求知识于世界"，实施文明开化、殖产兴业以及富国强兵的三大政策，除工业、军事外，还刻意谋求建筑的西化。而此时，日本侵入大连后，1906年投入使用的关东都督府办公楼（今旅顺太阳沟59号，1955年被中国人民解放军接管，作为解放军军人俱乐部），就是1900年沙俄建造的建筑面积6057平方米的二层楼房市营旅馆。满铁1907年4月入驻大连使用的是沙俄达里尼市政厅。有眼前俄据时期达里尼市政区、旅顺的欧式建筑做样板，日本的建筑师们自然要摩拳擦掌，想方设法建设一批欧式建筑了。

因此，这一时期正是大连的建筑师们大显身手的时期，无论是关东州民政署的建筑师，还是满铁的建筑师，无论是经验丰富的建筑师，还是大学刚刚毕业的建筑专业的大学生，都把大连、旅顺作为一个实现自己专业梦想的试验场，一方面续建俄国人因战败遗留在大连和旅顺的房屋，一方面新建一批急需的建筑。

洋风劲吹，从续建改建俄国人留下的"半截子"工程开始

由于日俄战争刚刚结束，经济财力紧张，又要百业待兴，市政当局和满铁只好续建或改建俄国人留下的未完工的建筑，作为公共服务场所，这也是当时最实用、最有效的办法。尤其是日本的建筑师能够在续建或改建俄国人遗留的建筑中，通过对具体建筑的结构要领、设计原理、材料运用、施工工艺等的研究和学习，深刻感受欧式建筑的神韵，领悟欧式建筑的设计建设之规律。

1907年，关东都督府改建了沙俄军队兵营士兵宿舍，用作关东都督府高等及地方法院。这栋建筑原先是沙俄军队修建的一层砖砌平房，关东都督府民政部土木课建筑师前田松韵在其上部加设二层，特别是将其大门设计成由6根多立克花岗岩石柱支撑及其上的三角山墙，整栋建筑位于小山丘之上，仿佛希腊的神殿，庄严肃穆（见图3-14）。该建筑所用石料产自日本山口县，大部分木材产自北海道。工程于1907年1月动工，同年9月竣工。旅顺关东高等及地方

洋风劲吹——1910年代的大连欧式建筑

图3-14
关东都督府高等及地方法院旧址

　　法院在原来俄国兵营的基础上按照欧式官衙建筑，特别是法院建筑模式进行改建，使建筑的样态与功能很好地统一起来，呈现出"法"的威严形象。

　　1918年，关东都督府将俄据时期冯·戈根设计而未完工的沙俄陆军将校集会所续改建为关东都督府博物馆，即后来的旅顺博物馆。续改建工程由关东都督府建筑课建筑师松室重光设计，采用了近代折中主义手法（见图3-15），内部基本保持了冯·戈根的原设计结构，但建筑外部则尽显欧式建筑的元素：凹凸的立面、门口的爱奥尼克柱式支撑的弧形山墙，粗石砌筑的拱券式窗户、眼窗、巴洛克山花、高高耸起的穹隆形塔……整体集古希腊、古罗马、文艺复兴时期的建筑语汇于一体，表现出

大连历史街区与建筑

图3-15
旅顺关东都督府博物馆旧址，今旅顺博物馆
（刘军理 摄）

这一时期大连建筑竞相模仿欧式建筑之能事。

最典型的是满铁总部的建设。1907年，满铁将未完工的达里尼市男女中学改为总部办公之所。这个建筑分为东西两栋，与东清铁道公司在哈尔滨所修建的商业学校非常相似。1904年日本军队接收时，该建筑尚未完工，屋顶是锌合金板，窗户悬挂芦席遮蔽，非常简陋，被日本陆军用作兵站仓库和俘虏收容所。以兵站司令官的名字将西侧建筑命名为夏目馆，东侧建筑命名为松原馆。夏目馆后来被军方移交给满铁用作其公司总部，满铁于1907年9月动工修缮，于1908年12月完工后进驻办公；松原馆则经陆军改建后先后用

洋风劲吹——1910年代的大连欧式建筑

作运输部和陆军的办公地。松原馆此后也被陆军移交给满铁,两栋楼之间被连接起来,最终形成了今天的建筑布局样态(见图3-16)。

一批欧式公用建筑拔地而起

虽然日据大连初期的军政署和关东州民政署主要以出租和续建改建原有的公有土地和建筑为主,但是也陆续新建了一些建筑。特别是进入关东都督府时期,原有建筑已不够用,再者,续用俄国人留下的建筑,总让日本人很没面子,必须新建一批公共建筑以彰显日本人的实力和威望。于是,许多欧式建筑的公用大楼在大连拔地而起。

图3-16
南满洲铁道株式会社旧址,今沈阳铁路局大连办事处
(池宫城晃 摄)

157

很为其长脸的是，1907年动工修建的连接行政区和商业区的日本桥（今胜利桥），这座桥是在俄据时期木桥的西侧新建钢筋混凝土五联拱桥，采用冈村象雄设计而未使用的东京水道桥的原图，由前田松韵设计栏杆和绢花加以装饰，于1908年3月建成投入使用（见图3-17）。这座在当时建成的现代化桥梁，大大盖过了俄据时期木桥，彰显了日本人的实力。这一时期，前田松韵还设计了于1907年建成的大连消防署大楼，以及位于旅顺的关东都督府民政长官官邸。

体现日本人面子工程的首选之地，是大连城市的核心地带——大广场。当年俄国规划师斯科里莫夫斯基精心设计的尼古拉耶夫广场，日本人将其改称为大广场，即今天的中山广场。1907年8月1日，由关东都督府建筑师前田松韵设计的大连民政署大楼动工，1908年3月25日建成投入使用（见图3-18）。前田的设计采用了欧洲市政厅常见的中部钟楼尖塔高耸的

图3-17
1908年初建成的日本桥（今胜利桥），东侧为俄据时期木桥（柳林供图），左下角为建成的桥体

洋风劲吹——1910年代的大连欧式建筑

哥特式风格，两边山墙突出，两侧古堡式尖塔装饰尽显浓浓的哥特式格调，坡屋顶上六个老虎窗与楼面的拱券式大窗户相协调，红色的楼体与白色的隅石砌体、窗顶拱形饰体形成强烈的视觉冲击，时刻彰显欧式公用建筑的典雅庄重。这是大连中心广场落成的第一栋建筑，也是具有定盘星意义的一栋建筑，其高调宣布了大广场将成为欧式建筑的聚会场。1907年与民政署大楼同时开建并当年落成的大连基督教会堂（见图3-19），位于西广场（今友好广场），一塔一堂，简洁大气，典型的哥特式风格，似乎与民政署大楼在相邻的两个广场上形成欧式风情的有趣的对景，一个官厅，一个教堂，一个服务于市政，一个寄托信仰。两座哥特式塔楼，咫尺呼应（见图3-20）。城市中心地带首先建成的这两座标志性建筑均为欧式西洋风建筑，这样就清楚地表明大连将向欧式城市迈进，至少建筑样态的导向如此。

继大连民政署落地之际，大广场（今中山广场）俨然成了日本建筑师竞相显示其实力的舞台，更似乎成了欧式建筑的竞技场。1909年12月，由妻木赖黄指导、太田毅设计的法国古典主义建筑风格的横滨正金银行大连支店（今中国银行大连市分行）建成（见图3-21），为大连的第一个大型银行机构，表明日本殖民势力已经侵入中国东北的金融领域；1910年6月，由中国人设计的文艺复兴风格的大清银行大连分行建成（见图3-22），1911年辛亥革命后改称中国银行，在宣示大清主权存在的同时，也表明了在建筑领域的时尚追求。此时的满铁建筑师也不甘落后，自然要在大连的中心地带占有重要一席。1908年动工，历时6年于1914年建成的大和旅馆（今大连宾馆）（见图3-23），由满铁建筑课小野木孝治、太田毅、市田菊次郎设计，为文艺复兴风格的巴洛克式建筑，是当时东北最气派的旅馆设施，至今107年，仍在使用。1917年，由关东都督府建筑师松室重光设计的新古典主义风格为主的关东递信局建成。两年之后的1919年，由其设计的和风欧美折中主义风格的大连市役所（今中国工商银行大连市分行）投入使用（见图3-24）；1920年，宗像主一设计的罗马柱廊式风格的朝鲜银行大连支店（今中国工商银行

■ 大连历史街区与建筑

图3-18
1980年代，大连民政署旧址（池宫城晃 摄）

图3-19
西广场（今友好广场）大连基督教堂旧址
（池宫城晃 摄）

图3-20
两个中心广场上的两座哥特式塔楼咫尺呼应

洋风劲吹——1910年代的大连欧式建筑

图3-21
横滨正金银行大连支店旧址，今中国银行大连市分行

图3-22
大清银行大连分行旧址，今大连中兴银行

图3-23
大和旅馆旧址，今大连宾馆

大连市中山广场支行）建成（见图3-25）。其间，英国人也来抓住机遇凑热闹，1914年，由英国工务局上海事务所建筑师阿西德设计的英国驻大连领事馆落成（见图3-26）。至此，1920年之前，大广场（今中山广场）上的八大建筑建成。加上之后1936年8月建成的东洋拓殖株式会社支店（今交通银行大连市分行），大广场（今中山广场）俨然就是一部欧洲古典建筑史的缩影。

同一时期，在大广场（今中山广场）之外，欧式建筑也如雨后春笋般涌现。1908年，在敷岛町（今民意街），冈田时太郎设计建成的大连歌舞伎座（见图3-27）采用的是文艺复兴风格。距其不远处的奥町（今民生街），一座同样是欧式文艺复兴风格的中国剧场——天福大戏院（今宏济大舞台前身）鹤立鸡群（见图3-28）。1914年，在山县通（今人民路），冈田设计的大连海关（见图3-29）是哥特式造型，1911年建成的满铁图书馆则呈现希腊复兴主义风格（见图3-30）。

1910年代的大连，已然成了一个模仿欧式建筑之地，不仅政府机构和公用建筑如此，住宅亦然。由满铁建筑师太田毅设计的大连近江町（今友好路南段）满铁员工集体宿舍（见图3-31），1907年12月竣工，均为两层砖造公寓，外观简朴，质量良好，饰有新艺术风格的满铁社徽，参考达里尼市政区东清铁路公司员工集体宿舍建筑，模仿当时英国伦敦近郊田园城市中的公寓样式，这给之后大连的住宅小区建设带来了较大的影响。该建筑群于1995年城市改造时被拆除。

在西洋风盛行的年代，学校的校舍建设也加入这场时尚浪潮之中。随着人口的增加，教育问题被提上日程。1906年5月，关东州民政署沿用位于达里尼市政厅的教堂小学，开办了只招收125名日本儿童的大连小学。1908年，受关东都督府的委托，满铁建筑课课长小野木孝治设计的大连小学校建成，后陆续称大连高等小学校、大广场小学校、大连第一寻常高等小学校，解放后为大连市第十六中学（见图3-33、图3-34）。之后，关东都督府建筑课课长松室重光于1909年设计建成了大连第二小学（后称日本桥小学），解放后

洋风劲吹——1910年代的大连欧式建筑

图3-24
1919年建成的大连市役所，今中国工商银行大连市分行（刘军理 摄）

图3-25
1920年建成的朝鲜银行大连支店，今中国工商银行大连市中山广场支行（陈艺 摄）

图3-26
1914年建成的英国驻大连领事馆，1980年代的领事馆旧址（前面红色小楼），已拆
（池宫城晃 摄）

■ 大连历史街区与建筑

图3-27
1908年建成的大连歌舞伎座，已拆

图3-28
1911年建成的中国剧场——天福大戏院，1934年改建为宏济大舞台

图3-29
大连中国海关旧址（刘军理 摄）

洋风劲吹——1910年代的大连欧式建筑

图3-30
1911年建成的满铁图书馆，今大连市图书馆鲁迅路分馆

图3-31
近江町（今友好路南段）满铁员工集体宿舍旧址，已拆
（池宫城晃 摄）

图3-32
春日小学校旧址，今大连市第二十四中学

■ 大连历史街区与建筑

图3-33
大连第一寻常高等小学校旧影

图3-34
1989年，大广场小学校旧址，后大连市第十六中学，已拆
（池宫城晃 摄）

为大连市第七十一中学；1911年设计建成大连第三小学（后称常盘小学）；1915年设计建成大连第四小学校（后称朝日小学）。1911年，满铁开办南满洲工业学校，1922年改为南满洲工业专门学校；1914年开办大连神明高等女校，1918年开办大连中学（后称大连市第一中学，男校）；1920年，建成大连第五寻常小学校，后改为春日小学校，今大连市第二十四中学（见图3-32）。这些学校的设计无一不是欧式建筑样式，从法国式厅屋顶，到拱券式校门，从隅石砌体到深红色墙体，处处体现欧式建筑元素。1905年6月，大连军政署开办了进行初等教育的大连公学堂，招收中国儿童，虽然这比日本人的小学校还早一年，但其建筑却是中国的大瓦房，极其简陋。

星之浦游园的开发及酒店式别墅洋房的建设

这一时期，建造最早的别墅洋房当属星之浦游园（今星海公园）的别墅群。

1909年12月5日，满铁员工在野外狩猎活动中，发现了今天星海沿岸一带海天美景和优良的海水浴场，遂决定在此建设一个游园。

此处位于大连市西南方近郊，距市中心8公里，北靠被通称为"大连富士山"的海拔200多米的台子山；南向大海，呈变化多端的缓坡状；东经马栏河口、沙河口与白云山连棱交会延伸，并以断崖沉入大海。如果绕过其突然袭击出部，即到达傅家庄海岸。其核心地段是深入湛蓝大海的两个突出半岛，像螃蟹的两只前螯环抱着长长的海湾，西望是一片黑色岩礁，东见连绵起伏的莲花山；中部突出的半岛将海岸线分为东西两部，西为今天的星海公园浴场，东有今星海湾浴场，岸线平缓，海水清冽，散布于海面的五六个美丽的大小岛屿使平淡的海面陡增动感，构成了一幅风光迤逦的壮阔滨海天然美景。首任关东都督大岛义昌将其命名为"星之浦"。

于是，满铁划拨"官有"土地并征购私人土地，开展勘探测量。之前，满铁建筑课课长小野木孝治等与英国、美国驻大连领事对此地进行了专门考察。1910年七八月间，开始土地平整、道路铺设、桥梁架设、护坡板桩、排水施工、挖井引水、植树绿化、草坪摊铺等各种土木工程，当年完成了初期的基础设施建设。

当时的主要着眼点是开设海水浴场和高尔夫球场，建造海岸酒店、出租别墅等，在远离中心城区的旖旎海滨建设一处高档的休闲娱乐、运动集会之所，目的是为满铁聘用的外国人提供夏季避暑、洗海水浴等各种便利。满铁理事以及太田毅、小野木孝治等建筑师及时提出计划，先期建设海岸酒店，并经营与之配套的散步地。当年即由满铁建筑师横井谦介设计并建成了酒店，同时还建成了首批5栋西式别墅和3栋和式别墅（后改建拆除），作为酒店的配套出租设施。1913年7月，酒店增建西式别墅4栋，这些建筑均为德式风格。这批别墅开创了日据时期大连独栋住宅类建筑的先河。这家酒店当初是作为大连大和旅馆的派出机构经营的，1911年7月作为星之浦大和酒店开始独立经营。

1910年12月3日，沙河口至星之浦（今星海）间3.46公里有轨电车开通，次年1月开始运营，1924年轨道从星之浦（今星海）向西延伸至黑石礁。随着游园的建设，前来游玩的大连普通市民猛增。

到1931年，经过五期建设，星之浦游园（今星海公园）的总面积达166.66万平方米，海滨旅馆大和酒店和47户配套高档出租别墅，以及酒店副楼的设施齐全，配以精选的树木、花卉、草坪，集运动、娱乐、休闲、集会等功能于一体，特别是沙滩漫长的海水浴场，水质优良，沙质细软，四季均可畅游大海。而面积达108万多平方米的林克斯高尔夫球场，"其规模、设备、风光、球道尽善尽美，在许多方面足以号称东洋第一"[1]。（见图3-35-1）

星之浦游园（今星海公园）建设伊始，由满铁建筑课课长小野木孝治及建筑师横井谦介、太田毅等规划设计，之后青木菊治郎、冈大路等建筑师加入，尤其是造园领域专家安东盛为此倾注了大量心血。星之浦游园（今星海

---

[1]《星之浦游园的沿革及设施》，载《满洲建筑协会杂志》，第12卷第10号，1932（12）。

洋风劲吹——1910年代的大连欧式建筑

图3-35-1
1920年代的星之浦游园
（今星海公园）

公园）的精心设计和持续建设，使大连的公园档次一下子步入发达社会的行列，极大地吸引了国内外游客和大连本地市民，至今仍然是大连城市的著名公园之一。

而吸引国内外游客关注的不仅是惬意的海水浴场，高档的林克斯高尔夫球场，还有园内别具特色的欧式建筑（见图3-35-2~图3-35-10）。

星之浦游园（今星海公园）的开发带动了沙河口到黑石礁沿线的开发建设。

1909年，因满铁会员一次偶然的野炊狩猎，成就了闻名中外的海滨公园，这在大连城市的历史上是一件饶有趣味的事情。

大连城市这一时期的新建建筑，除公用建筑外，基本均为公司办公大楼和职员集体住宅，比如

图3-35-2
星之浦游园（今星海公园）的别墅

图3-35-3
星之浦游园（今星海公园）的别墅

图3-35-4
星之浦游园（今星海公园）的别墅

洋风劲吹——1910年代的大连欧式建筑

图3-35-5
星之浦游园（今星海公园）的别墅

图3-35-6
星之浦游园（今星海公园）的别墅

图3-35-7
星之浦游园（今星海公园）的别墅

图3-35-8
星之浦游园（今星海公园）的别墅

图3-35-9
星之浦游园（今星海公园）的别墅

图3-35-10
星之浦游园（今星海公园）的别墅

满铁社宅等，很少出现市民自建住宅，这种情况在1920年之后才发生了变化。1905年4月1日，大连军政署颁布的《大连市房屋建筑临时管理规则》，严格要求一、二级道路的临街建筑最低高度在9.09米以上，也就是三层楼高度，后又降为8.21米；三级道路的沿街楼房高度在4.55米以上，也就是一层半楼房高度以上。这些对永久性建筑的严格要求，使新建建筑有章可循，并经过有资格的建筑技师设计，市政管理部门审批后方可开工，且施工过程中有建筑监督部门监督，确保按照标准要求建造，初步形成美观大气的区街样貌。

这样一来，"大连的建筑日新月异，半年不见就让人感觉市街完全变得不认识了"[1]。经过十几年的努力，市内大广场（今中山广场）、寺内通—监部通（今长江路）、伊势町（今友好路）、大山通（今上海路）、奥丁通（今民生街）、山县通（今人民路）、浪速町（今天津街）等，重要路街和区域楼房鳞次栉比，沿街望去，欧式建筑比肩而立，店铺食肆密集繁华，会社总部遍布其中，有轨电车穿行而过，一派欧式风情，俨然西洋城市形态（见图3-36-1~图3-36-3）。

1919年，是大连城市历史上的重要节点，城市中心从原俄据时期的达里尼市政区转移至大广场（今中山广场）。此时，大连的城市人口达到108228人，超过原市区人口10万人的预期规模，市区道路、上水道、下水道三大工程已于1914年完工，有轨电车已于1909年通车，城市新中心欧式风格的大楼异态纷呈（见封面图）。尽管日本人在中心广场等的建筑活动仍然是按照俄据时期达里尼市的规划方案进行，但气势完全碾压了达里尼市政区的俄造欧式建筑，东部商业区形成规模。这一切宣告了当年俄国人规划的达里尼市主要街区已经建成，而且规模远超规划之初的设想。

---

[1] 金泽求也：《南满洲写真大观》，74页，1911。

图3-36-1
大连信浓町旧影（今长江路中段）

图3-36-2
大连东广场、山县通旧影（今港湾广场、人民路）

图3-36-3
大连大山通旧影（今上海路）

和洋融合
——1920年代的大连建筑热潮

1920年代,满铁中央试验所

1919年，由于"出现了满足不了原来规划的态势，故树立起向理想大城市进军的扩充规划方针"[1]。关东厅制定并实施的向西部扩充规划，鉴于城市西部地势较为平坦，基本采取了方块状路网布局，这样就使大连的街区样态呈现出两种完全不同的面貌：东部是沙俄殖民时期规划的辐射状路网，西部是日本殖民时期规划的棋盘式路网。虽然这种因地形地貌采取的不同街区路网布局有其必然性，而这也从另一方面体现出日本殖民当局基本摆脱了沙俄当局的城市规划束缚。

此时，为了解决住房紧张问题，当局开放土地经营，实行了灵活的金融贷款政策，加之1910年代的建筑市场发育，以及建筑设计、施工等经验的积累，1920年代大连出现了建筑热潮。

这一时期，大连的公用建筑在外形欧化的基础上加入了和式元素，住宅普遍为欧式造型，内部许多为和式结构布局，这样就形成了和洋融合的独特建筑风格。

---

1 关东州厅土木课：《大连都市计画概要》，第一辑，23页。

实施土地经营政策

近代以来,土地政策是城市化的重要基础要素之一。青泥洼的渔民自古生活在大连湾畔,自给自足。1898年沙俄强租大连后,将大连湾畔的土地划为己有,规划港口和城市,从青泥洼当地人手中收购土地、房产、树木等不动产,原计划将渔民迁往马栏河谷,后实际动迁到小岗子一带,使青泥洼形成净地,有的直接开发建设,如北部靠近码头的市政区,而大部分土地则实行级差地租,进行竞价拍卖,以期补偿投入资金,进一步开发建设。到1903年年底,根据出租规则,达里尼市以20年分期付款的方式共进行了3次土地拍卖,分配了部分土地。

1905年,日俄战争以俄国战败结束,双方签订《朴次茅斯和约》,辽东半岛被日本侵占。日本殖民当局将纳入"官有"的大连土地向当时新成立的满铁无偿让渡了一部分,作为出资的股份;一部分则定为应对非常情况的军事地区或暂且保留,以用于将来各项市内必需设施的建设;剩余的部分,则用于官衙、公共建筑物及一般房屋的建设。一般房屋建筑用地,又分为店铺地区、住宅地区及中国人地区,采取在满足特定条件的情况下,应大连在住市民的要求进行出租的方针。

1905年1月,日本商人获得进入大连的许可后,

大连历史街区与建筑

很多日本人都来到大连，可是没有居住的房屋，想私人建造房屋又因为土地为当局控制，产生了诸多的不便。因此，日本辽东守备军下达第7号命令，发布土地及房屋租赁内部规定。把军事占领的土地及房屋以临时租赁的形式进行交易，规定在租借地上建造房屋或者其他建筑物时，要写明其建造材料、面积及用途，申报给军政委员，接受审批。对建筑进行部分或者全部改造时也要采取同样的方法。

当时，不管是一般房屋建筑用地还是军事用地，提供给民间进行房屋建筑时，均采取了临时出租的方式，并且按照《大连市房屋建筑临时管理规则》的要求，建筑用的主要材料只能采用方砖、石头、黏土或者木材，房顶用瓦、锌板或者类似的材料，而有特别用途的建筑物不受此项限制。

出租地一般按横宽5间至8间（9.09~14.54米）、进深10间至15间（18.18~27.27米）分区编号，按照道路情况分级，再据此确定租金标准。出租合同采用自由合同形式，永久建筑的出租期限为20年，出租地届满期限为1927年3月31日，其他建筑出租期限为7年。

大连的城市用地随着贸易的增长、工业的发展及人口的增加而不断扩充。1909年8月，指定沙河口铁道线路以南的124.58万平方米土地为工厂地区，同年9月至1913年5月，伏见台（今一二九街）约34.32万平方米的区域、小岗子及李家屯108.9万平方米的区域以及沙河口一带等先后被确定为市区规划用地，依次进行土地整理，开发建设。到1916年年末，大连市区所住人口人均用地面积达到36.96平方米，大概与1908年的日本东京市人均34.32平方米、名古屋市人均35.31平方米等处于同一水平。于是，大连着手确立大城市的扩张计划。

1910年左右，大连的发展速度可称得上是日新月异，大连市的中国人和日本人加起来已超过7万人，年货物进出口额达一百七十八万吨，已成为重要的交通枢纽、海外贸易的要地，1912年更是超过营口港，成为东北第一大港。来大连从事工商业的各国人逐年增多，中国关内及欧美国家的巨商大贾也开始关注满洲贸易，纷纷在大连开设新店或成立分店，大连店铺数量猛增，且势头愈来愈盛。特别是1910年横滨正金银行大连支店开始实施特殊放款业务，免去加拿大、德国的大豆进口税，大连与日本各港口间的航路增加以及满铁在各工业领域展开经营，更加助长了这一发展势头。显而易见，为繁荣贸易，促进企业发展，应该进一步吸引商贸业者来此定居。

然而，大连的发展却存在一大隐患瓶颈，就是大连的土地制度。

当时的官有土地租赁规定尚属于内部政策，没有公开，不仅百姓无法得知其具体内容，而且根据其内部规定，租借期虽可延长至20年，但在租借第一年、第二年、第三年、第五年、第七年以及第十年时均要签订更改租金协议；而在不能达成租金更改协议或者公共利益需要时随时都可解除租借，除此之外还有其他种种限制。这样一来，当局可在规定年份随意更改租金，且在需要时随时可以解除租借，因此年限合同实际上是有名无实，结果大连地区的土地租赁就变成了全由出租方说了算，租借方也没有任何选择的余地。对那些为经营事业而移居至此的人来说，最重要的事情莫过于土地了，如果不能取得土地上的有效权利，那么不论是谁都无法安心地经营事业、投资设备、开展工作或者开店移民、建设房屋。当时在大连的日本人尚且如此，更不用说其他人了。曾有欧美人士来此地想要经营事业，但因对土地的权利情况怀有疑虑，并听说除了不可靠的租地权外再没有其他的权利，便不得不断了在此开办企业的念头，拂袖而去。还有一些信任当局的决策、大着胆子到此建厂或居住的人，也难免终日惶惶不安，不能安心。

大连发展的这种现象使许多投资商非常着急，特别是满铁从自身的发展考虑也是感同身受。1910年8月18日，当时的满铁总裁中村是公急切地写信给当时的关东都督府都督大岛义昌，信中建议："如果现在不断然实行官有市区土地的拍卖，让人们获得土地的所有权的话，其就不能安居乐业，大连的繁荣、满洲贸易的发展就无从谈起。"[1]

为了说服大岛义昌，中村是公以俄国租借大连期间的土地政策为据："俄国人采取的策略便是先收购民地，将土地收归官有，然后再逐渐制造机会将其拍卖给百姓。目前土地的拍卖活动已经结束，变成民地的土地不下数十笔。此外，在下还听说，近来大连市民也不能忍受现有土地制度的不便，打算集体请愿要求拍卖官有地并设置地上权。这样一来，实行市区土地的拍卖，一方面沿袭了俄国的原有计划，另一方面也满足了大连市民的期望。"[2]

实行官有地的拍卖、允许土地私有化之际，最应该警惕的就是土地的兼并和投机。对此，中村是公都替关东都督想好了对策："只要限定每人所能拍卖的土地面积，并规定接受拍卖的人在一定期限内要在拍卖来的土地上修建房屋，然后再与现行的《大连市房屋建筑临时管理规则》一样，限制房屋的规模并确定建筑面积与土地面积的比例，这样的话规避土地兼并的弊端并非难事。"[3] 对于土地投机的弊端，中村认为可采取与德国在青岛胶州湾及其他地区所实行的相同的政策："规定在拍卖后到达一定年限时（胶州湾是25年）实施土地评估，增加额的一部分要上缴政府；并采取土地转让时缴纳土地增值税的制度；随着土地价格的升高，政府可实施一定额度的课税。通过这些政策，应该能够打击土地投机，规避弊端。"[4]

实行官有市区土地的拍卖，不仅可作为一个招揽移民的手段，为大连的贸易发展打好基础，同时从政府的角度来看，通过拍卖得来的土地款可以用作发展事业的资金，对拍卖土地所征收的地租以及因地价增高而征收的税款均可作为一项稳定的收入来源，为城市的发展提供支持。

中村是公还从法律的角度为大连土地拍卖后私有土地的归属找借口："若一朝发生战事，在土地使用方面，因这原本就是军事行动的成果，因此

---

[1] 日本外交史料馆（3-12-1-174）：《关于大连市区官有土地拍卖一事的建议》，中村是公，1910。
[2] 同上。
[3] 同上。
[4] 同上。

土地是属于官有还是私有，二者之间将存在很大的差别。此外，还有待租借期满要将此地归还给清国之时，又或者不幸战败而不得不割让土地之时，因这首先涉及土地宪法方面的问题，因此民法上的土地所有权是在官还是在民，二者之间应该没有任何区别。但是，根据有些情况来看，属于私有的土地可以成为拒绝归还或免除割让的借口，或者如日俄战争的结果所看到的那样，这部分土地或许可以免于被没收。"[1] 这里所说的"免于没收"，是指日俄战争后，凡是在俄据大连时期通过拍卖获得的土地仍然具有私有权。但实际上，因为战争，日本殖民当局对其中不履行年款缴纳义务或权利人下落不明、放弃权利的大量实例进行了整理，事实层面上还属于俄据时期拍卖的土地已经基本不存在了。这一方面是为拍卖所得的私有土地所有者的从业稳定性找出路，也暴露了中村是公这个殖民者妄想长期侵占中国的野心。

然而，1910年满铁总裁中村是公有关在大连实施土地拍卖的先见之明，并未被关东都督府都督大岛义昌及时采纳。直到8年后的1918年，随着第一次世界大战的结束，战乱后欧洲工商业出现异乎寻常的增长，而大连的土地政策显得极度匮乏，已经不适应当时形势的急剧变化，严重影响了城市的发展。因此，1918年8月，关东都督府制定了《官有土地拍卖规则》，按10年或5年的各档分年赋款，以随时投标的形式开始出售土地。

同年8月，关东都督府又制定了《官有地特卖规则》，其中，规定以公用或公益事业、保护奖励产业或土地整理为目的，官员认为有必要的，可依据自由合同对官有地进行出售。

于是，1918年之后，大连市管辖范围内的土地按照不同的经营制度分为八类：出租地、拍卖地、特卖地、俄据时期拍卖地（实际上已不存在）、官有地、公共用地、军事用地、未处理的土地。其中，土地出租情况不再像以往一样提前规定20年或7年的期限，而以两年为出租费用的有效期间，在期限届满前3个月内协定下一期的出租费用。

---

1 日本外交史料馆（3-12-1-174）：《关于大连市区官有土地拍卖一事的建议》，中村是公，1910。

到1918年，大连土地经营政策的完善，为1920年代大连城市房屋开发高潮的到来奠定了用地制度基础。而后大连郊外土地株式会社、星之浦土地建筑会社、中央土地株式会社等公司的营业地，以及大连市经营的南山麓住宅地等土地，均是适用这一制度的产物。

为迎接房屋建设高潮的到来，关东厅对大连市内即将开发的土地及时进行了提前整理，具体情况见表4-1。

表4-1　1920年前后，大连市土地整备情况

地点		竣工时间	资金（万日元）	面积（坪）
南山麓		1921年3月25日	370.22	81.69
		1921年7月25日	302.95	65.782
青泥洼河以西（今劳动公园北）		1919年3月31日	28.584	24.812
谭家屯（今人民广场西南）	南部	1919年3月31日	107.585	40.423
	东部	1921年3月31日	99.297	35.944
	西北部	1922年3月31日	87.554	91.986
西岗子露天市场（今沈阳路大连一中附近）		1921年3月31日	209.285	60
圣德街（今五一路、东北路、黄河路、白山路合围区域）		1921年3月31日	67.776	113.40

注：1坪≈3.3平方米。

区域扩充规划助推房屋开发

1904年5月,日军占领大连。随着殖民者对大连开始苦心经营,大连的港口运输、商业贸易、工业生产等迅速发展起来,随之,大连的人口也迅速增加,到1919年已突破10万人,达到108228人,远远超过1903年沙俄统治时期的41160人和1904年日本侵占时的18800人,超出了沙俄规划的达里尼市10万人的预期规模。而且,这种人口急剧增加的速度还在不断提升,致使住房困难问题愈发严峻,街区范围已经越过当时的城市西端伏见台(今一二九街)和西岗子,并有继续向西扩张的趋势(见图4-1)。为适应这种变化,大连实施了城市区域扩充规划。"由于人口日益增加,出现了满足不了原来规划的态势,故树立起向理想大城市进军的扩充规划方针。"[1]

此次大连区域扩充规划实行了功能分区规划制度。1919年6月11日,关东厅发布第21号令,公布《市街扩张规划及地区区分》,"制定了新增小岗子、伏见台以西至沙河口、马栏河地区约6.77平方公里的城区扩大计划。与原先已规划的8.93平方公里的地区合并成一个区域,总面积达15.7035平方公里。"[2] 对此扩大区域和原有旧城区一并进行统一规划。将其划分为住宅、混合、工厂、商业四种地区(见图4-2)。

住宅区共4.55平方公里,为南山麓一带,中央公园(今劳动公园)以西、马栏河以东、大通电车线路(今中山路)以南的白云山麓一带,沙河口工厂住宅区三个地区,其中,前两个地区主要为日本人居住区。混合区面积约3.69平方公里,位于中央公园(今劳动公园)及电气游园(原大连动物园,今大连中心建筑群)以西,南面与住宅区相连,北面与工厂区及住宅区

---

[1] 关东州厅土木课:《大连都市计画概要》,第一辑,23页。
[2] 关东州厅土木课:《大连都市计画概要》,第一辑,25页。

大连历史街区与建筑

图4-1 1913年，大连市街布局图

和洋融合——1920年代的大连建筑热潮

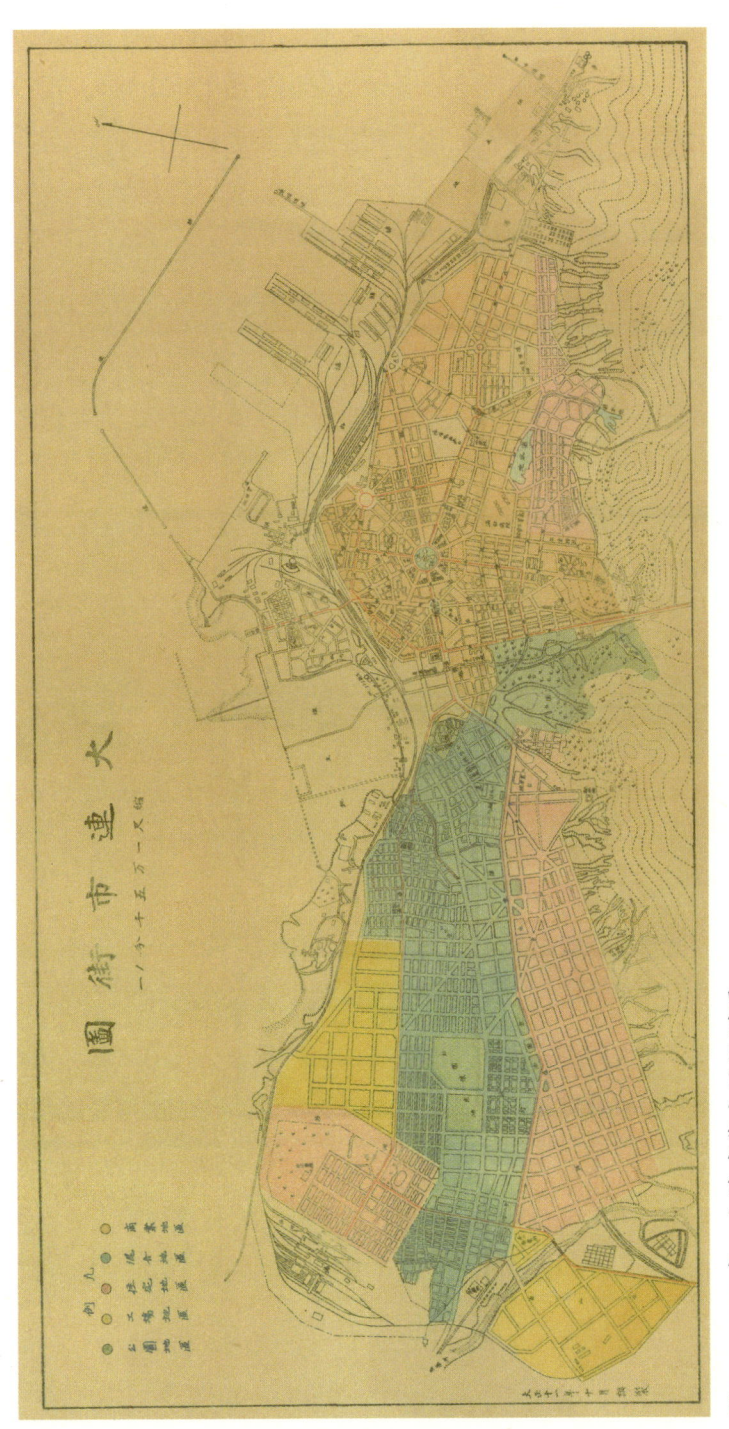

图4-2 1922年，大连市街分区规划图

为界。工厂区范围是指：从沙河口工厂东面铁道线以南，包括马栏河东岸一部分，及马栏河西南"大连富士山"（今星海三站附近山脉）周围，电车线以北，共计约2.91平方公里的地区。商业区为除俄国殖民统治时期的中国人街区以外的整个旧大连市街区，约4.37平方公里。

1922年4月，关东厅发布第17号令，把位于大连市区中枢地段中央公园（今劳动公园）北部0.11平方公里的地区重新编入市区规划之中，并列为商业区。1924年9月，又把纪伊町（今世纪街）、土佐町（今五五路）、弥生町（今福寿街）以南区域约2.62平方公里的商业区改为混合区。此外，还将分散在各个地区内约0.266平方公里的军用地，满铁经营的露西亚町（今胜利桥北地区）一带以及码头约4.53平方公里用地也纳入了扩充规划之中。

1919年的大连城市扩充规划，在对大连西部城区进行布局时，基本采取了棋盘状方块式设计。自然，当时的日本殖民当局已经认识到大连东部的辐射状街区布局随着交通的增长所暴露的设计缺陷，因此，在大连西部的规划中虽然仍可以看到广场作为区域核心结构的影子，干线道路继承了大连城区东部多核心放射状的形式，但是广场已经退居次席，而道路已然成为主角，干线道路的结构已有改变，特别是次级道路采用了方格形式。除了像今天人民广场到五一广场的黄河街采用斜线将两个广场连接起来形成少数几个三角街区以外，几乎所有的街区都被大小道路分割成了一个个大小不一的长方形或正方形块状区域，而且同一区域的块状面积大小基本相当。这样的设计就大大有别于沙俄当局对达里尼东部城区的以广场为核心的放射状规划布局安排，使大连西部相对平坦的土地利用率大大提升，也使西部的道路较之东部城区在交通高峰时段更为顺畅。当然，这种街区的特点和道路的走向、地形的变化等，对市区建筑的形态必然产生重要影响。比如凤鸣街日本人街区、南北福兴里中国人四合院式街区的出现就是适应大连西部规划特点的产物。

和洋融合——1920年代的大连建筑热潮

施行《大连市建筑规则》

1905年4月1日出台的《大连市房屋建筑临时管理规则》，确定了在大连与永久建筑物相关的政策方针，对规范大连的房屋建筑起到了积极的促进作用。新建筑不断出现，市内重要区域比如大广场（今中山广场）出现了高楼大厦鳞次栉比的状态。

但是，《大连市房屋建筑临时管理规则》并不严密，有关方面较为模糊，特别是在属地与建筑的相关限制上，因为缺少明确界定，在实际运用时遇到了困难。如为了市街美观和经济合理，四等道路临街不允许建设平层建筑，住宅建设强制要求建筑面积必须占地30%以上。虽然1914年制定了禁止建造木制房屋的方针，真正实行起来却非常困难。即便名义上只是临时建筑，但这类建筑物却四处分布，对市容造成了严重影响。随着经济的发展和人口的增长，建筑规则也需要不断改进。于是，1919年6月9日，关东厅第17号令公布了《大连市建筑规则》，并于7月1日实施，同时废止了《大连市房屋建筑临时管理规则》。

《大连市建筑规则》对建筑物不再进行永久性建筑和临时性建筑分类，而是声明店铺、住宅及其他建筑物一律采用砖、石、混凝土、钢筋水泥制造及其他耐火构造，屋顶也需用耐火材料，决不允许再出现所谓的木造建筑；建筑的规模必须二层以上（之前的临时规则无此规定）；建筑的高度不仅有下限要求，也有上限要求，即下限高度要求是：一般建筑物为12尺（4.00米）以上，面向大广场（今中山广场）的建筑物下限高度为60尺（20.00米）以上，即六层楼以上；面向西广场（今友好广场）、南广场（今港湾广场）、敷岛广场（今民主广场）等广场及一、二级路街上的建筑物下限高度为48尺（16.00米）以上，即四层楼以上；面向三、四级路街的建筑物下限高度为25尺（8.33米）以上，即二层楼以上；面向五级路街的建筑物下限高度为20尺（6.67米）以上，即二层楼以上；面向六级路街的建筑物下限高度为

12尺（4.00米）以上。与此同时，对建筑物的上限规定为前面路街的两倍以内，这是基于建筑物的最佳观看视角、街区美观、建筑物卫生、防火方面要求做出的规定，这对大连即将到来的建筑高潮具有重要意义。因为当时的经济条件限制，这一点在临时规则中是没有的。

规则根据不同的地域用途，将建筑物的覆盖率确定为商业区40%~70%，住宅区20%~60%，混合区30%~80%。这与之前临时规则的30%~70%基本一致，这样就使建筑物不因低于下限而有碍观瞻，也不因超过上限而影响防火和卫生。

正是《大连市建筑规则》对建筑物高度的上限、下限以及建筑覆盖率均做出了明确的限定，特别是对临街的建筑物在考虑构造、卫生、美观及防火保温等方面因素后，做出了必要的限制规定，才使得大连城市街区出现了相对规整、秩序井然的美观景致。

当然，以上限制规定的落实还需靠强有力的执行机制，这就是主任技术者检定制度的施行。1919年6月9日，关东厅令第18号发布了依据大连市建筑规则制定的《主任技术者检定规则》，使建筑工程在当局的检定把关之下，由学术优秀、经验丰富的技术者充当设计及监督者，担负主任技术人员的相关责任。通过施行检定规则有力地促进了技术队伍的扩充和建筑技术的进步。自此，管理逐渐严格化，借着经济势头良好的东风，店铺、住宅及其他用途的大型建筑拔地而起。另一方面，则命令对既有的木造建筑进行改建，由此终于形成了当时的大连城市风貌。"大连市现有的建筑物几乎全部采用石材、砖瓦结构等耐火材料建造而成，加之布局规整、美观，完全超越了内地（日本）大城市。这就是此规定发挥的效果。"[1]自然，这也体现了日本欲长久侵占大连的图谋。

1919年制定颁布的《大连市建筑规则》，作为城区经营上的重要法规一直沿用至1939年。虽然随着形势的发展，对此规定中的有些条款进行了修改

---

1 关东州厅土木课：《大连都市计画概要》，第一辑，69页。

完善，但总体来说，其对大连城市的建设，特别是建筑的形态、街区风貌的塑造，乃至大连城市独有的整体审美特色的形成具有十分重要的作用。

1939年，殖民当局宣布废除《大连市建筑规则》，取而代之的是《关东州建筑规则》。而作为建筑配套设施和需要提前建设的基础设施如下水道、冲水厕所等也开始普及，由于这些设施在日本国内也没有普遍使用，因此根本无任何经验可以借鉴，到了冬季因结冰而给人们的使用带来诸多不便，只能是边使用边整改。

大连的房地产热

1920年代初的大连就像一个大工地，好像任何机构都在建房子，一派兴旺景象。仅以1923年春天为例，满铁在寺儿沟山麓建设社宅的同时，大连市政府在谭家屯（今人民广场西南）开建市营住宅。而关东州警务署3月份批准在市内建设房屋48栋，面积为4498多平方米，工程费预算达335600日元。到8月已竣工17栋，计2980多平方米，工程费达153845日元。小岗子计划建设11栋，共计1521平方米，工程费预算为66500日元，到8月已竣工9栋，计1478多平方米，工程费38600日元。另外，沙河口工厂计划建设16栋，计1521多平方米，工程费预算为113535日元，到8月已竣53栋，计4336多平方米，费用达194207日元。

房地产热的兴起一定是与宽松的土地政策和优惠的房产开发条件相关的。1922年，大连郊外土地株式会社从政府得到转让的土地，低价购买了约264万平方米，除了道路用地、学校用地等之外，还有148.5万平方米。当初，在与政府签订土地转让合同时，就明确不管人数是多少，应该满足他们希望分开出售土地的要求。经过评估，地价定为每坪（约3.3平方米）最低10

日元，最高25日元。可提前接受各方面的预订，销售合同规定的付款方法为立即缴清价款或每年分期付款，与市政府当时转让的南山麓土地采用了同样的付款方法。但是，条件和市内的不一样，郊外房屋的建筑期限都不受任何的限制，建筑样式由业主自行决定，私人订制，而且一旦拥有郊外土地所有权，可立即将权利转让给他人也无妨，完全没有限制。而市内的房屋则有严格的建筑高度、建筑期限、建筑材料，以及建筑物的覆盖率限制。郊外土地在开发时如此宽松的条件，很快形成政策洼地，极大地吸引了开发商、资金和客户的到来，仅两年时间，就建成住宅350余户，且数量逐年增加。

这些郊外的住宅 "有一点最为奇特——这350余户的平面图和样式都不尽相同。如果在满足了各户主的要求，将他们的生活理想表现出来的基础上，根据他们独特的设计来施工，就会和以前所谓的理想型设计或是在部分特殊阶级的宅邸看到的没什么两样。相较于那种超脱经济束缚的由内而外的富丽堂皇，这350余户虽然透出了贫穷感，但却都是户主的真实要求，都有自己独特的光彩"[1]。原本是为了平衡住房的供求关系，缓解住房难的压力，却因为极度优惠的政策条件，"不受任何限制，完全按照居住者的创意修建，是居住者生活理想的体现"[2]。在短短两年时间里，郊外之地旧貌换新颜，青山绿水间，白厦彩瓦点缀其中，颇有田园城市的风貌，成为文化住宅的样板，这样的住宅精品还有早年启动、同时期开发的郊外星海之地。因此，郊外住宅区的成功开发，可谓大连城市住宅建设的经典之作，而这样的成功案例也是1920年代房地产开发热潮催生的结果。

与大连城市的房地产开发热相适应，大连的家贷业（房屋租赁）也迅速升温。1923年年底，包括大连市和沙河口的一部分在内，大连的总户数为2.6万户，其中日本人约1.4万户、中国人约1.2万户。当时，总出租房屋为9619户，其中日本人出租房屋数为5960户，中国人出租房屋数为3659户。房屋的

---

1 城始识：《序》，见《郊外住宅实施图集》，满洲建筑协会，1924。
2 小野木孝治：《序》，见《郊外住宅实施图集》，满洲建筑协会，1924。

总出租率约为37%。剩下的16300多户房屋之中，包含满铁、关东厅机关、银行、公司等的职员宿舍。如将其减去，则个人拥有的私有房屋非常之少。9619户出租房屋的所有人总计是1223人，其中日本人房东为626人，中国人房东为597人。而这些房东之中拥有50户以上房屋的，日本人有18人，中国人有5人。这就是说，大量房屋的出租和少数人的囤积居奇，抬高了当时的房屋租金，并伴随外来人口的增加以及其他方面的原因，导致住宅更加紧张，不得不加快房屋开发建设的速度，而这更推升了房地产热。

1904年5月日军侵入大连时，市内有民房1755栋，大部分为临时建筑。经过20年建设，特别是1920年代初期的房地产高潮，到1925年3月，大连城市新建房屋17710栋，建筑面积达2064820平方米，建筑费总额达82799267日元。而随着房地产热的持续，在其后的10年间，又新建房屋11263栋，建筑面积1371813平方米，建筑费总额达到30533400余日元。截至1934年3月，大连市内的房屋总数达到了29120余栋。殖民当局号称建设的"文化都市"呈现在眼前。（见表4-2）

表4-2　1903年、1925年、1934年大连市内房屋建设情况对比表[1]

时期 层数、面积	一层	二层	三层	四层及以上	小计
1903年 俄据时期	89栋 10032坪	66栋 16491坪	6栋 21653坪	0	161栋 286883坪
1905~1925年 日据时期新建	12463栋 386317.476坪	4917栋 216352.126坪	298栋 18263.886坪	32栋 4797505坪	17710栋 625703.993坪
1925~1934年 日据时期新建	7547栋 222030.168坪	3372栋 123793.266坪	297栋 48290.760坪	45栋 48290.760坪	11263栋 415701.121坪
合计 （1934年）	20099栋 618379.644坪	8357栋 356636.392坪	601栋 41989.113坪	77栋 53088.265坪	29134栋 1070093.414坪

注：1坪≈3.3平方米。

---

[1] 关东局：《关东局施政三十年史》，305页，1936。

和洋融合的大连建筑

1920年代，大连的建筑在欧化的道路上延续着之前的方针，但是已经加入了日本传统建筑的元素和风格，形成了"和洋融合"模式，主要表现为两个方面：一方面是建筑的外形，在欧式风格的基础上融入和式建筑的元素；一方面是在建筑的内部布局上和式化，形成外洋内和的独特风格。

在外形完全欧化的基础上加入和风元素的建筑，主要体现在公用建筑方面。较早在大连的公用建筑设计中体现日本传统的建筑师，当属关东都督府民政部建筑课课长松室重光。1917年松室设计的关东州递信局（见图4-3），建筑整体表现为新古典主义风格，但其顶部外伸的屋檐及檐下的木楞装饰则体现了和风特点。同样，1919年，松室设计的大连市役所，和风欧美近代折中主义风格，顶部突出的檐板，大门玄关处唐破风以及立面的众多日本传统元素融入其中。松室的这种设计理念也影响了其建筑课的部下石原严和甘利哲郎，石原等在设计大连取引所（今港湾广场大连银行）时，建筑风格确定为加入了日本元素的复兴式，整体对称布局，在欧洲古典主义建筑的基础上，顶部突出的屋檐，中间和两侧均是带有日式破风造型的山花，千鸟封檐板，正门塔楼造型的门廊，玄关上的唐破风，立面的绢花、云纹图案等，处处体现和风元素（见图4-4）。该建筑面积8481平方米，1918年动工，1923年建成，历时5年。

满铁在大连的建筑中很少加入日本传统建筑元素。但是，1919年由满铁建筑课职员安井武雄设计的满铁中央试验所却是一个例外，该建筑采用了日本传统建筑的千鸟破风，富有扶桑情调（见图4-5）。

尽管这些公用建筑欧式外形加入了和式元素，但是，建筑内部则完全是西式布局和装饰，大厅、楼梯、电梯、吊灯、办公座椅等均为西式，就连工作人员也均是西服革履。

和洋融合——1920年代的大连建筑热潮

图4-3
关东州递信局旧址,今中国邮政集团有限公司大连分公司

图4-4
大连取引所旧址,今大连银行

图4-5
满铁中央试验所旧址,今中科院大连化学物理研究所

大连历史街区与建筑

这些欧式建筑加入和风元素，似乎在显示殖民者的存在，又似乎殖民者总怕人们忘记自己的存在。而这一时期，大连的学校校舍建筑的大门玄关之上均设计有日本传统的破风元素，更似乎在说明学生们接受的教育是西方知识和日本传统教育结合体，以潜移默化地影响学生的幼小心灵（见图4-7）。这方面，典型的例子是春日小学校（今大连市第二十四中学）图书馆大门之上的破风设计，在其上放置一棺材（见图4-6），谐音为"官财"，寓意学习的目的是升官发财，真是将东方儒教文化的学而优则仕之观念用到了极致。

1920年代的大连房地产热，主要是住宅的开发与建设（参见《配给制与市场机制结合——大连的城市住宅建设》一章）。这一时期建成的大批"日本房"，其建筑形态基本采用了欧式的砖造外形，个别加入了日本传统的和风元素，内部则许多为和风结构布局，故形成了外洋内和的"日本房"模式。南山麓、郊外老虎滩沿线、星海等地的台地别墅建筑，大多为坡屋顶、露明木的欧式样态，屋内平面结构则设土间、玄关入口，房间铺榻榻米，常常两间甚至三间连通，中间用推拉门或折叠式隔扇隔开，房间打壁柜，许多家庭在起居室或走廊设置佛堂，浴室用日本传统的五右卫门浴缸等。

这种房屋建造模式，在前文述及日本人登陆大连伊始，使用达里尼市政区的欧式建筑时就已打下了思想基础。当时日本人将俄国人的睡床移出，换成习惯了的榻榻米，甚至把俄国人休憩喝下午茶时的露天阳台也封闭起来，变做一个榻榻米房间。所以日本人在大连开发建设自己的房屋时，出现这种外洋内和的"日本房"也就不奇怪了。直至1919年之后至1930年代出现的关东馆、公寓等楼房建筑，其房间也是铺的榻榻米，入口处设玄关等体现和式风格。但是不管是外洋内和的"日本房"，还是内外皆洋的欧式住宅，其暖气、电器、冰箱等都使用了西式的现代化设施，可谓和洋彻底融合了。

其实，大连在1920年代住宅开发建设时期出现的外洋内和的建筑形态和过程，与日本国内的住宅建设历史如出一辙，两者均从木造建筑为主，转向

和洋融合——1920年代的大连建筑热潮

图4-6
春日小学校图书馆旧址，今大连市第二十四中学图书馆

图4-7
大连商业学校旧址，今大连市第三十六中学
（池宫城晃 摄）

砖造欧式建筑，但是，结果却大相径庭。正如前文所述，明治维新后，日本大力推行砖造建筑，欲替代易于发生火灾的木造建筑。但由于砖造的价格较高，又不适于湿度很高的日本岛国气候，所以一般民众依然坚持建造传统的木造住宅。尽管政府积极提倡砖造建筑，1923年大地震后又停止了不抗震的砖造建筑，开始了钢筋混凝土建筑，但民间仍然建造传统的木造小型住

宅，直到第二次世界大战前，木造的传统住宅占每年全国房屋建设总面积的90%以上。这种状况到1963年日本经济开始高速增长期才发生变化，这时，钢筋混凝土和钢框架结构的建筑才占到50%以上，日本也才不是木造建筑国家了。

而大连因强力推行《大连市房屋建筑临时管理规则》，使登陆大连的日本木造"趴趴房"在规制上受到极大限制，砖造欧式住宅逐渐成为气候，到1920年代形成高潮，并使外洋内和的这种大连模式的"日本房"坚持了下来，成为独特的建筑样态，并随着满铁附属地的建设，极大地影响和引导了后来的包括伪满洲国在内的中国东北城市的住宅建设。因此，在建筑史上，大连的"日本房"是一个值得深入研究的现象。

大连之所以能建成和洋融合的"日本房"，形成规模并一路保持下来，与其当时所处的建筑环境密切相关。

正如前文所述，日本入侵大连后，受眼前达里尼和旅顺先进的欧式建筑的刺激，立马认识到只有一场日俄战争的胜利是远远不够的，自己的木造房屋怎么能和代表欧洲文明的俄造欧式建筑相提并论呢？于是，想在建筑领域打一场"日俄战争"，摆脱被俄国人瞧不起的屈辱，来证明明治维新之后脱亚入欧的成果，体现其进入文明社会的优越感，从而赢得自尊，也就自然不过了。日本人的这种心思早在其进入大连之初就急切地显露出来。而且，时刻面对眼前的欧式建筑的标杆，这种被刺激起来的欲望要比日本国内更加激烈。真可谓受辱的程度越深，追赶的步伐越快。

大连的"日本房"之所以形成的内因，是其与不同于日本国内的气候有关。大连及中国东北比日本列岛寒冷得多的冬季，迫使其不得不放弃保温隔热性能较差的木造房屋，选择抗寒性能较强的砖造住宅。至于如何使砖造住宅在保温取暖、通风换气等功能方面更加适合大连的气候特点，建筑师们则结合眼前的俄造建筑、日本的建筑传统，以及欧式建筑的方式，进行了深刻的探索，最终形成大连"日本房"的定型模式。关于这一点非常有意思，将在《建筑史上的独特存在——大连的"日本房"》一章中详述。

简洁实用
——1930年代的大连近现代建筑

1930年代，辽东旅馆，今大连饭店

建筑活动是人类生产活动的组成部分，随着经济社会的发展而发展。人们不但要住得舒服，使身体轻松康健，而且要住有美意，使精神得到愉悦。第一次世界大战后，伴随经济的高速发展，钢筋混凝土结构的普遍使用，建筑师们适应近现代生活的节奏，更加把建筑的使用功能放在首位，创造出来具有近现代特征的建筑样式，形成一股建筑潮流。

大连城市进入1920年代中后期，受近现代建筑思潮的影响，出现了讲究建筑实用功能的近现代建筑，并在1930年代的公用建筑、公寓楼宇建设方面形成主流。本书为方便叙述，将其在时间上归为1930年代。而这一时期，大连城市住宅建设的主流仍然沿用了1920年代形成的成熟的"日本房"模式。这样，1930年代至1945年，大连城市呈现出近现代样式的简洁实用的公用建筑、公寓楼宇和砖造"日本房"、中国人围合式住宅并存的状况。

简洁实用——1930年代的大连近现代建筑

近现代建筑的兴起

第一次世界大战的爆发，使欧洲各国严重受损，社会动荡，经济倒退。战后恢复期，人类在生活的各个方面均步入快车道，建筑也不例外。由于战争造成经济损失惨重，物资供应匮乏，此时的社会在各个方面提倡节约、简化、实用的原则，各国的建筑风格均挣脱了传统的束缚，抛弃了艺术至上主义，不断地向实用、经济且在精神上与人类的实际生活密切结合的方向发展。这一时期的代表性人物之一是德国建筑师和建筑教育家、现代设计学校先驱包豪斯的创办人格罗皮乌斯，其提倡统一建筑材料及其他规格，呼吁量产和在经济层面的大众化。而另一位代表性人物、功能主义建筑泰斗、法国建筑师柯布西耶则提出了"住宅是可以居住的机器"的口号，被称为"功能主义之父"。这两人主张建筑最为重要的要素是功能、材料、构造和经济，并极力排斥一直以来将传统以及旧习放在建筑重要位置的艺术至上主义。此时，德国的建筑风格逐渐开始遵循以经济与实用为方针的理性主义，简单的建筑风格得到显著普及；法国虽然依旧立足于建筑艺术性的见解之上，但是相较于以往，已经通过对线条以及色彩的应用，将重点放在了简单化和实用化上来；英国开始在以职工住宅为中心的问题上模仿德国的做法；苏联的建筑则是大量的切块化、实用化、简单化的统一模式；美国因为战争而迅速崛起，建筑起大量的经济且实用的现代化大楼。与此同时，由于交通和通信的发展，相互之间交流借鉴加强，因此各国的建筑风格也逐渐向类似的方向发展。

工业革命带来了建筑革命，使许多建筑材料的大批量生产成为可能。随着钢筋、水泥、玻璃这三种工业产品的普遍生产和使用，在不断促进建筑的统一和合理化方面已成为事实，这些材料在廉价且大量生产时，将会十分有利于建筑的经济化、实用化以及合理化。

大工业生产为建筑技术的发展创造了良好条件，新材料、新结构在建筑中得以广泛应用，钢和钢筋混凝土从19世纪中叶起对建筑的发展产生重要影响。

混凝土是由古罗马人发明的，系由水泥、沙子、石子和水构成的材料，其中水泥起主要作用，为一种活性的水硬性材料，与水发生水化反应后能形成坚硬的胶凝体。水泥是18世纪发明的。古罗马时期还没有水泥，其用火山灰作为活性材料与砂石混合而成混凝土，古罗马人在公元前3世纪就开始使用这种原始的混凝土。混凝土的发明带动了建筑革命，使建筑的复杂造型得以实现，拱券和穹顶的建造更为方便，同时，建筑工期大大缩短，节省人力，降低成本，由此推动大规模建设。

1867年法国园艺家莫尼埃获得钢筋混凝土的专利，创造出和理论应用不同的形态，为其进一步应用奠定了基础。而钢筋混凝土被广泛采用则是在19世纪末到20世纪初，因为其特性导致能够变成各种形态，与从古至今一直在使用的木材、砖瓦和石材相比，其承受来自上方重量的荷重自不必说，对来自横向的荷重也展现出出奇的耐力，故它给建筑结构方式与建筑塑造提供了新的可能。随着水泥质量和钢材质量的改良，以及后来特殊钢材的加入，钢及钢筋混凝土结构越来越受到青睐。此后，高层建筑如雨后春笋，大型的集会场、影剧院、体育场馆等大跨度建筑横空出世，对古老建筑来说可谓一场大革命。

20世纪头10年，钢筋混凝土的应用被认为是一切新建筑的标志。第一次世界大战之后，钢筋混凝土结构的应用更加普遍，特别是钢筋混凝土整体框架的大量应用，在西方成为一种建筑潮流，即现代建筑潮流。

所谓现代建筑，就是为了能够实现经济获利等现实的效果，会努力把现代科学技术的精华运用到建筑中去，更加科学和严谨，艺术观念被淡化，尽量避免古典主义过度华丽的装饰，在造型上追求几何学的抽象美、机械美学的均衡性，更倾向于让人们的心情更愉悦的视觉冲击小、简素、展现材料美的建筑。现代建筑1920年代兴起时，其建筑样式以讲求空间构成、规则性以及忌讳装饰为三大原理。

现代建筑的具体特点，除钢筋混凝土构造法外，建筑设备的进步也非常显著。垂直交通利用了升降电梯，使得高层建筑得以发展，电气照明、通信设备广泛应用，排水和供给热水自由切换，甚至温度的调节、空气的净化功能和消火栓、自动洒水设备、警报器等一应俱全；建筑使用的材料被发明和改良，透明玻璃、钢化玻璃、中空玻璃以及能够透过紫外线或者吸收紫外线的玻璃等被制造出来并得到推广，使用胶合板代替天然木材制作隔绝热量和声响的装置，人造石的制作摆脱了天然石的限制，还有高级卫生陶瓷制品的生产，以及铝等轻金属的采用等；室内的温度、湿度以及气流等特别是空气离子学说和臭氧学说的建筑卫生问题被重视起来；作为现代科学和文明发展的结果，有关交通机构的建筑、集中民众的食堂、事务所、银行、旅馆、医院、商店等被大规模地兴建起来。

日本国内也受到了现代建筑思潮的影响。1922年前后，现代建筑思潮开始在日本登陆，受到日本年轻建筑师们的推崇，一批现代主义样式的建筑亮相。前文曾述，设计大连公会堂的日本年轻建筑师前川国男是现代主义建筑的领军人物、法国人柯布西耶的学生。

1923年9月1日，东京发生大地震。这次地震证明了日本明治维新以来推崇的欧洲砖造建筑的抗震性相对较差，使钢筋混凝土建筑的抗震性能和防火性能得到证实。此后，日本国内的政府机构、学校、办公楼等建筑大量采用了钢筋混凝土或钢框架和钢筋混凝土复合结构。

砖造建筑是欧洲传统的建筑样态，其造型特别是艺术色彩极为强烈。新兴的钢筋混凝土结构强调的是结构计算、抗震设计等工程逻辑，而建筑的艺术性方面则被轻视。另外，钢筋混凝土或钢框架和钢筋混凝土复合结构更适合高层建筑。现代主义建筑思想与日本传统的讲求清雅、素淡、不加装饰的建筑理念相契合，适应追求工业化社会的功能性、合理性建筑的潮流，而钢筋混凝土结构更容易与日本传统的建筑相融合。这样，钢筋混凝土结构担负起日本现代建筑的重任也就水到渠成了。1931年，在日本国内，年轻的建筑师们还掀起了现代建筑运动，直到1941年太平洋战争爆发，因混凝土在战争中被垄断而停止，再次兴起则是二战结束之后的1950年代后期了。

钢筋混凝土结构在大连建筑中的应用

建筑材料的运用直接决定建筑的结构和样态。大连欧式建筑起步于19世纪末，建设达里尼市所用的建筑材料主要为砖、石、木材。砖木结构是俄据时期达里尼市建筑的主要形态。此后，日据时期，从沿袭、模仿、研究这一砖造建筑，到形成大连模式的"日本房"，建筑师们进行了持续有效的探索。可以说，这种砖造住宅的结构，具体讲是三层以下的住房，一直延续到1945年大连解放。

但与此同时，从1920年代开始，一种新的建筑材料加入大连建筑的结构中来，这就是钢筋混凝土。

其实，大连对混凝土的使用从沙俄租借旅大后建设旅顺要塞和大连港就已开始了。1910年前后，在建设大广场（今中山广场）上的横滨正金银行、大和旅馆（今大连宾馆）等公用建筑时，银行的金库、大楼的楼板等部分也已使用钢筋混凝土结构。

大连的钢筋混凝土结构主要用在三层以上的政府机构、学校、医院等公

简洁实用——1930年代的大连近现代建筑

用设施、公司总部办公大楼、住宅公寓等建筑中，钢筋混凝土制作的地板、房柱和房梁，砖砌墙体，这种建筑被称为"砖混结构"。除1930年代后期个别砖混结构住宅外，两层及以下住宅仍然采用砖造建筑。这种情况从1920年代开始，到1930年代形成普遍现象，直到1945年。之所以没有采用全钢筋混凝土结构，主要是因为全钢筋混凝土在价格方面远高于砖混结构，且施工技术方面比较复杂。反观砖造建筑，价格便宜、隔热性能好、施工方便，因此深受欢迎。大连出现得最早的全钢筋混凝土结构建筑是大连圣德会于1921年建成的集体住宅，当时这种建筑非常少见。

大连建筑对钢筋混凝土结构的使用与西方一样，也是逐渐展开的，先是用作楼板、楼梯，而后推及房柱、屋顶、房梁。1920年的关东馆建设中，二楼地板整体以及各楼层厨房地板、楼梯室地板以及楼梯等处采用钢筋混凝土修建，侧壁、隔墙均为砖砌，各个区域之间用两块砖厚度的防火墙分隔，屋顶采用沙砾屋面材料。这是在房屋修建方面较早使用钢筋混凝土结构的建筑。

大连公用建筑使用钢筋混凝土结构的渐进演变历程，在学校的校舍建筑中体现出来。大连市第二中学（见图5-1-1，今人民广场春天大厦处）于1923年10月至1925年7月建设，建筑面积为5728.47平方米，为砖瓦结构部分带地下室的双层建筑，各层均有木结构的楼梯间，仅楼梯铺钢筋混凝土，根石、腰石以及升降口周围均采用了熊岳城产花岗岩，柱型及房间的风箱则是凝石涂装，房间下面涂了部分白色水泥，其他外部装的是机械制砖瓦，屋顶铺设砂浆瓦，内部涂有灰浆，部分铺有打磨假石。1931年，由关东厅内务局土木课设计的下腾小学校（已拆），为砖造三层建筑，建筑面积6976平方米，混凝土地基，地面铺钢筋混凝土板，屋顶由钢筋混凝土建成、用砾石油毡铺盖。1929年至1933年建设的大连早苗高等小学校（见图5-1-2，今大连教育学院），为砖造三层建筑，部分为地下室，中央为四层，建筑总面积27985.4平方米，分6期建成。其墙体使用砖造，各层地面及屋顶使用钢筋混凝土建造。外墙低于窗户的墙面使用花岗石，其他部分涂灰泥，部分位置使

■ 大连历史街区与建筑

图5-1-1
大连市第二中学旧址，已拆

图5-1-2
大连早苗高等小学校旧址，今大连教育学院

图5-1-3
大连圣德寻常高等小学校旧址，今东北路小学（陈艺 摄）

用人造石。天花板钢筋混凝土直接涂灰泥，木板条上也涂灰泥。大连圣德寻常高等小学校为砖造二层建筑，面积6256平方米，墙体为砖造，各层及屋顶使用钢筋混凝土建造，天花板使用钢筋混凝土并直接涂灰泥，各层地面使用钢筋混凝土（见图5-1-3）。由大连市政厅建筑处设计的市立大连中学（今解放广场军人俱乐部），建筑面积8853平方米，为钢筋混凝土幕壁式双层结构，于1935年10月31日竣工。从以上几所学校的建筑结构可以大略看出，仅仅两三年时间，钢筋混凝土的使用已经越来越广泛。

钢筋混凝土结构在大连的俱乐部、影剧院、会堂等建筑中大显身手。满铁会员俱乐部（今沈阳铁路局酒店）（见图5-2-1），于1924年至1925年建设，建筑面积2855平方米，设置大型礼堂和小型礼堂，二楼的一部分为砖结构，三楼及地板同时采用木结构及钢筋混凝土结构。1926年至1927年，紧邻其建设的满铁协和会馆（今大连铁路文化宫），总建筑面积3832.39平方米，其中，大集会堂2264.33平方米（见图5-2-2），高9.6米，可容纳1085人，为大连较早的大型剧场建筑，其基础为毛石混凝土，地板为木材及钢筋混凝土，屋顶为钢筋混凝土材质及木质，外墙为德国混凝土。还有大连连锁街，基础采用钢筋混凝土制连续梁结构，墙体为钢筋混凝土制挡火管墙，有孔砖瓦结构，地面由钢筋混凝土制造，房顶为钢筋混凝土瓷砖构造，其剧场电影院面积2210平方米。

钢筋混凝土结构在大连使用的典型建筑是大连运动场（解放后称大连体育场）和大连港十五库。大连体育场建于1928年，总建筑面积46200平方米（含游泳池）。前看台长约220米、宽约16米，观众席有19阶，座位数有1万个，内部有办公室、淋浴间、选手休息室等，用砖、钢架及钢筋混凝土建造；后看台由混凝土建造，有16阶，高约6米，观众席约有1.5万个席位；游泳池是钢筋混凝土建造，宽20米、长50米，设50米泳道、1米跳板、3米跳板及10米跳台。看台总计可以容纳2.5万观众，并且为了扩大观赛者的视野，采用弯曲式的看台设计，使观赛者能够从比赛开始到结束全程无障碍地观看（见图5-3）。

有意思的是，体育场和游泳池前、后看台等分别由关东厅和满铁设计监理、施工建设。田径赛场、游泳池、体育场背面看台以及游泳池背面看台，由关东厅土木课设计、监理并直营，费用约为14万日元；体育场前面看台及游泳池前面看台，由满铁建筑课设计和监理，大仓土木建筑株式会社施工，费用约18.8万日元。这一点非常有趣，这样做也许是因为建设工程总预算约33万日元，太过庞大，抑或体育场属公共场所都有使用，还是分摊费用建设最为公平合理吧。一栋建筑由两家主体分摊协商建设，此前在大连城市建筑史上还未出现过。另外，当年4月17日开工，8月20日宣布完成所有施工工程，仅用了4个月，足见这种合作模式的成功之处。

大连体育场解放后数次改扩建，1980年代的改建

图5-2-1
满铁会员俱乐部旧址，今沈阳铁路局酒店

简洁实用——1930年代的大连近现代建筑

图5-2-2　满铁协和会馆大集会堂旧址，今大连铁路文化宫

图5-3　1980年代的大连体育场

拆除了西边的游泳池,到1990年代末,体育场可容纳观众8万人。从建成之日起,大连体育场就是大连市大型集会和运动会的重要场所,见证了大连许多重大活动和体育事业的辉煌。可惜的是,2010年3月,这样一座满足市民就近锻炼、具有城市历史记忆的建筑被拆除了,代之而起的是一座大型商业购物中心。

十五库位于大连港甲码头(见图5-4),占地面积24578.4平方米,共四层,总建筑面积85917.48平方米,钢筋水泥构造,各室内部沥青混凝土,墙壁抹灰,柱子以及天花板抹水泥。工程共使用水泥14100立方米、钢筋1450吨、砖75万块,1929年4月25日开工,当年11月20日竣工。该大型仓库一楼铺设铁路轨道,直通码头,这样装卸货物可以直接与仓库对接,大大提高了效率,这在当时的世界港口中都是非常先进的。

图5-4
1929年,大连港十五库内部

简洁实用的大连近现代建筑

　　大连作为日本建筑师向西方学习欧式建筑的实践基地，除了模仿欧洲建筑的传统技法之外，也时刻关注着欧洲流行的建筑思潮，紧跟其时代步伐，使自己始终处于世界建筑领域的前沿。

　　自然，欧洲特别是日本1920年代引进的现代建筑主义思潮，影响了大连的城市建筑。大连的现代建筑基本与日本国内的思潮同期。1920年代，大连的公用建筑尽管逐渐使用钢筋混凝土结构，但许多建筑仍然设计成欧式形态，如满铁会员俱乐部和协和会馆外部均为欧式建筑造型（见图5-5）。最典型的是由关东厅内务局土木课设计监督的关东厅地方法院新厅舍（今大连市中级人民法院），结构上，中央塔屋是钢筋混凝土幕壁式的八层建筑，其余是一部分带地下室的砖砌三层建筑，电灯、电话、电铃、电时钟等的电气配管都是直接埋设在地板内的混凝土中。整体建筑呈欧洲古典建筑风格（见图5-6）。这也是大连公用建筑进入1930年代的最后一座大型砖混结构的欧式建筑了。

　　经过1920年代对钢筋混凝土结构的探索和经验的积累，大连近代、现代建筑的气候在1930年左右及之后真正形成。在此，为了方便叙述，就将其统归于1930年代。

　　前文曾述，大连早在1907年就建立了小野田水

图5-5
满铁会员俱乐部旧址，今沈阳铁路局酒店

图5-6
1930年建成的关东厅地方法院旧址，今大连市中级人民法院

泥株式会社大连分厂，1909年5月投产。因为大连等建筑市场需求不断增长，1921年实施了第一期扩产工程，将水泥年产量扩大到13万吨；1928年实施了第二期扩产工程，年产量达到25万吨。1917年，南满洲硝子株式会社成立，是大连玻璃制品厂的前身。1925年，由满铁参与的大连昌光玻璃株式会社建立，资本金300万日元，主要生产平板玻璃。1932年改善设备，需求增加，业绩上升，年产53万箱，1936年后达

80万箱。1918年成立的大华冶金株式会社，特别是1933年昭和制钢所（今鞍钢集团前身）的成立，为大连建筑市场提供了足够的钢材，所以现代建筑的三大材料水泥、玻璃、钢筋在大连有充分保障，并与世界的建筑趋势同步。

此时的建筑注重实用性功能的发挥，摒弃奢华的装饰、复杂的造型，使钢筋混凝土的结构优势得以充分展示。比如1928年，满铁建筑课在大连体育场工程前面看台，尤其是大门的设计建造上，特别注意外观能够体现体育精神，废除不实用的装饰，以节约施工费用，同时结构也要坚固。座席以普通席位为主，像贵宾席这样的特殊席位也是要尽量简朴，另外还要注意交通管理等。

大连历史上没有发生过大的地震，其地壳相当坚固，适合经济性地建设高层建筑。随着城市越来越繁荣，市中心必然会变得寸土寸金，地价高涨无可避免，其结果自然就会导致对高层建筑产生需求。由于大连城市上下水、电力、天然气、供暖等基础设施的完善，以及建筑设计、施工技术的不断进步，包括综合性附带设施布设水平的提升，像当时的欧美发达国家一样，大连必然会出现大批具备实用性、经济性，融商店、事务所于一体的综合大楼——类似于今天的商业写字楼，或大型综合性商店、酒店，以及居住功能齐全的现代高层公寓住宅。

果然，这一时期，钢筋混凝土结构在大连商务楼宇和高档酒店的建造上表现尤为突出。1926年9月开工，1927年11月建成，由佐藤建筑事务所设计及管理的浪速大厦（见图5-7），位于繁华的浪速町（今天津街），使用性质系商铺及酒店，为钢筋混凝土结构五层建筑附带地下室，现代美式风格，建筑主体柱、梁、地面、楼梯、屋面等采用钢筋混凝土一体浇筑的抗震框架结构形式，电梯的立柱及支架采用钢结构。这是一栋全钢筋混凝土建筑，功能齐全，设施先进，特别是其换气设计，从地下室开始，在各钢筋柱的中央部位埋入3.5寸（11.67厘米）钢管，从地下室墙壁上部延伸至楼顶，进行换气。建筑整体强调线条的简洁、明晰，顶部的装饰优雅、得体。1980年代这栋大楼曾作为大连

■ 大连历史街区与建筑

图5-7
1980年代的天津街，左侧为浪速大厦旧址，右侧为伊势屋（大兴公司）旧址，远处为善芳大厦旧址，均已拆
（池宫城晃 摄）

外文科技书店，是那个年代知识改变命运的缩影，可惜的是，2000年代初被拆除了，原址上建起了新世界商厦。

辽东旅馆是坐落于天津街的又一标志性建筑（见图5-8），建成于1930年的这栋八层大楼，由小野木横井联合建筑事务所设计，钢筋混凝土砖砌结构，中、俄、和式特色设置与服务于一体，商场、餐饮、住宿、娱乐功能齐全，建筑面临大山通（今上海路）、浪速町（今天津街）的墙面铺上切割瓷砖，更显庄重；房檐上部的飞檐、一楼的圆柱、屋顶扶栏及圆形窗框均使用中村花岗岩，背面的表层铺上人造石。整体建筑至今保持优雅、简洁样态。

1930年代，大连城市最经典的两座建筑是关东州厅厅舍（今大连市人民政府）和大连火车站。关东州

212

简洁实用——1930年代的大连近现代建筑

图5-8
辽东旅馆旧址,
今大连饭店

厅厅舍(见图5-9)1937年由关东州厅土木课设计建造,建筑总面积2655.42平方米,为钢筋混凝土构架砖砌平顶4层建筑。正厅部分为砖砌的墙体、钢筋混凝土的底板、钢骨骨架的房顶。整体风格为近代式,轴线统领,中央突出,两边对称,诠释着规则与秩序。大楼外部除中央四根扶壁式多立克柱和三个凹型雕刻图案之外,门厅停车雨棚处及中央部分用花岗石,齐腰砌石护坡上部石材用轻凿工艺完成,一楼两侧一般腰部用花岗石,砌石护坡用轻凿工艺,前面都贴淡黄色花砖,顶部墙帽及其他贴人造石,背面及侧面一般用瓷砖板,腰部水洗;正厅部分基石为花岗岩砌石,腰部水洗,上部墙壁用瓷砖板,飞檐一圈为水洗涂漆。整体从用材到色调,简洁大方,清淡素雅,无多余装饰,底层大量使用花岗岩砌石,更显敦实厚重。1937年建成的大连火车站,由满铁建筑课课长太田宗太郎设计,建筑总面积约14000平方米,采用现代建筑风格,造型因势而为,简洁明了,实用大气。候车室外形就像一个现代版的积木大盒子,线条单一,块状呈现。尤其是二楼候车室的11个大型玻璃竖窗,极具现代气息,既满足了候车室大量的采光需要,也使本就低矮的形象拔高了许多。钢筋混凝土结构满足了人流拥挤的火车站对大空间的要求,是火车站建设史上的杰作(见图5-10)。

钢筋混凝土的广泛使用,使大连的一批商业百货大厦拔地而起,1937年建成的三越百货店大连支店(今秋林商店),1938年建成的大连市场(今大连商场)等,规模、设施堪称一流,连同浪速町(今天津街)的大连大厦(几久屋百货店)等一起,使大连青泥洼地区形成了现代商圈,直到今天依然活跃(见图5-11、图5-12)。

图5-9
关东州厅厅舍旧址,今大连市人民政府

图5-10
1980年代的大连火车站

简洁实用——1930年代的大连近现代建筑

图5-11　1930年代，钢筋混凝土建筑形成青泥洼商圈，从左至右分别为天满星旅馆（已拆）、瓦斯会社、电业会社、交通会社（1989年，池宫城晃　摄）

图5-12　青泥洼商圈，从左至右依次为1937年建成的三越百货店大连支店（今秋林商店）、1939年建成的上野大厦、1938年建成的永喜大厦，右下红楼为1929年建成的煤气株式会社（1989年，池宫城晃　摄）

大连历史街区与建筑

钢筋混凝土结构也使建筑的艺术塑造性更为灵活，更为丰富多彩。典型的是1937年建成的明照寺（见图5-13），位于今天的独立街，设计者充分发挥自己的想象，外形设计成一组穹顶组合：一个长条形的瓦形穹顶，带动四角四个小圆穹顶；外立面为嫩黄色，与粉蓝色的穹顶形成鲜明而和谐的搭配，在晴朗的天空下格外醒目。寺院内部采用欧洲寺院常

图5-13
明照寺旧址，曾为大连艺术学校、大连市艺术团办公地，已拆（1989年，池宫城晃 摄）

见的超高空间布局。院门上方的唐破风造型,将和式风格融入整体欧化造型之中。这座寺院可谓大连建筑艺术的杰作。设计者谷口素绿在大连还设计过滕川大厦和安东金井综合大厦。解放后,这座建筑曾长期为大连市艺术团所有,可谓好马配好鞍,使其成为艺术的殿堂。可惜的是,这座独具特色、承载城市历史记忆的建筑,在1990年代被无情地拆除了,给大连这座浪漫之城留下遗憾,令人扼腕。

钢筋混凝土在大连的普遍使用,是在1920年代后期兴起的公寓楼建设。此时,大连经济迅速发展,人口快速增长,住房短缺问题凸显。此时,大量公寓楼的出现有效缓解了这一矛盾。

因为有俄据时期达里尼市政区公寓楼的样板,特别是1920年建成的关东馆的成功范例,加之对钢筋混凝土结构的不断探索,公寓楼的建设可谓水到渠成。

这时期的公寓楼以满足居住的功能性要求为主,一般为三至六层,整体朴素简洁,造型单一,无过多的装饰;设施先进,给排水、电、煤气齐全,集中供暖,个别还带有电梯,已与现代住宅楼房基本没有什么区别。这种公寓平面常常随地形呈现不规则形状,结构为钢筋混凝土砖砌或钢筋混凝土地板、楼梯砖砌,垂壁式或露台式或幕墙式建筑。内部布局以居住舒适、方便为原则,房间基本布置在阳面,有的背阴面为长长的走廊,有的是外走廊,与两端或拐角处的楼梯相连;有的带有封闭式阳台,有的则是敞开式阳台;基本为双层格子窗,有的在楼梯拐角处设眼窗。地基和各层地面由混凝土浇筑,墙裙用大盐岛粗石砌成,墙壁外部有的采用石质纹理涂料,有的上墙涂了带有颜色的砂浆装饰,有的涂灰浆以及抹面、贴砖,有的采用水洗人造石装饰;低层的外壁为两块砖的厚度,三楼以上厚度为一砖半,铺红砖装饰外壁的一部分,一部分是青岛砖和其他砖。一般为平屋顶,采用钢筋混凝土结构,有的用砾石和毛毡盖屋顶,有的用砂浆和瓦盖成。许多外墙用抹子涂上砂浆乌纱帽和砂浆装饰,一部分贴瓷砖以及采用水洗人造石装饰,有的外部涂石质纹理涂料，同时也混用其他涂料，前面窗台以及窗框采用细砾水洗工艺装饰。

公寓内部，每个单元有独立的卧室、厨房、卫生间、浴室；采用日式建筑风格，天花板、墙壁以及侧壁涂上粉饰灰泥和灰浆装饰，木建部刷上油漆以及砥石粉，涂上清漆润饰，一部分铺上磁漆瓷砖和水磨人造石装饰；地面铺地板和榻榻米，一部分铺砂浆、瓷砖，出入口的墙裙常安装中国式门装饰；玄关地面用马赛克式瓷砖。公寓的配套设施齐全，供水是与公共水道直接连接；排水采用了铅管和铁管，经过净化装置与公共下水道连接；厕所带有冲水式西洋便池；浴室带有洗澡水加热锅炉，浴室和燃气浴缸贴上瓷砖，浴室、厕所的墙壁下半部分都砌上马赛克瓷砖；大多集中供暖，采用烧煤锅炉或蒸汽锅炉，有的也使用壁炉。

这时期的公寓一般为有实力的公司自建，也有许多是财大气粗的老板为了出租经营而建设，即所谓的贷家业，正因为这部分出租业的兴起，在某种程度上也推动了公寓类住宅的进一步开发。（见图5-14-1~图5-14-5）

近现代建筑在公寓、住宅建设方面的优异表现，还体现在建筑结构标准图纸的重复使用上。除地下室、一楼特殊外，二楼以上均可使用同样的平面图纸，这样不仅节约了设计、施工、材料成本，也大大提高了施工和投入使用后的效率。从1900年达里尼市政区东清铁路单元家属楼，到1920年的关东馆，再到1920年代后期、1930年代兴起的近现代公寓，一路走来，大连在公寓、住宅建设方面不断开创先河，走在了国内城市的前列。

这种情况，也为解放后大连城市建筑的推进做了很好的铺垫。1952年，当时旅大设计公司设计大连起重机厂和市政府职工住宅时首次采用设计通用图纸，使大连成为采用住宅标准图最早的国内城市。之后，"一五"计划时期，比较普遍地采用了这种多快好省的设计方法。1954年大连造船厂工人村成片职工住宅的设计，1956年大连市第一个住宅小区——金家街工人住宅区的建设，1957年市内第二个住宅小区——春柳小区的建设，采用住宅标准图

简洁实用——1930年代的大连近现代建筑

（通用图）和标准构件图，设计图纸重复使用，提高了设计工作效率，解决了800余户住房。其中，金家街住宅小区占地7.5万平方米，建住宅楼20栋，大多为二三层，坡屋顶、外廊式、朝阳户型，每户均设有储藏室、厕所和厨房，改变了以往合用厨房、厕所的设计。1957年，在中小学校舍建设中也采用了设计标准图以及门窗和混凝土构件标准图，使大连的公用建筑实现工业化施工。

图5-14-1
1930年代的现代公寓遗存（刘军理 摄）

图5-14-2
1930年代的现代公寓遗存（刘军理 摄）

图5-14-3
1930年代的现代公寓
——雾岛大厦遗存

图5-14-4
1930年代的现代公寓
——雾岛庄大厦遗存
(刘军理 摄)

图5-14-5
雾岛庄大厦内部
(刘军理 摄)

配给制与市场机制结合——
日据时期的大连城市住宅建设

1920年代的大连"日本房"

日本殖民统治时期，大连城市的住宅建设，随着人口的增长而不断扩大。

关东都督府、关东厅、关东州厅不但制定建筑规则，掌握土地资源，同时，也建设了大批官舍，以满足其职员的需求。大连市政府参与住宅的开发和经营，建设了大批市营住宅。满铁作为实力强劲的组织，在大连建设了大量的社宅。一些实力较强的企业或个人建设了大量自住或出租公寓。与此同时，建筑市场的活跃也带动了民间住宅开发。这样，大连城市的住宅建设在配给制与市场机制的共同作用下，不断推进。

在近40年的住宅建设过程中，从欧式"小洋房"到近现代公寓，从砖造建筑到钢筋混凝土结构，从特甲等、甲等高档"日本房"到围合式中国大院，大连城市的住宅呈现出多种形态，最终形成族群分居和阶层分化两大特征。

市营住宅

大连市役所开发建设的住宅，包括供政府人员居住的官舍和用于出租出售的市营住宅。

官舍即公务人员宿舍，主要是殖民政府及其各部门为解决公务人员的住宿问题而集中建设的住宅，如早期的大连民政署官舍。这类住宅自然实行配给制，按级别进行分配，不出售和面向市场经营。1908年最早建设的大连民政署和关东都督府民政部宿舍，位于若狭町（今昆明街）、红叶町（今唐山街—保健街），前者与近江町（今友好路南段）满铁社宅仅两街之隔，后者与伏见台的花园町（今花园广场东）相邻，几乎均与附近的满铁社宅同时建成。规模较大的官舍还有位于南山麓镜池畔大和町（今清爽街）和伏见台锦町（今锦华街—风光街）的关东州通信管理局官舍区、播磨町（今延安路）警察馆舍等。

大连市营住宅的开发建设以满足市场需求为目的。1910年代城市快速发展，到1919年、1920年，出现经济繁荣景象，市内的小住宅基本售罄，房租也日益高涨，这给市民的生活带来了诸多不便，大连出现了住房难的问题。为了缓和矛盾，大连市役所采取了一系列对策，例如分售土地、建设市营住宅等，以求部分提高住房供给率。

为此，大连市开始着手制订市营住宅的计划，包括分售官有南山麓土地，鼓励有独自修建能力的人士购买并在此修建住宅。此外，修建廉价的出租屋，以救济有住房困难的底层市民为目的，通过横滨正金银行大连支店向日本大藏省借贷了低息资金100万日元，其中63万日元用于充当出售南山麓土地的销售款，剩余的37万日元为1922年的施工费，自1923年开始至1926年的四年间，每年将上述分售土地所获的分期回收款15.75万日元转为施工费，用于修建一批小住宅。

1921年，大连市以市区经营的名义，基于上述低息贷款和简易保险公积金来发行债券，从大连民政署借地16800坪（5.55万平方米），用以建造租金比较低廉的小住宅，计划10年全部竣工，入住者以10年分期付款的方式可获得该住宅的所有权。

首批建设的市营住宅位于当时的郊区谭家屯（今人民广场西南）的官有地，当局拿出共计37万日元建设资金的一部分作为第一期工程资金，工程占地10560多平方米，1922年7月3日开工，10月末竣工。紧接着申请租借第二期工程的应用土地，获得批准后于年内动工。首批市营住宅区的丙号区内建有一处公共浴室，砖砌平房，建筑面积50坪（165平方米），以满足除甲号住户以外的住户洗浴需求。还在乙号、丁号、单身住宅区建有一处运动场，以丰富住户的业余生活。

这样，市营住宅建设的具体进展情况是：1922~1923年，在花园町（今花园广场东）建造了52栋182户住宅；1924~1926年，在水仙町（今水仙街）建造了22栋70户住宅；1929年，在桔梗町（今大同街南段）建造了8栋48户住宅；1930年，在白菊町（今对山街）建造了13栋96户住宅；1923~1927年，在桂町（今桂林街）建造了48栋91户住宅，在柳町（今南山路）建造了14栋22户住宅（见图6-1-1）；1926年，在沙河口元町（今广平街）建造了2栋24户住宅；1936年在山县通（今人民路）建造了12栋120户住宅。之后，又在下萩町（今成仁街北段）和白云山麓建了一批住宅，在桔梗町（今大同街南段）、白菊町（今对山街）和白云山麓建成住宅区（今凤鸣街、高尔基路"日本房"住宅区）。1939年新建500户住宅的计划遇到了物料不足的情况，好不容易在1941年建成了。1941年进一步计划兴建200户住宅，但由于物料、

配给制与市场机制结合——日据时期的大连城市住宅建设

图6-1-1 市营南山麓住宅

劳动力等不足，兴建工程中途一度停工。尽管如此推进住宅建设，但因市内人口激增，使得住宅仍明显不足，市政当局为缓解这一情况，专门制订了市营住宅继续增建计划。

市营住宅分为五种房型，供不同级别和经济实力的家庭选择：

甲号住宅（见图6-1-2、图6-1-6）：砖造欧式双层，建筑面积27.38坪（90.35平方米），房间3间（下一上二），有独立厨房、卫生间、浴室、壁柜、俄式壁炉。此房型1922年总计建设10套，一期建成6套。

乙号住宅（见图6-1-3、图6-1-7）：砖造欧式双层，建筑面积23.80坪（78.54平方米），房间3间（下一上二），有独立厨房、卫生间、壁柜、俄式壁炉，无浴室。此房型1922年总计建设20套，一期建成16套。

丙号住宅（见图6-1-4、图6-1-8）：砖造欧式双层，建筑面积20.20坪（66.66平方米），房间3间（下一上二），有独立厨房、卫生间、壁柜、俄式壁炉，无浴室。此房型1922年总计建设50套，一期建成36套。

丁号住宅（见图6-1-5、图6-1-9）：砖造欧式双层，建筑面积13.88坪（45.80平方米），房间3间（下一上二），有独立厨房，外附卫生间，有壁

图6-1-2
市营住宅甲号宿舍遗存

图6-1-3
市营住宅乙号宿舍遗存

图6-1-4
市营住宅丙号宿舍遗存

图6-1-5
市营住宅丁号宿舍遗存

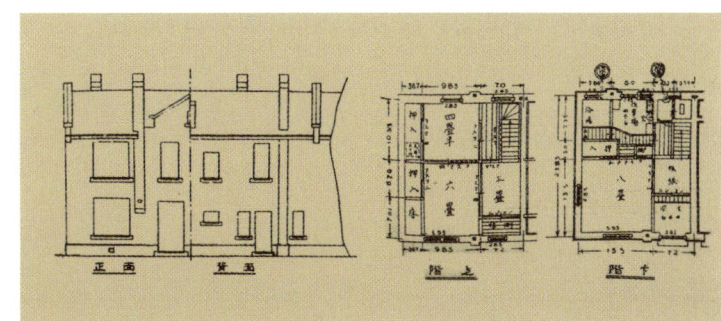

图6-1-6
大连市营住宅
甲号宿舍设计图

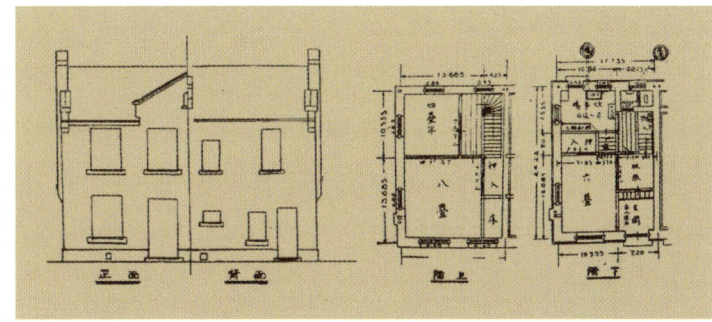

图6-1-7
大连市营住宅
乙号宿舍设计图

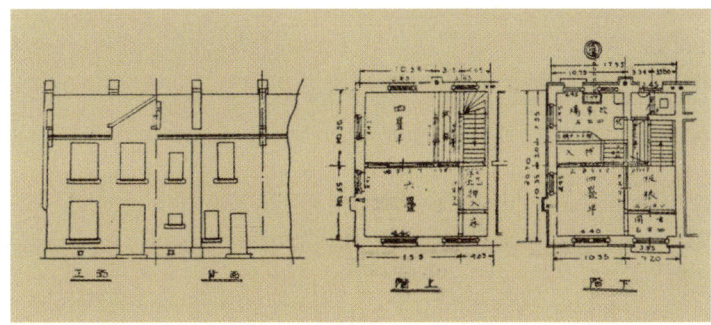

图6-1-8
大连市营住宅
丙号宿舍设计图

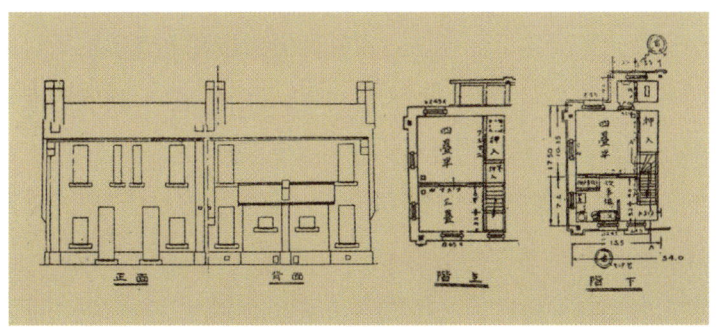

图6-1-9
大连市营住宅
丁号宿舍设计图

柜、俄式壁炉，无浴室。此房型1922年总计建设80套，一期建成30套。

单身住宅：分砖造双层和砖砌平房两种，每户5坪（16.5平方米），1922年共建成30套。

满铁社宅

满铁是一家经营广泛的庞大组织，公司业务种类繁杂，员工人数非常之多。首任满铁总裁后藤新平从台湾转任而来，其根据在台湾担任9年"总督府"民政长官的经验，认为给远离日本本土的满铁职工提供良好的居住条件，是其安居乐业、解除后顾之忧、推进事业发展的重要基础。从满铁进入大连伊始，后藤就主张将住宅租借给职工，并且支付一部分住宅补助金。因此，满铁始终高度重视其管理层和职员的居住问题，并持续探索推进。创立之初，本着"向全体公司员工和所雇用的体力劳动者无偿提供住宅"的基本理念，满铁住房实行配给制，上至管理层、下至雇员都分配房屋，让其中的各个阶层都能享受到各自的待遇。满铁在大连的住宅建设规模是最大的，也可以称得上是最好的，建成的住宅一般均形成了日本人住宅社区。

1907年满铁进入大连时，从事铁路线保修和车辆维修的人员就有3000人，加上一线的其他现场工作人员和抚顺煤矿职员，总数达1万多人。随着满铁业务的进展，其管理人员和职员持续增加，社员住宅的解决成为燃眉之急。

满铁野战铁道提理部的职员住宅为俄国人遗留下的达里尼市政区已建成的东清铁路公司的设施和职员宿舍。但是，这些建筑物因日俄战争的影响大都已经荒废，很多要进行大修才能使用，为此，满铁建筑课承担了维修任务。为了适应日本人的生活习惯，将俄式建筑的开放式阳台改为封闭式，内部加装一层地板，铺设榻榻米，许多住房还扩建添加了厨房、卫生间、浴室、橱柜等。之后，又将位于伏见台（今一二九街）、三室町（今唐山街）

的达里尼市俄军军官宿舍和兵营改建为社宅。

除改建使用沙俄当年已经建成的达里尼市政区的住宅外，满铁主要采取新建社宅、补贴社宅和代用社宅三项措施来解决员工的居住问题。

新建社宅

满铁新建的社宅有高档别墅、单身职工宿舍和带家属的职工宿舍。

● **前期住宅建设** 1907年一入大连，满铁首先接管大连港的管理和经营，为解决埠头事务所职员和雇用人员的居住问题，满铁委托冈田工务所设计施工，于第二年在相生町（今大连港一号码头南）建起了5917平方米的住宅，其中两层楼房8栋，计642坪（2118.6平方米），平房22栋，计1169坪（3857.7平方米）。1908年，由满铁建筑课技师太田毅设计，在近江町（今友好路南段）建成28栋，占地面积11000坪（36300平方米），可供244户使用的家属社宅，开创了南山麓住宅建设的先河。其后，又相继在伏见台（今一二九街）、南山麓、日出町（今七星街）、谭家屯（今人民广场西南）、圣德街（今五一路—东北路—黄河路—白山路合围区域）进行了住宅建设。

1907年，满铁总裁后藤新平决定采取欧美流行的做法，将铁道工厂搬到远离城市中心的郊外北沙河口地区，并配套建设城市设施和生活区。当年7月铁道工厂动工，1911年8月竣工投产。1909年，在其东侧邻接的86公顷铁道附属地上进行城市道路、上下水、电气、煤气建设，并附设小学校、病院、邮政局、公共浴池、俱乐部、滑冰场、店铺、神社等设施，1910年开通了沙河口到市内的有轨电车。

1911年，为解决搬迁到西部沙河口铁道工厂的员工住宅问题，满铁在霞町（今兴工街）平缓开阔的南边斜面地块，建成占地面积74公顷的社宅754户，初步形成大连西部整齐的社宅街区。到1924年，工厂总面积达182.82万平方米，其中，工厂占地91.48万平方米，社宅占地91.34万平方米，住宅和工厂占地几乎平分秋色。到1937年，住户达到1033户，人口4806人。高峰期居住人数达5195人。铁道工厂社宅区俨然成为日本人在大连最大的居住社区。

1911年，在大连郊外的海滨地建成星之浦游园地（今星海公园）和老虎滩休养地，其中有满铁公馆、满铁总裁和理事等高级社员的社宅，而这些社宅均以别墅样态出现，也是继俄国人在达里尼建设别墅式住宅后，日本人在大连建设别墅的开端。

● **统一住宅标准** 1912年之前，满铁的社宅建设没有统一标准，会社的社宅配给多数是必须按照社员的已有地位及家庭人数来区别。此后，满铁设置了特甲和甲、乙、丙、丁各个等级，以及中国雇员住宅等，将社宅的建设与分配划分成6个等级，并于1927年发行《满铁标准社宅平面图》，其区别不仅在于房屋建筑面积的大小和房间数的多少，还在于房型各异及有无暖气、浴室、厕所等配套设施，按照管理层和职员的级别待遇进行分配（见表6-1）。房型分独栋独户，一栋2户、4户及8~12户的连体住宅，特甲和甲、乙为高级住宅，主要采用的是二层平层式设计。沙河口铁道工厂社宅区中有特甲等社宅6栋、甲等社宅9栋、乙等10栋、丙等23栋，其余为丁等。满铁社宅标准各个时期不尽相同，南山麓住宅整体档次相对较高。

表6-1 满铁社宅建设标准（1931年）

类别	级别	面积（m²）	居间数与各间面积榻榻米（张）	其他房间及设备	户数
特甲等	部局长级	183	5间：10、8、6、6、3	应接室、餐厅、书房、厨房、温水暖气、浴室、卫生间、管道煤气、仓库	71
甲等	课长级	158	5间：8、8、6、6、3	同上	103
乙等	普通社员	95	4间：8、8、6、4	厨房、俄式壁炉暖气、浴室、卫生间、管道煤气	178
丙等	年轻社员	64	3间：8、6、4	厨房、卫生间、俄式壁炉暖气、管道煤气、公共澡堂	1269
丁等	非正式社员	55	2间：5、5	同上	2382
戊等	中国人	21	1间	火炕、公共澡堂	4002
合计					8005

注：表中1931年各类住宅的面积与1920年代的大小有出入。

特甲等社宅（见图6-2-1~图6-2-5） 系满铁部局长级住宅。1910年在露西亚町（今胜利桥北地区）建有12户，在南山麓建有大概20户。1920年后，包括课长、所长以上职位及月薪250日元以上者亦享此标准，到1931年总计建有71户。此为满铁最高等级住宅，每栋建筑面积183.2~313.92平方米不等，独栋独户独院，欧式二层外形，刷灰浆砖砌屋顶；室内的平面及装修均是日式风格，5个或6个房间，其中1~2间为西式，其余为和式，厨房、温水暖气、浴室、卫生间、管道煤气、仓库等配套设施齐全。

甲等社宅（见图6-3-1~图6-3-4） 这是为课长级社员及1920年后月薪150日元以上者设计的住宅。独栋独户或一栋两户、独院，砖砌外墙涂白漆，灰浆屋顶，外观欧式风格。建筑面积87.71~164.35平方米不等，一般4个或5个房间，室内日式设计，厨房、温水暖气或俄式壁炉、浴室、卫生间、管道煤气、仓库等配套设施齐全。1910年首批建于伏见台（今一二九街）和近江町（今友好路南段）一角，作为会社直营住宅，安装了热气设备。

乙等社宅（见图6-4-1~图6-4-3） 为普通社员及1920年后月薪100日元以上者设计的住宅。建筑面积69.42~113.2平方米不等，3个或5个房间，有厨房、俄式壁炉暖气、卫生间、管道煤气配套，1922年改正型之后设有独立浴室。为二层单层式四户住宅，第一期建设了64户，位于伏见台（今一二九街）甲等住宅旁。最初试建的二层建筑，刷灰浆砖砌屋顶。设计上的特点是，去掉从外部直接进入的出入口，通过共同的楼梯进入，以避免暑气和寒气进入。就像近江町（今友好路南段）的住宅一样，为避免产生不便而在背部设置楼梯，各层设置浴室等。

丙等及丁等社宅（见图6-5-1~图6-5-3、图6-6-1~图6-6-3） 供应相对低级及1920年后月薪不足100日元的社员住宅。建筑面积分别为丙等40~63.8平方米、丁等30.1~55.28平方米不等。1921年，以二层单层式长屋风格在小岗子西十六区（今同泰街）、沙河口建造。同时，满铁还在安东（今丹东）、奉天（今沈阳）等地区建造了大批这种房型的社宅。

此类住宅平面上大体和之前没什么差别，把之前直接通向外部的出入口设计形式改为从背部的楼梯出入。为防止直接从外部侵入寒气和暑气，楼梯设备方面进行了改良。地板是钢筋混凝土制成的板材，楼下也省去了屋顶和

图6-2-1
满铁沙河口工厂特甲等
社宅遗存

图6-2-2
满铁沙河口工厂特甲等
社宅遗存

图6-2-3
望海街满铁课长级特甲
等社宅遗存

配给制与市场机制结合——日据时期的大连城市住宅建设

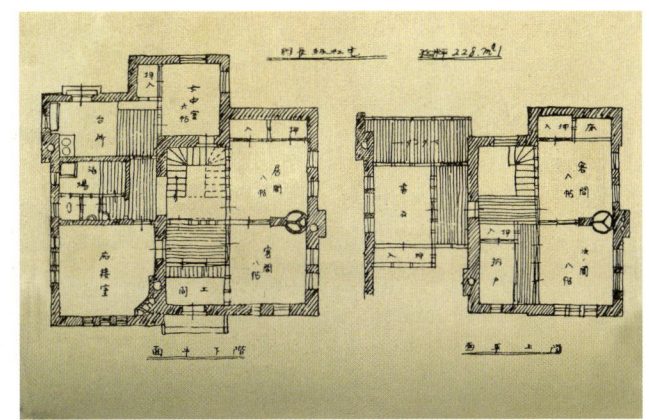

图6-2-4
望海街满铁课长级特甲
等社宅平面图

图6-2-5
胜利桥北烟台街满铁特
甲等社宅遗存

图6-3-1
满铁沙河口工厂甲等社
宅遗存

图6-3-2
满铁甲等二层社宅外观

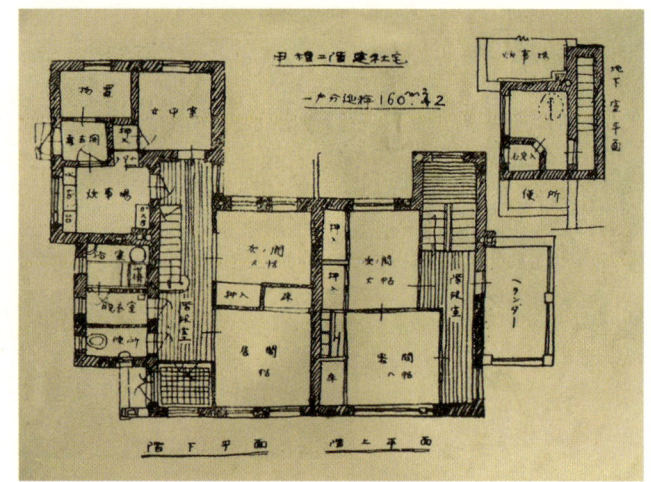

图6-3-3
满铁甲等二层社宅平面图

图6-3-4
南山麓满铁甲等社宅遗存

配给制与市场机制结合——日据时期的大连城市住宅建设

图6-4-1
满铁沙河口工厂乙等社宅外观

图6-4-2
满铁乙等社宅旧址,已拆(隋生 摄)

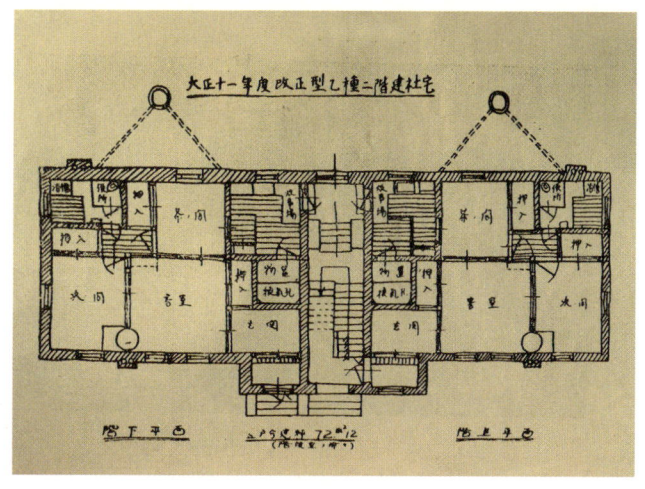

图6-4-3
满铁乙等社宅平面图

图6-5-1
满铁沙河口工厂丙等社宅外观

图6-5-2
满铁丙等二层社宅外观

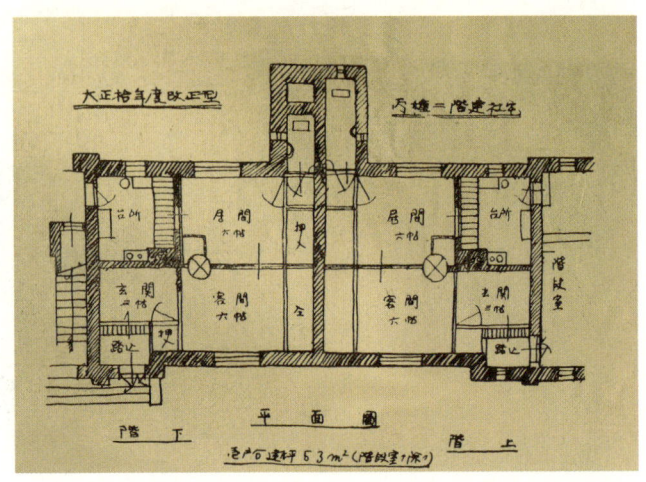

图6-5-3
满铁丙等二层社宅平面图

配给制与市场机制结合——日据时期的大连城市住宅建设

图6-6-1
满铁沙河口工厂丁等社宅外观

图6-6-2
满铁丁等二层社宅外观

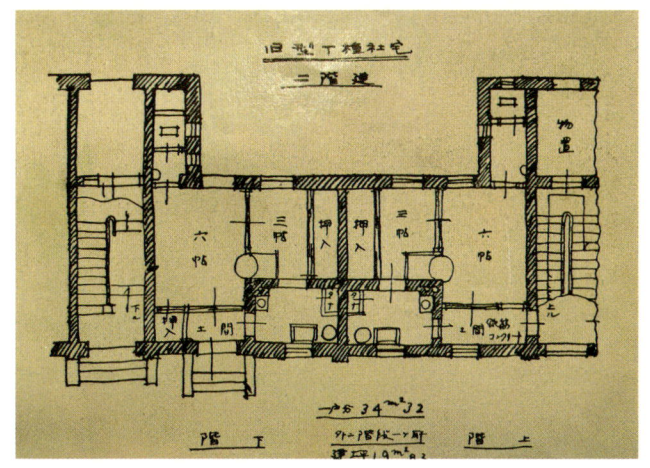

图6-6-3
满铁丁等二层社宅平面图

地板的花费，这种住宅被认为采用的是经济又安全的构造。屋顶用的是和二楼地板一样的混凝土板材，平坦的屋顶可以充当晾晒衣服的公共场所，晚上锁住楼道入口，也可以防止盗贼进入。采暖都是用俄式壁炉，独立的厨房、卫生间、自来水、瓦斯、电灯的使用也非常方便，只是没有浴室带来不便。

满铁这些社宅建筑都是一些新的尝试，室内全部铺设榻榻米，也会根据居住者的意见，去掉榻榻米改成桌椅式的西洋室。设计者对这些配置和构造加以考量，其中的榻榻米是只有四层叠床厚度的薄榻榻米，重量较轻，用起来非常方便；内部构造一目了然，可以说是很好地体现了现代建筑的特点。

满铁会社成立之初有社员6490人、社宅3433户；到1920年年末，有社员18257人、社宅8776户；到1937年，有社员116293人，社宅12645户。

● 建设独身集合式住宅　1912年之后，满铁快速发展，加之第一次世界大战时期的军需增长拉动，满铁的业绩显著增长，随之社员大幅度增加，原先的社宅已经满足不了现实需求。到了1919年，满铁的单身职工和雇员达到了2300人，其中1443人散住于市内各处，既影响了工作效率，也难免出现各种问题。经满铁建筑课课长小野木孝治提议，满铁按照《满铁标准社宅（职工住宅）平面图》标准，于1919年和1920年投资350万日元，在南山麓镜池（今明泽湖）畔相继建起了关东馆和南山寮，前者为带家属住的集合式住宅，后者为单身集合式住宅。满铁单身社员的社宅都是集合式的，还配备一些简易的娱乐设施。

寮　系满铁在第一次世界大战结束后，事业快速发展，职员人数激增，而住宅紧缺的情况下，解决住宿瓶颈困难的产物。寮是一种单身职员宿舍（独身住宅），但比一般的单身宿舍设施更完备。每人一间房，内置一单人铁架床，配备木制圆桌一个、木椅两把、书架一个，以便生活学习两用。每层楼有公用卫生间、洗漱室，宿舍楼内设有图书馆、娱乐室、会客室、食堂、会议室等。水电费、炭火费会进行半价减免。配置寝室看门阿姨若干名，根据寝室管理规则进行日常管理（见图6-7-1~图6-7-3）。

南山寮位于南山麓镜池（今明泽湖）儿童公园北侧的大和町（今清爽

配给制与市场机制结合——日据时期的大连城市住宅建设

图6-7-1
独身寮居室

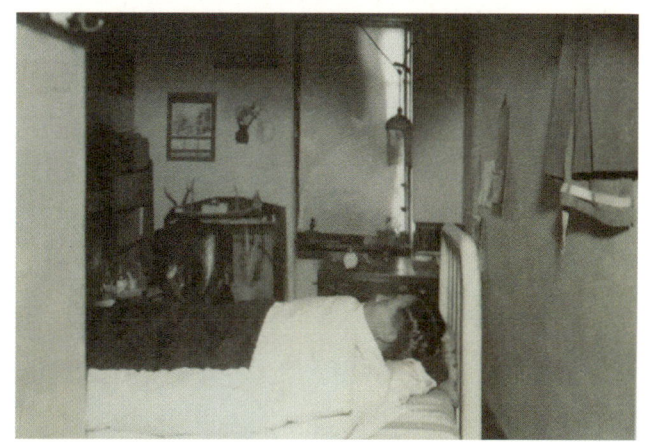

图6-7-2
独身寮居室（南山寮）

图6-7-3
独身寮食堂（南山寮）

街），于1920年10月竣工，与1919年建成的关东馆呈"E"字形相对布局（见图6-8），被称为南寮、北寮，均由满铁建筑课小野武雄设计。

南山寮开创了满铁住宅建设的一种新模式，也创造了大连住宅建设的新高度（见图6-9-1）。它第一次将砖造宿舍建筑提高到四层，一下子解决了满铁300名职员和雇员的住宿问题。整栋建筑顺势而为，根据地形，设计建造成高三层，局部东侧四层的公寓式住宅。正门朝南，位于"E"字形的正中，很利于管理人员控制。一进大门是一个高三层的大厅，环形楼梯通向三个楼层方向，两侧分设开敞竖井式楼梯；每层设置三个共用水冲厕所和洗漱间，分布在两侧和中间的距离合适位置；因为是集体宿舍，所以走廊宽达2.6米。由于是"E"字形设计，所以阳光几乎能照射到所有的房间，通风良好。冬季集中供暖，供暖设备位于地下层。大楼内设有图书室、食堂。除楼内设有娱乐设施外，南山寮与关东馆之间的空地规划设计为网球场，供南寮、北寮的宿舍员工切磋球技，比赛锻炼。这样看来，南山寮的功能非常像现在的大学生宿舍。

南山寮与大连的日本人独栋或联排住宅不同，已属高层建筑，但仍延续了"和洋融合"的风格，红砖建造的结构，外部木构架支撑的坡顶屋檐出挑，高一层半的大门拱券造型，上方是一绢花雕塑，内套三角山花，西式开敞竖井式旋转楼梯栏杆为铁制（见图6-9-2）。

1923年，在茑町（今玉华街）建成单身宿舍望洋楼（位于今大连医科大学附属第一医院二部），附近还建有对山寮，与满铁会员俱乐部围绕小广场布局。位于朝日广场（今三八广场）的满铁朝日寮（见图6-9-3），解放后改做医院，前几年被拆除。另外，还有位于甘井子的图南寮、霞町（今兴工街）的霞寮、谭家屯（今人民广场西南）集体宿舍、黑石礁的清风寮。

在新建独身寮的同时，1920年，满铁改建中央试验所旧馆，建成独身的伏见寮，位于满铁中央试验所西侧，入住职员和雇员达115名。

其实，这种改建源自俄据时期达里尼市政区的东清铁路公司集体宿舍。满铁不仅沿用了东清铁路公司解决员工住宿问题的方式，建起了单身宿舍，

图6-8
关东馆与南山寮遗存俯瞰(刘军理 摄)

图6-9-1
南山寮遗存(刘军理 摄)

图6-9-2
南山寮内的旋转楼梯
(刘军理 摄)

也继续直接使用位于达里尼市政区的原东清铁路公司的员工集体宿舍，并将其以寮的方式使用，命名为清明寮、协和寮、修养寮、红阳寮、黎明寮、乃木寮、芳桂寮、桥北寮、育成寄宿舍等，加上后建的大山寮（见图6-9-4），在日本桥（今胜利桥）北共有13处寮。

● **建设带家属居住的集合式社宅**　1910年代末，随着满铁铁道和埠头两大业务的发展，满铁社员不断激增，社员家属也随之增加。满铁延续1908

图6-9-3
朝日寮旧址，已拆。今三八广场友谊医院位置

图6-9-4
大山寮遗存，今大连大学附属医院门诊

年建设近江町（今友好路南段）家属社宅的方法，开始为满铁社员建设带家属居住的社宅。1920年，在南山麓建设课长用社宅20户，主任用社宅10户。1921年，在谭家屯圣德街（今五一路—东北路—黄河路—白山路合围区域）建成供雇员居住的员工住宅92户。

关东馆 位于今中山区杏林街的大连大学附属中山医院与儿童公园明泽湖之间，它与对面的满铁单身职员宿舍南山寮中间隔一个网球场，平面布局均呈"E"字形（见图6-8）。这是满铁在关东州建设的首栋公司职员集合式宿舍住宅，由当时的满铁地方课课长村井启太郎命名为"关东馆"（见图6-10-1）。

关东馆与南山寮一样，均为满铁解决当时职员住宅不足问题而建。按照满铁建筑课课长小野木孝治提出的方案，由小野武雄等设计，系满铁丁类砖砌职员宿舍建筑。与当时日本国内正在尝试新式住宅区的建设一样，关东馆和南山寮是满铁建筑课在大连社宅建设的新探索。关东馆竣工之时，镜池（今明泽湖）周围的南山还没有大规模建设住宅，更显其独树一帜的作用。

关东馆所处地势西南高东北低，设计师顺势而为，按照地基的倾斜状况，灵活设置楼层，西侧为3层，东侧、北侧为4层，最低的东北角部分增加地下室（见图6-10-2）。这样整栋大楼呈现3层、4层、5层不等的楼层，总建筑面积5564.64平方米。其中，地下室1025.354平方米。经楼梯室通往屋顶，屋顶有晾晒衣物和藤架设施，还有休息室，可供儿童玩耍，也可眺望南山和大连港湾优美的风景。地下室内设有暖气锅炉房、煤炭室以及其他堆房等。"E"字形结构布局（见图6-10-3），通风、光照良好，隔音效果好。1970年代，大连港由于职工住宅紧张，其在关东馆顶楼加盖一层，形成现在的形态。

关东馆在大连住宅建设史上具有里程碑意义，开创了大连以至中国东北中层公寓建设的先河。

其一，关东馆坚持"和洋结合"，创设了大连中层公寓建设的新模式。整体采用现代西班牙布道院式建筑形式，正面左右对称，三角木构架支撑

图6-10-1
1919年，刚建成的关东馆外观

图6-10-2
关东馆遗存
（刘军理 摄）

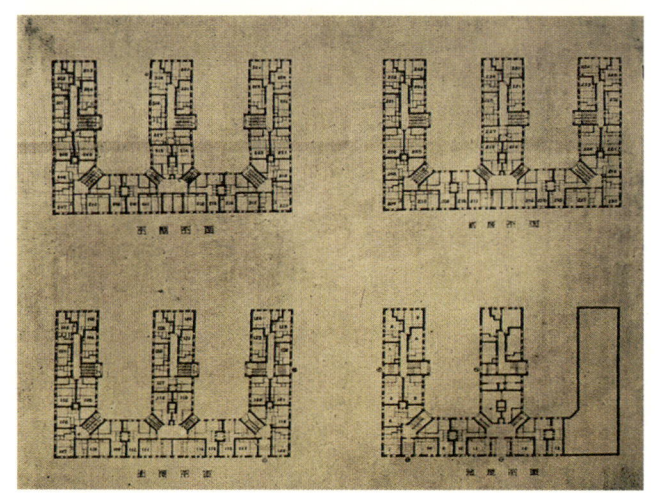

图6-10-3
关东馆平面图

的红色坡顶屋檐伸出，有教会建筑所采用巴洛克风格的女儿墙形状的山墙，屋顶采用沙砾屋面材料，部分使用绿色灰浆制作的半圆筒形瓦修建。地板方面，二楼地板整体以及各楼层厨房地板、楼梯室地板以及楼梯等处采用钢筋混凝土修建，这也是大连最早使用钢筋混凝土结构的建筑之一。内部则是日式房间布局，一个单元有一个或两个起居室，每个房间铺3～6张榻榻米不等。房间的隔墙、天花板抹灰浆，厨房、厕所走廊铺木板；窗户则采用双层外开式、内部上下滑动式玻璃窗；厕所采用腰唐户（上部为玻璃拉窗，下部为扇门）式拉门；壁橱、佛龛隔扇、各户出入口采用金属门建造。这样，从建筑外观到内部布局，从建筑材料到门窗样式，都很好地将西洋建筑风格与日本和式传统结合起来，既体现对现代生活方式的适应，也积极关切照顾日本人的习惯，开创了大连公寓建设的新模式。1920年代中后期开始，直到1945年日本战败投降，大连城市出现的大量高层公寓住宅，均是这种现代建筑外形，内部则是榻榻米卧室等单元楼格局。因此，关东馆的建设起到了示范引领作用。

其二，内部设施已具备现代住宅标准。各户配备独立卫生间、厨房、壁柜，有管道煤气，冬季集中供暖。卫生间有洗手盆，使用西洋式抽水马桶。厨房各设置一个带中层架子及水龙头的木制嵌铁板洗碗池，两个带水龙头及溢水口和排水口的木制嵌铁板洗衣桶，配置一个带中层架子的木制嵌铁板瓦斯台，储物架上部为玻璃双开门，宽4尺（1.33米），高6尺（2.00米），下部采用板门建造，有抽屉及中层架子。这样就可努力做到既完善卫生设施，又可方便操作、节约时间，同时有效利用了面积和空间。另一方面，预料到将来会出现各种家用电器，因此在住宅内预先铺设好了线路。只是这种丁类住宅均未配备浴室，是一大遗憾。

其三，消防设计思路新颖，科学周密。大楼的侧壁、隔墙均为砖砌，总共六个区域（楼层），每个区域用防火墙（两块砖厚度）分隔，每层分为4~6户，共有107户，501个房间（见表6-2）。各户出入口采用防火门，各户设置能够到四个角落的消防栓,而且正面和后院也设置消防栓,楼梯也采用防火材料,上下相通。通往楼顶的楼梯,既是为了利用楼顶的空间作为儿童活动和休息的地方,更是着火时的逃生通道,这种设计在当时已经相当先进。而近年来,我国的公用建筑才采用这种楼顶逃生设计,一般住宅则还未实现。

表6-2 关东馆房间明细

起居室（间）	榻榻米（张）	起居室面积（m²）	设备间	户数
2	6、6	19.44	厨房、厕所、壁橱	5
3	6、4.5	24.3	厨房、厕所、橱柜、储物间	21
2	6、4	16.2	厨房、厕所、橱柜、储物间	37
2	6、3	14.58	厨房、厕所、橱柜	31
1	8	12.96	厨房、厕所、橱柜	4
1	6	9.72	厨房、厕所、橱柜	2
4	6、5、4.5、3	37.26	厨房、厕所、堆房、宿舍管理员房间、办公室	1
1处			暖气锅炉房、附属厕所、盥洗处、煤炭室	
8处			地下室堆房	
27间			楼梯室（七处楼梯）	
7处			屋顶休息室	
总计：501间,入住107户				

注：表中房间数、入住户数总数与分层相加不符,原资料如此。

关东馆的消防设计最特别的是,三楼以下各户在窗外设置通向地面的逃生网（见图6-10-4）,以备紧急之需。按照发生火灾时室内最少有两个避难出口为原则,比如通往玄关（入户门）的通道火势严重无法通过时,可以从阳台的逃生梯快速逃脱到一楼。这种逃生网以壁挂式钢铁楼梯呈现,穿过设有金属开关的外阳台花箱,既满足了逃生之需,也具有防盗作用。

自从建筑向高层发展以后,紧急状态下如火灾发生时的逃生问题一直困扰着设计师们。近年来,日本高层住宅的外阳台布袋式折叠梯逃生通道和韩国高层住宅外挂逃生网设计（见图6-10-5、图6-10-6）引起广泛关注。日本明文规定建设楼房时,必须在每户家庭的阳台安装避难井,即在每户家庭的阳台地面开个洞，洞口上放一个盖子。打开盖子后可以通过内置的折叠梯或安装在墙上的梯子爬到下一层人家的阳台，直至一楼逃生。因此，日本的阳台原则上属于公共空间，属于赠送面积，与楼梯、走廊的性质差不多。这与我国国内的阳台自己花钱购买，完全属于私人领域，想怎么布置和利用都可以完全不同。

日、韩两国的这种设计与大连关东馆的逃生网有异曲同工之妙，只是日本的是布袋式，韩国的是钢铁制踏板台阶式，而大连的关东馆是钢铁制挂梯式，则早在100年前就已实行了，其先进程度非常值得今天高层住宅设计建设时借鉴。

其四，生活区与体育休闲娱乐区相融合，体现文化社区内涵。关东馆在楼顶设置观景台，让员工在紧张忙碌的工作之余，眺望远处大连湾优美的海景和高耸的大黑山，观赏眼前连绵起伏的南山，心情自然格外愉快。同时，作为儿童的活动场所，起到了家庭乐园的作用。关东馆与南山寮之间特意设置了露天网球场，居民出了家门就进网球场，可随时切磋球技、比赛锻炼，非常方便，是附近社区的一大文化体育活动场所。而附近的明泽湖，水波潋滟，杨柳依依，更是休憩放松、享受美景的佳境。

其五，注重小环境的营造，培养审美情趣。关东馆的院子里，后门和各出入口设置砖铺道路，后门和屋顶设置藤架及花箱，各户窗前设置花箱或套廊，前者种植藤蔓、花草，可和院子里的草木一起装饰窗边的景色。而且是庭前、屋顶的绿荫花草，均可在夏天获得阴凉。到了冬季，有蒸汽供暖设备，在特别加宽的室内窗台上适当地摆放两三盆花草，既可以欣赏，也能够调节湿度。这些设置充分体现了日本文化注重精致优美和细节的传统。

关东馆和南山寮的建成，开创了中国东北中层公寓建设的先河，也领先于日本国内建筑业，在当时的中国东北和日本国内引起积极反响，被日本建筑家评价为"公寓元祖"。

其实，这种评价言之过高，是不了解大连城市建筑历史所致。关东馆的

图6-10-4
关东馆的消防逃生外挂梯

图6-10-5
日本现代高层住宅的外阳台属公共空间，专设逃生通道

图6-10-6
韩国现代高层住宅的外阳台钢铁制踏板台阶式专用逃生通道

建成只不过是俄据时期达里尼市政区东清铁路公司职员集体宿舍的翻版（见图1-41-1、图1-41-2）。只是关东馆是三层以上，达里尼市政区的集体宿舍是两层。但二者都是砖造，内部结构以居家的一家一户为单元组合，户型大小不同，有卧室、独立卫生间、厨房、上下水、冬季取暖设施，功能均已具备现代公寓的标准，而达里尼市政区的公寓有的还有浴室，关东馆则未设计浴室。与关东馆同时建成的南山寮，在达里尼市政区也有单身职员集体宿舍的模板。因此，只能说关东馆和南山寮是开创了中国东北中层公寓建设的先河，而俄据时期建设的东清铁路公司职员集体宿舍是中国东北公寓的开端。

关东馆的建成不仅开创了居家住宅的新模式，也为后来的公寓住宅树立了样板（详见第217页《公寓楼建设》部分），在当时引起广泛关注。其实，建于一个世纪前的关东馆的住宅模式与现代城市的单元楼房住宅已经没有差别了，只是缺少了电梯而已。因此，从这个方面讲，关东馆在大连城市住宅建设史上具有重要意义。

也是因为关东馆的优越居住条件，解放后，这栋楼一直是大连海港劳动模范、先进工作者和相当级别干部的住宅，因此被称为劳模楼。

大连的这种公寓建设模式，自然影响和引导了后来伪满洲国的住宅建设。1932年，曾在满铁建筑课任职的相贺兼介被任命为伪满洲国首都新京（今长春）建设局建筑课课长，其设计的三层砖造公寓大同自治会馆，为100人单身职员住宅及10户家庭住宅，是伪满洲国政府首栋新建住宅，施工单位为大连清水组。被相贺兼介调用的大连矢追建筑事务所所长矢追又三郎，是一位有经验的建筑师，负责设计了8栋64户的两层砖造公寓，提供给伪满洲国政府的日本职员。其起居室多铺榻榻米，半数住户设有带壁龛的和室。这些在伪满洲国建设的住宅，正是充分吸收借鉴了大连的公寓类设计建造经验的结果。

东部码头员工住宅区　　这一时期，满铁建设带家属居住的职工集合式住宅，规模最大的是东部码头员工住宅区，后称为日出町（今七星街）和山手町（今春德街）社宅群，位于今二七广场南的海军广场至南部山麓一带（见

图6-11）。

随着第一次世界大战爆发，在大连港码头工作的员工持续增加，到1919年已达1400多人。按照满铁的设想，需要加速进行集合式社宅建设，以供分散居住在市内各处的码头员工集中居住。

当时，在大连港码头附近到南部山麓有一片广阔的土地，即今天的二七广场、海军广场至南部山麓一带。按照俄据时期达里尼城市规划，此地是作为欧洲人区中的高档别墅区，供城市中的高级白领居住，十分适合眺望大连港、大海和远方的大黑山，并计划在其广场（今二七广场）之畔修建英吉利公园、运动场，可见这里是非常适合居住的区域。1904年5月，日本入侵大连之后，将这片区域划归军事用地。当

图6-11
大连日出町（今七星街）满铁宿舍，已拆（池宫城晃 摄）

时，这一区域沟壑纵横，杂木丛生，沼泽时现，是一片荒野。1907年4月，规划用地附近的千代田广场（今二七广场）南面的部分军用土地解除禁令，允许转为民用。于是大连油脂工业株式会社的油房（后来的三菱商事第二油房）和大连新隆铁工所的工厂在此开工投产。1919年，满铁从关东都督府租借了解禁的军用土地6万坪（19.8万平方米），作为社宅建设之用。

满铁将此地的社宅建筑工程综合承包给了由冈田时太郎担任社长的大连冈田工务所和大连土木建筑株式会社，第一期承包施工费为230万日元。首先进行土地整理，修筑堤坝，拦截从南部山麓流下来的河水。由于山脚的坡度很陡，按照设计，施工承包方将其修造成了阶梯状。

满铁日出町（今七星街）和山手町（今春德街）社宅群分为三期进行施工。第一期，1920年8月开工，当年12月竣工，共计10个小区46栋406户，其中东部住宅为4个小区13栋104户，中部住宅有6个小区33栋302户。配套设施有员工俱乐部（包括消费公会、幼儿园）1栋、公共浴池2栋、医院1栋、交通岗亭1栋、儿童公园1处。第二期，于1921年11月竣工入住，为14个小区37栋320户的西部住宅，配套设施有管理事务所（房屋修缮课）1栋、家政讲习所（同时设有托儿所）1栋、公共浴池1栋、儿童公园1处、网球场1个。

第三期工程。适逢第一次世界大战结束后的经济困顿期，满铁没有富余的资金进行员工住宅建设，于1922年成立的满洲建物信托株式会社替满铁修建住宅，由满铁租借作为代用员工住宅。1923年11月，4个小区26栋72户住宅和1个儿童公园竣工。

至此，从1920年动工至1923年竣工，满铁建成了一处由28个小区109栋798户住宅、8栋配套设施、3个儿童公园、1个网球场构成的员工住宅群，入住居民4000多人，其规模仅次于沙河口工厂附近的社宅群。

满铁还对日出町（今七星街）和山手町（今春德街）社宅群相邻的学校等公共设施进行了配套布局。当初，这一区域的儿童在第一寻常小学校（朝日寻常小学）上学。1936年，山县通（今人民路）建好了市营住宅，那里的儿童到朝日寻常小学（已拆）上学，使其容纳能力变得不足。于是，满铁填埋日出町（今七星街）的水塘，修建了地下一层、地上三层的新校舍，1937年3月20日将其命名为"大连日出寻常小学"，1938年7月15日建成。1941年4月，在日出小学相邻位置修建了新校舍，将原位于神明町（今解放街）的"大连市立实业学校"搬迁至此。1942年，在日出町（今七星街）无编号的土地上相继修建并开办了"大连商业公学堂""满铁青年学校"。

1945年，日本战败投降后，满铁日出町（今七星街）和山手町（今春德街）社宅群被分配给大连港职工。2000年后，原大连日出寻常小学和市立实业学校的旧校舍作为海军大连舰艇学院政治系保留下来，员工住宅及配套设施全部被拆除，在原中部住宅区的一部分地方建起了两栋30层楼的港湾公寓以及多层住宅和大连中山国税局等。在大江町（今育才街）原陆军仓库旧址上建起大连市委办公楼，在其前面原西部住宅区和代用住宅的旧址上建成了海军广场，其他地块变成了七层楼的公寓群。

统观满铁在大连建设的住宅，呈现出别墅、排屋、单身宿舍（寮）和带家属的员工住宅（关东馆）几种形态，常常一个较大的满铁社宅区内既有甲类住宅，也有乙类住宅等，旁边又有单身宿舍（寮），等级严格，待遇差别天上地下，拿月薪的员工和拿日薪的员工在住宅待遇上一目了然，如伏见町中央试验所西侧（今三元街、乐荣街）的社宅区、沙河口铁道工厂的社宅区就是典型。

补贴住宅

1910年开始，拥有分房权利的社员，可以申请在外居住，不论是在自己家居住还是租房居住都会给予一定的补贴。1926年以后，独门独户独院的二层文化住宅在大连开始广受欢迎。大连郊外土地株式会社和周水子土地株式会社等民间公司开展土地分块出售业务，提供带院子的独栋住宅，在通往老虎滩街道沿途建起了大片文化住宅，遍及桃源台、卧龙台、文化台、平和台、樱花台、鸣鹤台和光风台等今天的解放路沿线区域，满铁社员因为可以得到住房补贴，加之收入颇丰，所以许多人在此修建了个人住宅及购买独栋文化住宅。到1937年，满铁享受住宅补贴的职员达到12610人。

代用社宅

1911年开始，满铁租借地方不动产或民间公司开发的住宅用作社宅，或是由新成立的旁系公司修建住宅，满铁将其租下作为员工住宅。同时，满铁鼓励无分房权利的社员自行买房，会给其一定的社内贷款。这类房子被称作是代用社宅，减轻了满铁的建房资金压力。到1937年，代用社宅户达到5654户。

前文所述，1923年，由满洲建物信托株式会社在日出町（今七星街）和山手町（今春德街）建成的4个小区26栋72户住宅，均被满铁租借为代用社宅。1921年、1924年，从大连民政署租借小岗子、沙河口、谭家屯（今人民广场西南）的9.9万平方米土地，由民间建筑会社建成了满铁代用社宅580户，分布在真金町（今白山路北段）、白金町（今连胜街北段）、黄金町（今民胜街）、白菊町（今对山街）、芙蓉町（今联合路南段）和圣德街（今五一路—东北路—黄河路—白山路合围区域）一带。典型代用社宅是回春街（今东北路）与泰山街之间的满铁代用社宅。

进入1926年，满铁的员工住宅建设基本上都采用了这种方式。

住宅组合

1922年，满铁员工超过36400人，可谓一个"满铁王国"。其为社员建设住宅宿舍的负担日益加重，耗资巨大。加之第一次世界大战结束后世界经济进入低谷，满铁在建设社宅方面也遇到了资金不足的困难。根据1922年3月末统计，满铁社宅建设的费用大概为3254万日元，这些钱当时可以成立一家资本为1.3亿日元的大公司了。而且，这一金额还不是最终的，要满足所有员工的住宿要求，据说还差了2000万元。这样说来，当时满铁固定资产4.74亿日元的十分之一都被员工住宅占用了。这种状况引起了满铁高层的关注，其财经部门认为，资金必须要用在最能产生效益的地方，不能仅仅因为员工的住宅问题捆住手脚，必须摆脱在住宅改善和住宅增建这两种方案之间摇摆不定的态度；沿线附属地以及周边地区姑且不说，员工人数最多的满铁总部所在地大连市应该尽早改变当前的住宅政策。为此提出了三种途径：一是由提供住宅改为提供住宅资金；二是满铁会社不直接负责住宅建设工作，而是成立一家住宅会社来建造住宅，建好之后，与员工签订租赁合约，作为临时住宅出租给员工居住，满铁会社负责把关租金价格，可以根据大连市住宅难的情况是否得到缓解，或者住宅是否过剩等市场行情进行调整；三是住宅会社的事业资金由满铁会社负责筹集，或另成立特殊金融机构融资，从殖民地以外征集。

如果有效实行以上措施的话，被员工住宅占用的满铁若干事业资金就可以用于生产活动，员工住宅的需求、供给也通过货币手段得以圆满解决。其实这种政策设想早在十年前就已经有满铁的理事提出过了，但是由于各种原因未能付诸实践。而此时，为调动社会资金解决住宅问题而实行的住宅组合法，可谓应运而生。

于是，满铁积极鼓励社员参与当时在大连兴起的集资建房热潮，加入住宅组合的行列来解决住房问题。具体由满铁社员共同出资成立公会或称组合，建设住宅后供应出资社员。资金不足部分以满铁做担保，可以向银行低利息借款，而且满铁还给这些出资社员发放住房补贴。1922年，满铁社员组成的共荣住宅组合，由大连横井设计事务所设计，在南山麓建成了135户住宅（详见第262页《共荣住宅组合开发南山麓住宅》部分）。

满铁社宅的庞大服务体系

在建设单身员工宿舍（寮）和带家属的员工住宅等的同时，满铁对其员工的集体住宿管理、生活和文化服务设施配套也非常到位。在乃木町、近江町、日出町、伏见町、真金町、芙蓉町设有6个派出所，负责员工住宅管理事务；设立了家庭副业指导所，有播磨町家政讲习所、日出町家政讲习所、沙河口家政讲习所（霞町）、星之浦家庭会馆（黑石礁屯）、托儿所沙河口儿童馆（白金町）。配有10个员工俱乐部，供住宅居民娱乐、集会之用，分别在沙河口、南沙河口、伏见台、日出町、近江町、芙蓉町、惠比寿町、回春街、甘井子海员俱乐部，员工俱乐部总部在东公园町。

满铁员工住宅附设的各种设施经营良好。在公共浴池方面，日出町员工俱乐部经营日出町东部浴池、中部浴池、西部浴池，南沙河口员工俱乐部经营沙河口南浴池，员工会经营浜町公共浴池。在幼儿园方面，北公园幼儿园与日出町幼儿园由满铁直接经营，沙河口幼儿园由铁道工厂经营，南沙河口幼儿园由南沙河口员工俱乐部经营，伏见台幼儿园、圣德幼儿园由员工会经营。

给予满铁员工特别服务的是满铁消费组合，或称消费公会、消费合作社。这个服务组合创建于1919年10月，时值第一次世界大战刚刚结束，经济陷入困顿，物价飞涨，通货紧缩，满铁为了稳住职员队伍，保证其生活安定，于是依靠自己强大的经济实力，组建起了消费组合。该组合除了对社员供应日用百货之外，还采取了无息贷款购买、无偿出借房屋（或仓库、日常用具）、补助关税和交通费用等许多优惠政策。加入组合的满铁社员购物时，不用每次都付款，可每月末进行结算。尽管满铁消费组合曾遭到大连和东北零售商们四次有组织的反对，1925年4月其名称也改为满铁社员消费组合，性质变为社员独立自治组织，但其组织依然活跃，高峰期达7万多人，经营商品600多种，年销售额1000多万日元。为配合消费组合的活动，满铁以员工住宅群为单位设置分配所，共有儿玉町、播磨町、星之浦、桃源台、周水子、甘井子码头等20处分配所，遍布全市各处，总部设在市内西公园町（今已拆），1929年11月，满铁消费组合本部大楼竣工（见图6-12-1、图6-12-2）。

图6-12-1
满铁消费组合本部

图6-12-2
满铁消费组合本部内部
商品琳琅满目

企业开发建设的自住住宅

最初来到大连的日本民间人士，主要从事商业贸易、医疗、食品、建筑等行业，其落脚点大多是将门店的一部分作为住宅使用，或前店后宅，或下店上宅，这类现象在东部的商业区较为普遍。1919年土地政策放开之后，许多企业从关东州、大连市、满铁借地或买地建设住宅，此时，规模最大的当属满洲化学工业株式会社和满洲石油株式会社开发建设的员工住宅。同时，许多企业兴建了大量公寓式楼宇，或居住，或商住两用，颇受市场欢迎，一时形成潮流。

满洲化学工业株式会社开发的员工住宅

1933年，满洲化学工业株式会社（以下简称满化）在甘井子海岸斥巨资2500万日元建设世界级大工厂。随后，1934年，满化在距甘井子工厂西北方约2000米的椒房屯山腰处收购了面积28万平方米的土地，用于建设公司员工住宅。当年4月起开始土木设施建设，共历时约9个月第一期工程完工，建成了住宅309户，单身宿舍1栋、小学临时校舍1栋。这是一个大规模的住宅街区，满化也成为继满铁之后，另一家大规模建造住宅的公司。满化住宅的第一期工程约占全部计划的一半，随着工厂的扩张，后续工程逐步实施。

满化像满铁一样，根据员工的不同级别待遇，将住宅划分为六个层次进行分配（见图6-13-1~图6-13-7），具体见表6-3：

表6-3 满化第一期工程公司住宅类别及户数

类别	特甲种	甲种	乙种	丙种	丁种	单身宿舍	合计	居住人口
户数	1	16	28	100	164	1	310	
栋数	1	16	14	50	82	1	164	1500
摘要	二层楼房	二层楼房	平房	平房	平房	三层楼房		

注：甲种中分甲A、甲B两种，乙种、丙种、丁种中分朝南、朝北两种。

满化员工住宅按照关东厅对甘井子海猫屯一带的街区规划要求布局，基础设施完善，土木工程由满铁大连工程事务所设计，尽量利用地形布置街道，街道以22米、15米道路为干线，配11米、7米道路，完全用碎石铺成。街道的坡度最大达9%，但大多都在2%~6%之间，该地区的中央部分建成了半径25米的广场。宅地内的坡度平均为2%~3%。住宅为东南朝向和南朝向。上水道自甘井子街道的原设管道进行分岔，给用地内各部分供水。下水道是基于关东厅及满铁的城市区标准设计，依据合流法排污，将现存的沟渠重新挖掘，形成直线型的明渠，必要处建设了钢筋混凝土桥渠。此外，甲种以上的宿舍及单身宿舍的厕所是冲水式厕所，每个都安装了污水净化装置。第一期员工住宅用地11万平方米，其中道路与广场48550平方米，土木及其他工程费25万日元，工程承包方为大连福昌公司，设计及工程监督方为满铁大连工程事务所。

　　住宅的燃料起初使用煤炭等，后使用化工厂作业时产生的煤气，通过南

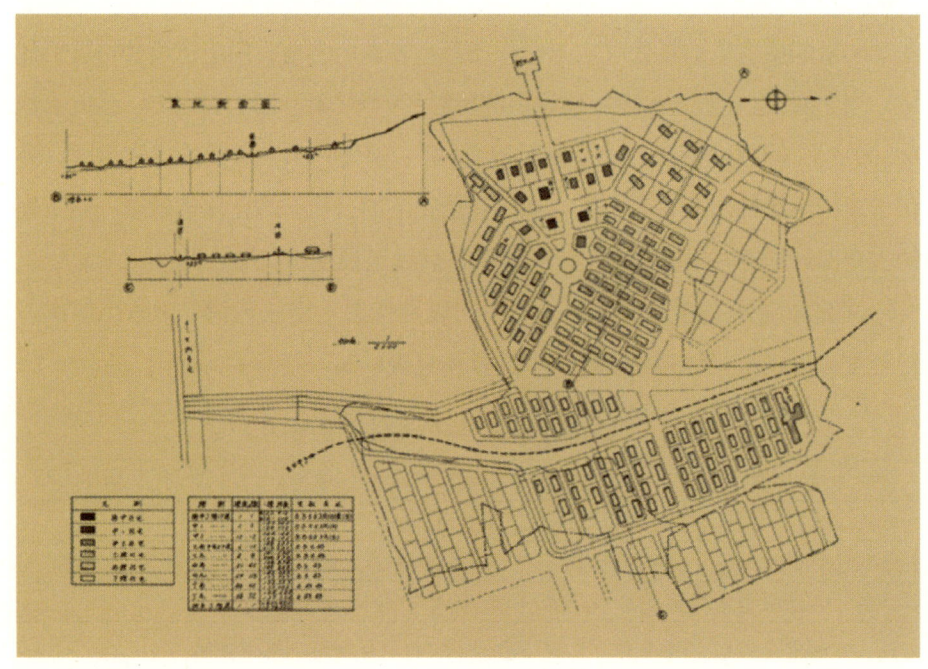

图6-13-1　满化社宅配置图

配给制与市场机制结合——日据时期的大连城市住宅建设

图6-13-2　满化特甲种住宅

图6-13-3　满化甲种A类住宅

图6-13-4　满化甲种B类住宅

图6-13-5　满化乙种住宅（南向）

图6-13-6　满化丙种住宅（南向）

图6-13-7　满化单身宿舍

满洲燃气株式会社铺设的铁管供应。供暖装置因住宅的层次和结构而不同。特甲种、甲种公司住宅采取重力循环式温水供暖法，热水供给场所有浴缸、厨房、阳面盥洗室；单身宿舍采取半重力式低压蒸汽供暖，热水供给场所有浴缸、热水槽、喷头、盥洗室；乙、丙、丁种住宅则采用俄式壁炉取暖。

  满化员工住宅选址于甘井子近山地区山腰之上的倾斜面适中坡地，阳光充足，空气清新。建设中，虽然施工搬运有不便之处，再加上用地系独特的石灰石构成，整地基础工程需要付出很大代价，但在设计及施工上也颇具特色。建筑物的设计以满铁社宅的标准图为基础，根据用地添加特色，且根据满化希望优待居住者的宗旨下，即使是丙、丁种类的住宅，也都配备了浴室，南侧窗户尽可能大。建筑的外观则颇为讲究，欧式住宅常用的坡屋顶、露台、隅石、拱券门廊、山墙上的柳叶窗等，体现了高级住宅街区的特色。而住宅内部则按照住宅业主的传统和理念有和式与西式的不同布局，这也是大连日式住宅常见的现象。单身宿舍的内部设计仍按照朝阳一面住人，内侧北面为环廊的方法，这也是1920年代大连流行的公寓建设常用方法。

  满化员工住宅投入使用不久，其配套的医院、俱乐部、物品配给所、警官派出所、中国人宿舍等也相继建成。2005年，满化社宅被拆除，代之而起的是高层住宅区。

满洲石油株式会社开发的员工住宅

  1933年，满洲石油株式会社在甘井子建设大连制油所（今大连石油七厂前身），第二年，在满化住宅区东方约3000米处海猫屯的山腰上开发建设5万平方米的员工住宅区，形成一个庞大的"日本人村"。一期130户住宅于1934年年底竣工。其房型按屋瓦的颜色分为三个级别，绿瓦为总经理住宅，共3栋小楼，设施配套齐全，条件最为优越；红瓦为课长、部长级高级管理人员住宅，有独立浴室、水冲厕所；灰瓦为普通技术员住宅，室外设旱便所。1939年10月，先后在此建起足球场、棒球场、射箭场、摔跤场、武道场等体育设施。（见图6-14）

配给制与市场机制结合——日据时期的大连城市住宅建设

图6-14 满洲石油株式会社住宅遗存（董晓冬 摄）

满洲化学工业株式会社和满洲石油株式会社两大公司员工住宅区的建成，带动了甘井子地区的城市基础设施建设和住宅开发，满铁等公司也在该地区建设了一些住宅，这样甘井子地区的面貌发生了显著变化，建设工业区规划得到落实。

企业开发的公寓式住宅

1920年代，一些有实力的企业为了解决员工的居住问题，开始自筹资金建设员工住宅。此时建设的大多为公寓住宅，以楼宇的形式大量出现，是1920年关东馆模式的延续和发展，许多商住两用，一楼开设商店门市，楼上为住宅，有的是前店后宅，有的则是办公楼兼做住宅，有的还带有地下室。公寓一般三至五层，平面布局与日本房类似，设施功能齐全。这种公寓模式一举多得，既实用方便又提高了土地利用率，也解决了企业经营场所和员工及家属的住宿问题，稳定了员工队伍，提高了企业效益。可见近百年前大连的这类住房已经非常先进了，俨然已具备现代住房特点，至今仍散落在大连城区的大街小巷，发挥着居住功能（详见第217页《公寓楼建设》部分）。

大连历史街区与建筑

民间开发建设的住宅

住宅公会

前文提到,第一次世界大战结束后,受世界经济不景气的影响,大连经济也陷入低谷,住宅开发资金紧张。1920年代初,为解决住房问题,除地方、满铁建设住房外,大连市实行与日本相同的住宅组合法,以期逐渐解决市区内小住宅匮乏的问题。此法助推民间建房热情,许多住宅公会因此创立,又称住宅组合或住宅公社,类似今天的集资建房模式。各种组合争相买地建设住宅,然而,大部分住宅公会因资金短缺无法获得土地,最终被迫解散。其中,前述提到的以满铁公司职员为对象的共荣住宅公会风生水起,获得南山土地进行开发建设。另外,大连郊外土地株式会社、星之浦土地建筑会社、中央土地株式会社等均是当时开发建设住宅的实力较为雄厚的公司。这些住宅公会从南山麓开始,到桃源台(今桃源地区)、老虎滩、谭家屯—光明台(今花园广场、云山街、高尔基路、凤鸣街一带)、圣德街(今五一路—东北路—黄河路—白山路合围区域)、沙河口等地,进而延伸到星之浦(今星海)、黑石礁,进行住宅开发。这些住宅按照住户的要求进行个性化设计,一般独门独户独院,欧式风格,坡屋顶红绿不一,造型独特,优雅别致,高低错落;上下水、电、管道煤气、采暖等内部设施齐全,功能现代化,因而被称为文化住宅,成为大连郊外一道亮丽的景观。

共荣住宅组合开发南山麓住宅

大连市南山麓一带属北向的斜坡,南高北低,坡度较大,阳光照射显得不足,本不是一个理想的住宅建造之所。但该地段离满铁总部和大广场(今中山广场)较近,徒步仅数分钟的距离,并设有有轨电车,交通方便,早在1907年满铁就在南山麓近江町(今友好路—南山路—延安路—华昌街区域)

配给制与市场机制结合——日据时期的大连城市住宅建设

建造了社宅。

1922年7月，由满铁会员为主组成的大连共荣住宅合作社，通过低息贷款，开发南山麓东部地区大约6.6万平方米的土地。合作社会长山岸谨二和副会长呈明清丸制订计划书，从满铁内各科室抽调十几名干事，处理各种协议。1922年5月，在计划基本成形后向关东厅提交了建设用地申请书。在得到用地许可后，委托大连横井建筑事务所横井谦介进行设计。经过合作社筹措资金、交涉相关还款保证、住房申请人条件筛选、征求入住的130多名会员提出的意见等环节后，横井首先进行了概略设计，将60多种方案提交给合作社，经评审后，最终确定20个设计方案，决定建造135户单门独栋的庭院式住宅。

建设区域位于大连市中心的大广场（今中山广场）东南约二十丁（街区）（见图6-15-3），寺儿沟西南方向，南山麓东端。位于东南方向十五丁位置的弥生池（今映松池）下泻至镜池（今明泽湖）的小河穿流而过，因此部分区域隔河相望。此建设区域，即今天的五五路—南山路—风景街—望海街区域加上风景小学。此处地势自西南向东北呈10度左右斜坡。分为几个区域，统一以树木的名称命名为樱町（今七七街）、枫町（今枫林街）、楠町（今望海街东）和柳町（今南山路）。有轨电车东西方向横贯，另有南北方向的小路。枫町（今枫林街）一角为公共设施建设用地，今为南山宾馆；樱町（今七七街）和柳町（今南山路）一角两处为关东厅规划的小学计划用地，即南山麓小学校（解放后的大连市第二中学，今天的大连市第三十九中学）。建设用地的东南角及河岸部分区域为共荣合作社未来办公用地。不过，各种住宅配置方面，并没有按照种类区分，而是错落排列。基本上都是院子在南边，房门玄关位置依地形灵活安排。

然而，就在设计方案完成之时，关东厅突然下达指示：南山麓至本建设区域为特别住宅地带，有轨电车道与建筑物之间的距离须保持9尺（3.00米）以上，人行道与建筑物之间的距离需保持6尺（2.00米）以上。相对不必要的一侧须留置为空地。该新规使得庭园面积较计划方案大为减少。

横井建筑事务所设计的135户住宅，建筑物外部样式及颜色借鉴的是英国朴次茅斯郊外田园都市风格，全体整齐划一，外墙白色，房顶使用青色砂浆瓦，山墙式构造，厕所采用冲水式，采暖用温水循环方式，此外出于节约经费的考虑，浴池采用可以底部加温的浴锅（见图6-15-1、图6-15-2）。

其房型分为A、B、C三款。其中房型A（见图6-15-4~图6-15-6）：35坪（115.5平方米），延展面积50坪（165平方米）；房型B（见图6-15-7~图6-15-10）：30坪（99平方米），延展面积45坪（148.5平方米）；房型C（见图6-15-11、图6-15-12）：25坪（82.5平方米），延展面积40坪（132平方米），每户的占地面积是建筑面积的3倍左

图6-15-1
共荣住宅组合开发的南山麓住宅区旧址
（池宫城晃 摄）

右，即房型A为100坪（330平方米）、房型B为90坪（297平方米）、房型C为80坪（264平方米）。

三款房型A、B、C，每款可分为多个小类。比如，根据地基具体情况及玄关位置的朝向不同，房型A可分为3类，而根据楼上楼下椽子角度不同又可分为2类，即房型A可细分为6类。房型B与房型A类似，根据玄关朝向不同可分为4类，根据椽子角度不同又可分为2类，合计可细分为8类。房型C根据地基分为2类，又根据平面面积不同分为2类，合计4类。此外，有一栋采用了完全的西式风格，有的根据家庭状况增加了儿童室或温室。不过总体上看大概就是上述的18种，在此基础上可以根据自己的需要做出些许调整。

房型A和B房间数相同，个别房间面积略有差别，房型C无接待室。设计者希望每家都能在楼上供奉社神佛，于是各房型都设有佛堂。化妆间和佛堂约有1帖的差别。（见附1）

横井事务所此次住宅设计的要旨在于改良，即改善生活品质，注重构造施工平面配置法，并本着实用第一、外观第二的原则，进行实用化极简设计，将日本传统住宅中实际意义不大的东西全部去除。对以前日本房屋中容易产生脏污和不卫生问题的浴缸、厕所、伙房等，采用卫生材料进行了相关改进。这一点在装修的细节中表现得淋漓尽致。（见附2）

附1：三种房型的布局[1]

A类 楼下西式风格的卧室8帖，接待室18帖，卧室（带壁柜）16帖，茶水间一，楼上客房（带床栏）16帖，次间（带壁柜）14帖半，佛堂1.3帖，化妆室一。主要分7室。

B类 楼下西式风格的卧室6帖，接待室18帖，卧室（带壁柜）16帖，茶水间（带壁柜）13帖，化妆间（带壁柜）一楼上8帖，客房（带床栏）16帖，次间（带壁柜）1.3帖，佛堂（带壁柜）一。主要分7室。

---

[1] 横井谦介：《大连共荣住宅合作社新筑工程概要》，载《满洲建筑协会杂志》，第2卷第7号，1922（7）。

图6-15-2 共荣组合南山麓住宅旧址

图6-15-3
共荣组合南山麓住宅区位置图

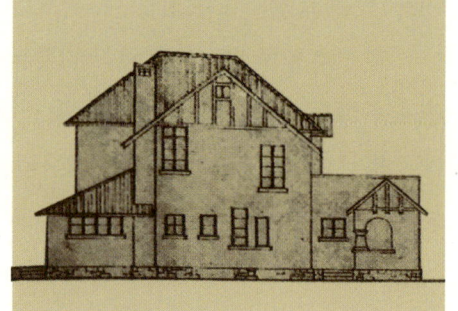

图6-15-4
共荣组合南山麓住宅A1正立面设计图

图6-15-5
共荣组合南山麓住宅A2正立面设计图

图6-15-6
共荣组合南山麓住宅A3背立面设计图

图6-15-7
共荣组合南山麓住宅B1正立面设计图

图6-15-8
共荣组合南山麓住宅B2正立面设计图

图6-15-9
共荣组合南山麓住宅B3背立面设计图

图6-15-10
共荣组合南山麓住宅B4正立面设计图

图6-15-11
共荣组合南山麓住宅C1正立面设计图

图6-15-12
共荣组合南山麓住宅C2正立面设计图

C类　楼下8帖，卧室（带壁柜）16帖，茶水间（带壁柜）12帖，化妆间（带壁柜）一。楼上8帖，客房（带床栏）16帖，次间（带壁柜）一，佛堂2帖。主要分6室。

附2：各房型通用装修设计方案[1]

楼下（一层）：

风除：地面石板，板岩踢脚线，墙壁高脚帽，房顶抹灰。

玄关：地面水泥砖，板岩踢脚线，墙壁房顶抹灰。

鞋柜：地面黄杉地板，墙壁房顶抹灰，挂帽子五金件。

接待室：地面黄杉地板，墙壁有腰线，墙壁房顶抹灰，墙壁涂刷水性漆，房顶中心有锦绘图案。

走廊：地面黄杉地板，房顶中心，锦绘图案。

卧室：地面榻榻米，墙壁房顶抹灰，拉门黑漆+葛布，壁柜有置物架。

茶水间：地面榻榻米，墙壁房顶抹灰，拉门黑漆+葛布，壁柜有置物架。

化妆间：地面榻榻米，墙壁房顶抹灰，有壁柜。

厕所：地面水泥砖，墙腰搪瓷砖装饰，墙壁房顶抹灰处理，采用水冲式日式大便器和西式小便器，有洗手台。

浴室：地面水泥砖+黄杉地板，墙腰搪瓷砖装饰，墙壁房顶抹灰，房顶喷漆，浴缸外部粘贴搪瓷砖，内部人工磨石。

伙房：地面水泥砖+黄杉地板，墙壁房顶抹灰，地下仓库煤气台护栏，双面用架子、煤炭库。

楼上（二层）：

走廊：地面黄杉地板，墙壁房顶抹灰。

客厅：地面榻榻米，墙壁抹沙，房顶黄杉木，大壁柜，地面紫檀柱子装饰，黑框。

---

[1] 横井谦介：《大连共荣住宅合作社新筑工程概要》，载《满洲建筑协会杂志》，第2卷第7号，1922（7）。

书房：地面榻榻米，杉木书桌，榉木防落板，杉木拉门+葛布。

另一间：号栏间涂漆、黄杉，地面榻榻米墙壁房顶抹灰，大壁柜，房顶也有壁柜。

佛堂：地面榻榻米，墙壁房顶抹灰，壁柜，佛檀。

阳台：地面钢筋混凝土和碎石四层浇筑结构。

住宅区内统一规划公共设施，如会员俱乐部、幼儿园、商店、集合场、派出所、邮局、网球场、射箭场、运动场、私设道路及其他预定设施。

其中，俱乐部主体建筑属于第二期计划，主要用作子女结婚仪式，就如同欧美田园都市正中央的教堂一样。配有钟塔，大家在它的节奏下活动、休息。

此外，邮局、派出所、消防所等也另有规划，都有自己专属的办公建筑。商店主体建筑物由满铁会社食堂经营者管理，可兼营餐饮业务，并可划出部分区域作为小型宴会厅经营，或设立理发店。楼上可作为职员宿舍使用。

工程施工由川见建筑师事务所负责，附属工程的暖气卫生工程由高田商会和山叶洋行两家负责。设计预算工作由横井建筑事务所承担。

工程总建筑面积约6370坪（21021平方米），工程款约70万日元，工期140天，于1922年6月15日举行奠基仪式，11月底基本竣工，第一期100多户当年12月迁入。

为了加快施工进度，施工方将作业区划分成4个大区，监督人员和各工种划分清楚，设立奖惩制度。实际建设过程中，出现了恶劣天气影响以及建筑材料供应不及时问题，各工种的负责人现场督促和解决问题，终使整体工程在3年后竣工。

共荣住宅群俨然形成花园城市风格的一个社区，每栋住宅南面都带有庭院，相当于满铁社宅中的特甲等、甲等住宅，其建筑面积比甲等住宅还大，是日本人独栋高级住宅和满铁职员住宅的典型，成为大连最早的高级住宅小区。1925年之后，满铁又在南山麓建造了大量一栋两户的半独立式职工住宅，大连市政府也建造了一批经营性住宅，进一步加快了南山麓高级住宅地的建设步伐。

郊外住宅开发

1910年代，随着大连城市人口的增加，住宅困难问题越来越严重，对居民生活造成了很大影响。然而，1919年实施的市区扩张规划，除南山麓一带划为纯居住区外，商业及工业的混合区域占有相当大的面积，纯居住区域的面积却相对狭小。当时欧美的先进城市根本见不到这种居民杂乱居住于工商业区域的例子。不论是从经济方面，还是从居民角度来看，都必须将居住区和工商业区分离开来。为此，大连市开始采取措施，期望在较短时间内使这一状况得到显著改观。

此时，大连市区东南部的老虎滩一带和西南部的星海湾一带引起注意，成为城市住宅开发的突破口。

1920年代，日本国内兴起田园城市的建设热潮，各城市纷纷开发郊外住宅。此时的大连也没有放过这样的机会，在开发建设南山麓等住宅的同时，赶起时髦来，选定远离市中心、环境优美的南部老虎滩一带、西南部星之浦（今星海）和黑石礁一带适合修建住宅的土地，进行开发建设。有不少公司、住宅公会参加建设，其中，大连郊外土地株式会社独占鳌头（见图6-16-1）。

此时的岭前至老虎滩一带，被中心城区南部的山脉相隔，呈丘陵起伏地貌，缓坡中央是连绵的耕地，土壤肥沃，气候温和。其背靠青山面朝大海，松柏苍翠草木繁茂，空气清新，凉爽的海风和郊外开阔的景色，是理想的居住地，更是消夏的好去处。这里既避开了城市的喧嚣与污染，与市中心的距离又并不遥远，乘坐电车的话只需20分钟就能抵达，不会对生活造成什么不

配给制与市场机制结合——日据时期的大连城市住宅建设

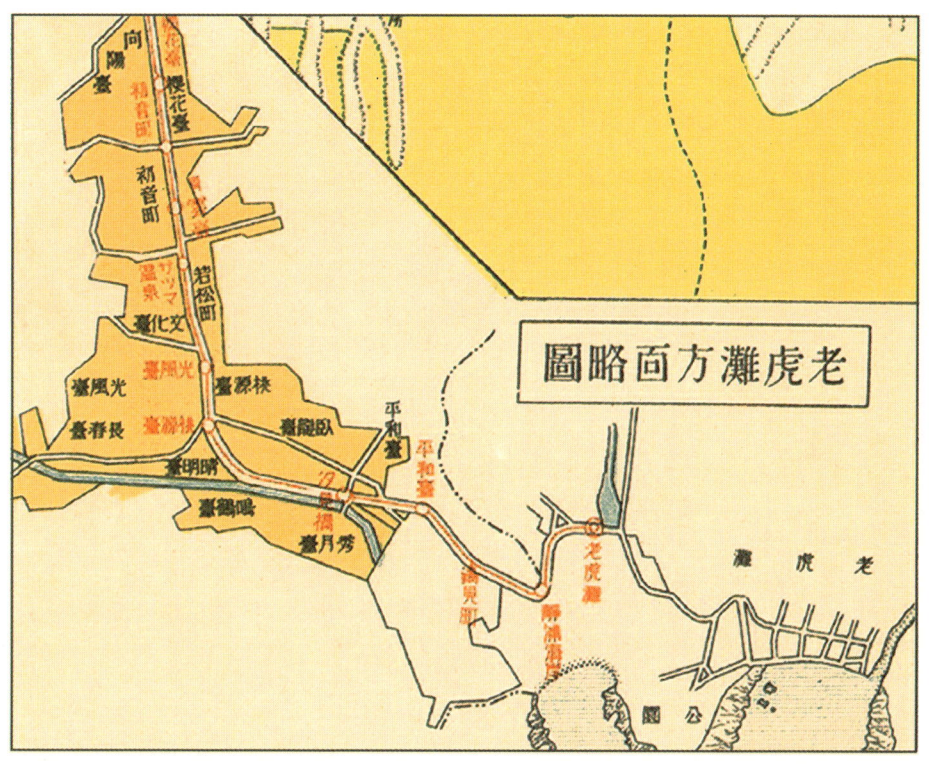

图6-16-1
1920年代初，大连郊外土地株式会社在通往老虎滩的道路两旁开发建设的住宅区图

便。而早在1911年7月29日，近5公里长的有轨电车线路开通，为此地区的开发建设提供了良好的基础条件。总之，此处郊外是适宜居住的好地方。

大连市郊外土地株式会社创立之初，在此处低价购买了约80万坪（264万平方米）土地用于开发郊外住宅区，利用其天然环境优势来满足市民的居住需求。自1922年初春开始，大连市郊外土地株式会社在此不仅提供建房用地，还进一步研究简单且经济的住宅建设方法，并出售会社建成的房屋，市民可以通过银行贷款分年付款等便捷方式购买。会社在以月付的方式出售房屋时，在开工之际便开始预约，并收取押金，押金占工费的一成，竣工后正式签约，确定月付金额。同时，提供建筑贷款，采取月付的方式收取还款，不给居民造成比以往租房时更重的负担，且让其完全获得其住宅土地及建筑的拥有权。申请建筑贷款的，在签约之际缴纳一成的押金，在建设时按照其实际产生的费用直接向建筑承包商交付。

由于采取了灵活的售房、建房政策，措施刚一公开，就立即受到大众的欢迎，"呈现出满铁职员、其他稳定收入者、各方面有识人士等踊跃申请的盛况。他们中间大部分人希望能够获得经过改造以适应时代的、纯西式或者准西式的住宅，并十分注意通风、采光等卫生方面条件，显而易见，他们努力地想要实现改善自己生活的

图6-16-2
效外文化街"日本房"遗存

图6-16-3 效外老虎滩"日本房"遗存（刘军理 摄）

理想"[1]。至1924年，仅两年时间就建成350余户，之后，住宅数量逐年增加。这样就使岭前桃源、秀月街至老虎滩一带"旧貌换新颜，青山绿水间，白厦彩瓦点缀其中，颇有田园城市的风貌"[2]。这里除了有电车通行，水管、天然气、电灯、电话等基础设施一应俱全，日常生活十分便利。（见图6-16-2~图6-16-7）

郊外土地开发建设根据地形特点，采取区块组合的形式，由于均是在丘陵地带，故住宅区分别被命名为向阳台、樱花台、光风台、文化台、长春台、桃源台、卧龙台、晴明台、鸣鹤台、秀月台、平和台等十一个台式住宅区，而稍微平坦的住宅区则被命名为初音町、夕见町等。

除上述措施之外，1920年，郊外土地株式会社项目启动伊始，为了应对住宅严重不足而采取应急策略，在位于郊区的若松町（今岭前街）建成了8000套简易住宅，以低价出租，并在其附近开设医疗所及日用品商店，以此方便租户。

1《关于大连郊外住宅的经营》，载《满洲建筑协会杂志》，第2卷第7号，1922（7）。
2 小野木孝治：《序》，见《郊外住宅实施图集》，满洲建筑协会，1924。

大连历史街区与建筑

图6-16-4
郊外桃源街"日本房"
遗存（陈艺 摄）

图6-16-5
郊外桃源街"日本房"
遗存（陈艺 摄）

配给制与市场机制结合——日据时期的大连城市住宅建设

图6-16-6
郊外文化街"日本房"
遗存（陈艺 摄）

图6-16-7
郊外秀月街"日本房"
遗存（陈艺 摄）

星之浦、黑石礁住宅开发

1922年秋，星之浦住宅公会成立，随即向满洲建筑协会咨询星之浦（今星海）地区住宅建设的最佳设计方案，满洲建筑协会组成由满铁建筑课课长冈大路牵头的方案评审组，向社会公开征集设计方案，总共收到80多份设计稿。之后，将1923年2月评审选定的设计草图再转交给中村宗像建筑事务所，由其进行施工图纸的制作，首批19名会员的住宅样式各不重复，于当年9月举行了样板住宅的上梁仪式。由此，星之浦（今星海）、黑石礁一带住宅开发进入快车道（见图6-17-1~图6-17-6）。

从1910年星之浦游园（今星海公园）开发，到1923年星之浦住宅公会建设住宅，再到1934年，经过

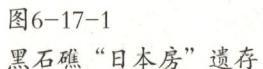

图6-17-1
黑石礁"日本房"遗存

配给制与市场机制结合——日据时期的大连城市住宅建设

图6-17-2
星海公园旁"日本房"
旧址,1996年拆除
(陈艺 摄)

图6-17-3
星海公园旁"日本房"
旧址,1996年拆除
(陈艺 摄)

图6-17-4
海员街"日本房"遗存

图6-17-5
黑石礁"日本房"遗存

图6-17-6
星海街"日本房"遗存

二十多年的开发建设，星之浦（今星海）、黑石礁一带俨然成为大连郊外的高档住宅区。鉴于该区域当时呈现日益显著的发展态势，如果让各类建筑物在没有统一规划的情况下无秩序增加，就会出现各种弊端，给将来城市规划的实施带来困难，因此，1934年2月6日，大连城市规划委员会通过选择制定道路规划来规范指导该地区建设。该规划通过对现状及将来的发展趋势的研究，决定对星之浦游园（今星海公园）海水浴场以北及西部一带面积约合1256468平方米的地区进行整理，并将其作为未来高级住宅用地进行土地规划。其中道路面积为437111平方米，占整地面积的34.8%；宅地面积819357平方米，占整地面积的65.2%。该规划大体上划出进深27米的地块，而且各个地块的长度尽量与干线道路平行规划。将干线道路宽度分别规划为36米、27米、25米、18米、15米、11米、9米、7米不同等级。规划确保与星之浦游园（今星海公园）相邻的西部海岸建成绿地或公园，许多道路到海岸之间都留有空地。

中国人的住宅

与日本人居住的花园式别墅、府邸宅第、公寓洋房这些高级住宅形成鲜明对照，日据时期，大连的中国老百姓住宅则是另一番天地，构成了解放前大连城市建筑风貌的另一特点。中国人居住主要有围合式住宅、苦力收容所、城市边沿棚户区三种形态。

围合式住宅 先是建市之初出现在小岗子一带，之后随着人口的增加和市区的发展而向城市的西部延伸，东关街、蓬莱街、不老街一带等是典型（见图6-18-1~图6-18-3）。这种住宅区往往依路网结构表现为不规则的三角形、多边形或规则的方形空间结构，呈院落式围合状态，类似达里尼市政区俄造集体公寓或日据大连时期集合式住宅的组团，联排布局，形成团组式的区街肌理。这种居住样式与当时大连日本人住宅区开放型散居化状态形成鲜明对比，体现了中国传统居住形态的守望相助、同舟共济的文化理念。既节约了紧张的土地资源，又解决了大量中国人的居住问题。青岛的里院、哈尔滨道外的中华巴洛克住宅群等，都是20世纪初殖民统治时期，在西式建筑风潮的影响下，欧式建筑风格与中国北方传统四合院风格结合的产物。

按照1905年颁布的《大连市临时房屋管理规则》的要求，此类住宅多为二层、少数为三层及以上的砖造房屋，防火耐用，统一规格，临街开窗；院内住房共用一个饮水龙头，一楼拐角设一公用厕所；二楼设共用环廊，院中间或拐角处设楼梯上下；房屋举架较低，每户室内结构三个房间，中间为厨房兼过道，两边为卧室，皆为火炕，与厨房烟道相通，以便生火做饭与屋内取暖两用。小岗子、东关街一带由于路网密度大，四通八达，又地处城市区东西部结合地带，有轨电车1909年开通之时就穿区而过，内外交通便捷，人流、物流、信息流等汇聚，故形成了繁荣的商贸景象。这类住宅一般为中国人中做小生意的商人居住，一楼常常面街开设店铺，二楼居住，或一楼前部开店，后部居住，这样形成下店上住或前店后宅的模

图6-18-1
东关街中国人围合式住宅遗存

配给制与市场机制结合——日据时期的大连城市住宅建设

图6-18-2
南北复兴里中国人围合式住宅群，已拆
（李志 摄）

图6-18-3
中国人住宅的外侧，已拆

式。附近还有露天市场、客栈、茶庄、当铺、药店、照相馆、书店、餐饮店、娱乐场所、西岗市场等，服务业与商贸业种类齐全，小商小贩众多，有公学堂、博爱医院等配套设施，还有油坊等工厂。1908年11月26日竣工的天后宫，大连人称东关大庙，规模壮观，俨然是居住区的守护神，成为一种精神寄托。

苦力收容所 这类居住地共有三处：位于寺儿沟的马车收容所，位于若狭町（今昆明街）的车夫收容所，位于白云山麓的马车收容所。

"苦力"是日本坊间对中国贫苦劳工的称谓，中国人则称为华工。大连的华工主要是山东半岛和河北闯关东的农民，大连人称"海南丢"。九一八事变爆发前，进入东北的山东农民数量极为庞大，1929年，仅经由大连进入东北腹地的人员数量就达到50万左右，与其说这是一场地方性的劳动力转移，不如说这是一次人口迁移。但在九一八事变爆发后，这一数字迅速下降到20万左右。1933年，进入东北的"海南丢"又增至35万。

当时，闯关东不仅是"海南丢"们因为生活所迫，也是日本侵略殖民东北的客观需要。特别是伪满洲国成立后，为了开拓满蒙，加速掠夺资源，殖民当局打着区内治安整顿和影响劳动规范管理的幌子，于1934年颁布了《入满劳动者取缔规则》，该规则限制了入满的人数，但入满最高许可人数根据实际情况常有调整，总体呈现出逐年增加的态势，最多的年份可达50万人。而大连市是华工必经之地，"其中，码头华工更是从入满人员中筛选出来的最具先天优势的人员，对他们统辖措施的当否将对满蒙经济政策产生直接而深远的影响，这是本社必须担负的责任"[1]。因此，对大连码头华工的有效管理就成为满铁经营大连港的应有之意，直接负责码头装卸作业的福昌公司责无旁贷。

碧山庄 坐落于大连码头东南方向约1600米处的东山北麓坡面平缓地带。乍听起来，以为碧山庄是旅游胜地，其实这里是当时大连有名的苦力收容所（见图6-18-4）。

1911年，为抵御当时南满境内迅猛蔓延的黑死病，同时也为有效管制华工，在得到关东都督府的许可及南满洲铁道株式会社的同意后，福昌公司老板相生由太郎建设了针对码头装卸工的这个大收容所。此后，每年都进行了增建或改建工作，在1926年交由满铁下属的福昌华工株式会社管辖后，又新建了工头家属宿舍，改建了浴场及剧场等。"随着这些建筑施工的推进，碧山庄终于成为大连湾内的一大奇观。"[2] 日本殖民时期，在中国东北的营口、

---

1 《碧山庄》，福昌华工株式会社，1938。
2 同上。

配给制与市场机制结合——日据时期的大连城市住宅建设

图6-18-4
碧山庄苦力宿舍区外观

奉天（今沈阳）、安东（今丹东）、新京（今长春）等主要地区都建立了这样的大型华工收容所。

碧山庄占地12.69万平方米，建筑面积约为3.97万平方米，最多可容纳1.8万余人住宿。华工居住人数随着东北特产生长季节及港口贸易有所增减，繁忙时的12月至次年4月，人数在1.5万~1.6万人；空闲时的7月至10月，一般在1.2万~1.3万人，但最少也有1万人。

该收容所与城市规划区域内的东端相隔一条河流，呈现出用墙壁围拢起来的隔离状态。里面设置了公共浴场，配备了医病疗养所、娱乐剧场等设施，还有供华工寄托精神的天德寺、土地庙和万灵塔。创办人相生由太郎认为碧山庄卫生、通风、防寒、医疗、放松、娱乐、救济等一应俱全。山东过来的食不果腹的劳工们都被收容在这里，他们以为这里应该如同天堂。

如同风光明媚的星之浦（今星海）是大连旅游

业的骄傲，而碧山庄也成为当时大连殖民当局引以为豪的建筑，作为一个景点，当有名人来访的时候，介绍的人就带他站在南麓的小山岗上，一览碧山庄全貌，夸奖一番。

1917年，相生由太郎在福昌俱乐部所做的关于创立碧山庄目的的演讲这样夸耀："碧山庄的创设，意在调和劳动者和资本家的关系，促成日支亲善。我听说有人乘着日清、日俄战争的余势像对牛马一样驱使搬运工，还有人不付给他们工资！我对此表示很愤怒！我们福昌公司是怀着家族主义来对待工人，我们饱含温情，确保工资发放，并保障大家的衣食住各方面。我们创设了卫生状况考究的医院和浴室，并为大家的信仰设立了寺院。也有供娱乐的剧场，可以看到活动照片，也能听留声机。"[1]

然而，实际情况呢？碧山庄背靠着南部山脉，宿舍密度极大，前后几乎毫无缝隙，屋檐低矮，如同密密麻麻堆在山谷里的一堆瓦砾，与市内的其他住宅无法相比，与日本人的住宅比更是天上地下，卫生设施也只是保证劳工们的小病治疗（见图6-18-5、图6-18-6）。

福昌公司的劳工们在大连码头搬运一袋货物重约130斤，每人每次扛起的豆饼一般三块到四块，大约45公斤。工作很辛苦，但相生由太郎给他们的工资却很低，若给日本劳动者的工资算100元的话，给中国搬运工只有30元。

为了压制劳动者的不满，保持劳动热情，碧山庄里并不禁止吸食鸦片，还可以贩卖鸦片，声称吸食场所为医疗设施。劳工们在这里的所谓娱乐就是吸食鸦片。在雇主的撺掇下，劳工们挣的那点钱几乎都被鸦片吞噬掉了，为了继续吸食鸦片只能拿着低廉的工资继续工作。这样的恶性循环，使他们连罢工的力气都没有，只能被绑在这里。

碧山庄所呈现的正是日本对中国东北实行殖民统治政策的典型状况。

1《碧山庄》，福昌华工株式会社，1938。

城市边沿棚户区 以山东、河北逃荒来连务工的人为主要居民。最早成为苦力落脚居住的地区是靠近码头的寺儿沟，石道街和香炉礁是当时无法在沙河口居住的中国人重新形成的居住地区。1935年，寺儿沟、石道街地区的村落人口分别达到2.4万人、1万人，香炉礁也达到2.1万人。这些闯关东的贫苦百姓在香炉礁、寺儿沟、石道街一带以搭建的棚屋、茅草屋、铁皮房、木板房等简屋陋室聊以生存（见

图6-18-5
碧山庄苦力宿舍旧影

图6-18-6
1980年代，寺儿沟红房子旧址，已拆
（李志 摄）

图6-18-7)。

1933年,山东和关内通过大连流向东北地区的人口增多,大连人口也出现膨胀的状态,有时几天时间就会有数千人涌进来,一夜之间密集的小屋就会建立起来,形成越来越大的贫民窟。这不仅对城市卫生等造成压力,也对城市未来的拓展形成严重的障碍。1934年实施的大连城市综合规划,即大大连规划,就将这些自然形成的村落的改造纳入其中。1936年,提出了寺儿沟的地区规划和香炉礁以北海岸填埋计划,基本上是以道路整备和新建简易住宅为中心,并主张部分地区参照香港的事例进行不良住宅的改造和强制迁移来推进,但许多地区直到日本战败投降也未有进展。

图6-18-7
城市边沿棚户区旧影

城市住宅建设的特点

日本殖民统治大连时期，城市居住状况呈现出族群分居和阶层分化两大特征，直到大连解放后1946年的住房搬家运动，才得以改观。而在城市住宅建设的方针上，实行配给制与市场机制相结合的措施，加速了住房问题的解决。

族群分居

日据大连伊始，就沿袭了达里尼市族群分居的规划，采取了殖民地城市惯用的手法，将中国人与殖民者居住地隔离开来。1905年4月，颁布《大连市专管地区设定规则》，以城市中央公园（今劳动公园）为界，东部为军用地区和日本人居住区，西部为中国人居住区。即使到1919年城市规模向西部扩充，将城市按功能划分为居住区、商业区、工业区和混合区，也依然延续了日本人和中国人族群分居的做法。这样，在大连就出现了许多日本人居住区和中国人居住区，而且各自特点鲜明，住宅差异明显。

日本人居住区主要集中在日本桥（今胜利桥）北，中央公园（今劳动公园）以东的老城区、南山麓一带，通往老虎滩道路沿线（今解放路）、伏见台（今一二九街）、圣德街（今五一路—东北路—黄河路—白山路合围区域）、花园广场—白云山麓一带、北沙河口、南沙河口、星之浦（今星海）、黑石礁一带等。这些居住地环境优美，空气清新，交通便利，基础设施齐全，尤其是文化住宅"日本房"，独门独院，造型欧化，优雅别致，功能完善。

而中国人居住区主要集中在小岗子、蓬莱街—不老街一带、圣德公园（今中山公园）以北泰山街—永安街一带，属于混合区，即居住、商业、工厂杂处。居住形态为围合式的大杂院，一个院落常常居住十几户二十几户人家，共用一个旱厕、一个水龙头，供暖设施为火炕，临街而建，嘈杂喧闹。

而从山东河北来连的中国人则落脚在城市边缘的香炉礁、寺儿沟、石道街，形成棚户区，一般居住区都靠近油坊、染料工厂、装卸码头等工作区域，如中国人聚居的"穷汉岭"寺儿沟就靠近大连港码头，以便装卸作业；而北岗子一带（东起荣华街，西至香炉礁，北至北海头这一区域），附近有码头货场、煤场、窑厂、屠宰场存在，这些中国人聚居区低矮潮湿，棚厦连片，土路横亘，污水横流，生活条件极差。

还有满铁下属福昌公司专为收容码头装卸工建立的碧山庄，由民间设立经营的位于寺儿沟的马车夫收容所，位于若狭町（今昆明街）的"小车大院"马车夫收容所，位于白云山麓靠近马栏河的马车夫收容所。这些收容所与规划的东部城区以一条河流分隔开，用墙壁围拢起来，呈现与主城区隔离状态。普遍为大通铺，往往几十人拥挤一处，基本卫生条件差，极易发生流行病。

阶层分化

日据时期贫富分化，无论是中国人，还是日本人，从住宅的样式上"一眼就能认出你"。日本人普遍比中国人富有，其住宅也普遍比中国人住宅档次高。这不仅体现在住宅的结构上，也体现在住宅的基础配套设施和环境质量上。

日本人的住宅分为特甲、甲、乙、丙、丁五个等级，有的高档住宅远离低档住宅区，比如郊外老虎滩沿线，而更多是一个社区内各级别的住宅相融而生，从别墅到集体宿舍差距天上地下，是居住者经济实力和地位的直接体现。但无论别墅还是集合式宿舍、公寓，日本人的住宅都是经过精心设计与施工建设的，即使是像沙河口工厂、圣德街的住宅区同一形状的建筑物采用矩形单调地排列，也提供了最低限度的公共浴室、食堂等公共设施和服务。而中国人聚居的东关街、蓬莱街等则只是简单的居住场所而已，住宅围合式单调乏味，一个大院的居民共用一个公共厕所、一个水龙头，配套设施

配给制与市场机制结合——日据时期的大连城市住宅建设

严重不足。即使是单身宿舍，日本人的寮与中国人的碧山庄、车夫收容所条件也是天上地下，前者是独立房间，后者是大通铺。关于这一点，后文还有详述。

由于日据初期允许经营商业的中国人在东部日本人居住区居住，这种状况一直延续下来，便在奥町（今民生街）形成了中国人商店街。当然位于东部若狭町（今昆明街）的车夫收容所则另当别论，虽说从城区整体看是混住状态，但那是被完全隔离起来的。到后来的郊外（今解放路沿线）和星之浦（今星海）、黑石礁等日本人高档社区，仍然有少数富有的和有地位的中国人长期居住，但却基本没有日本人在中国人居住区落脚的情况。这说明大连市区的中国人也存在居住以富有和贫困区分的阶层分化现象。最富有的中国人居住在日本人高档社区，其次是居住在蓬莱街、不老街、东关街等围合式中国人社区，再次是居住在碧山庄、大车店的劳工宿舍等，最差的是居住在城市外围棚户区。

在大连的日本人和中国人居住区的族群分居和阶层分化现象，从其乘坐的交通工具也可窥见一斑。日本人高档住宅区虽然远离工作场所，但有有轨电车作为交通工具，日本白领每天优雅地往来于居住地与市中心，上班时一路顺风，下班后远离喧嚣，在车上阅读当天的报纸，抬头满眼山峦秀景，回家后有田园雅趣、滨海风光陪伴，放松身心，颐养休闲。因此，当时的星之浦（今星海）、黑石礁、老虎滩、南山麓日本高档住宅区是许多人向往的理想住所。而那些远离工作场所的中国人，尽管也可乘坐有轨电车，但这种车被叫作"劳工车"。早在1928年，殖民当局就以预防斑疹伤寒为名，搞出供中国苦力乘坐的"低级工人专用电车"——"劳工车"。先行配用3台车，从寺儿沟到西岗子试运行。1929年，经关东厅批准作为正式制度执行，并增加了从大广场（今中山广场）到西岗子、码头到解放广场、解放广场到黑石礁、青泥洼桥到老虎滩4条线路，配车13台，车上挂红牌子。

配给制与市场机制结合

日据大连初期，一方面，城市土地属于"官有"，关东州当局为了解决殖民政府官员的住房问题，自建"官舍"，无偿分配给官员居住，如位于若狭町（今昆明街）的民政署宿舍，位于伏见台（今一二九街）的邮政通讯局宿舍、民政署宿舍。满铁作为大型经营性机构，为了稳定职员队伍，提高效益，实行住房分配制度，除早期按照级别分配居住达里尼市政区俄造住房外，还在满铁附属地及从关东州当局所借地域建设大批社宅，按照特甲、甲、乙、丙、丁、戊6个等级进行分配。另一方面，来到大连的商人、医生及其他从业者则从关东州当局租借或购买土地，按照市政建筑标准要求自建住房居住。

1918年，随着第一次世界大战的结束，工商经济快速发展，为适应形势的变化，当年8月，关东都督府出台《官有土地拍卖规则》，放开土地经营。进入1920年代，为了解决愈加紧张的住房问题，除关东州政府、满铁建设公有住房外，当局在大连实行与日本国内相同的住宅组合法，鼓励民间成立住宅公会，银行提供低息贷款，购买土地，进行住房开发。于是，共荣住宅组合、郊外土地会社、星之浦土地会社等相继成立，并开发出大量私人订制的住宅。这些住宅环境优雅，和洋融合，设施齐全，交通便利，被称为文化住宅，其档次远高于满铁的一般社宅。与此同时，满铁为了减轻住宅建设的负担，也实行了灵活的补贴住宅、代用社宅政策，采取市场化方式满足员工住宅需求。这一时期，有实力的企业从政府购买或租借土地后，像满铁一样建设自住住宅分配给员工，比如满化住宅区的建设。有的经济实力较强的企业或个人则开发公寓类住宅，进行出租经营。当然，中国人的住宅只是通过市场购买而已。

这样，日据时期，大连城市住房的建设呈现出配给制与市场化机制并存的局面，二者互为补充，双轨运行，共同作用，加速了住宅问题的解决。

建筑史上的独特存在
——大连的"日本房"

南山麓住宅

大连的"日本房"是建筑史上一个独特的存在。

从登陆大连之初"丢尽了脸面"的木造"趴趴房",到必须适应大连和中国东北寒冷气候的砖造住宅,由外而内,既要通过住宅的欧化模式达到明治维新之目的,融入西方文明行列,又要坚持大和民族固有的传统;既要满足保暖越冬、通风采光等现实需求,又要保留生活习俗,进而赋予其深层的文化住宅内涵,从住宅的基本功能要求到住宅的高层文化追求,30余年间持续地探索,最终形成了建筑史上独具特色的大连"日本房"。

而这种坚持不懈地探索,是"不断对俄式建筑加以改进,这才构成了如今适应南满气候和风土人情、对居民来说适宜居住的建筑群。因此,才得以建成无论在经济层面、使用层面和卫生层面都没有任何问题的建筑物"[1]。因此,可以说,没有俄造达里尼市政区的欧式建筑,就没有大连的"日本房"。正是大连独特的地理、气候、建筑和文化环境,才历史性地产生了大连的"日本房",并影响了之后中国东北以至日本国内的住宅建设。

当然,这种自创自产的"日本房",对今天以至未来的住宅开发与建设,仍然具有借鉴意义。

---

[1] 中村孝爱:《东支铁路建筑沿革史》,载《满洲建筑杂志》,第16卷第4号,1936(4)。

建筑史上的独特存在——大连的"日本房"

住宅改造的激烈交锋

明治维新之后，全盘西化的日本其建筑方面在努力学习模仿建造欧式砖石住宅的同时，其住宅内部的结构和布局也受到了西化的强烈冲击。是沿用传统的生活方式，比如用榻榻米；还是改用与欧式建筑相般配的西方生活方式，比如用高脚床，一直是日本人十分纠结的问题。

许多人认为明治维新的西化运动还没有触及日本国民的思想根基，至少在住宅方面依然故步自封。尽管仿欧化已经50年，但只是在表面上采用欧式砖造模式，在住宅的内部结构这一根本的实质问题上，其追求西方文明生活的目标进展微小，特别是因住宅引发的生活方式的改变基本没有发生，还在原地踏步。日本的全盘西化在明治初期虽然已经觉醒，但在觉醒之后不久出现的保守反动思想，严重阻碍了其发展。"从结果上来看，整个明治时期的西化运动仅止于表面，特别是国民居住习惯等方面，和百年之前没有任何不同。至少1920年前后的住宅和百年之前相比没有什么值得一提的进步。整个明治时代日本的西化运动只是一个伪装而已，剥掉表面那层皮的话立马就会露出百年之前的皮肤，非常浅薄。"[1]日本的有识之士将其传统住宅的改造纳入日本国运兴盛的高度加以认识，"住宅改造事

---

[1] 葛野壮一郎：《住宅的改造》，载《日本建筑协会杂志》，1919（10）。

业是文明生活中关于国民生活的基础工程，如果能借助此时机尽快加入进步行列，那么国民生活的幸福基础就会稳定，国家本身也会繁荣。无论是作为个人来说还是作为国家来说，晚一年会妨碍一年的进步，晚两年则会妨碍两年的进步，甚至还会影响国运，这毋庸置疑"[1]。并且，改造住宅是为了融入"文明世界"之行列，"时代在进步，现在已经不能维持假装的状态了，改造我们的住宅、谋求国民生活世界化已经迫在眉睫，对此不能有片刻犹豫"[2]。

关于该如何改造传统住宅这一问题，日本国内社会各界和业内专家都多次提出各种建议，大部分情况下当局只是听听而已，并没有实际结果。另外，对于是让日本的和风尽量往西洋风靠，还是反过来让西洋风尽量往日本和风上接近这个问题，也只是社会上相关人士感兴趣的一个话题，或者在新建住宅时对客厅或厨房等进行小打小闹的改良，从文明社会的基础工程这方面来看，不值一提。

这种争吵一直延续到日本殖民中国东北。而日本国内木造住宅建设一直持续到1960年代，未有中断。

但在中国东北就完全不同了。除了前述的因为要与俄国打一场由建筑引发的文化战争，以及要适应东北寒冷的气候，而不得不放弃木造的"趴趴房"，选择砖造的欧式建筑外，住宅改造的实质内容，即住宅在兼顾防寒和通风的布局、采光、朝向、保健、卫生等功能方面如何满足需要，建造一个居住舒适的家，这样的家不仅仅是外在的欧式建筑的洋气美观，满足日本人急切加入欧美先进文明行列的自尊心理，更重要的是适应中国东北的气候、风土，顺应未来的文化，满足其宜居要求，从而安居乐业，达到日本长期霸占侵略的目的，这才是在大连进行住宅改造的实质所在，也是不同于日本内地住宅改良的关键所在。满铁地方部部长田边敏行说："为了日本人能够在满洲安居必须建造合适的住宅。"[3]

---

[1] 葛野壮一郎：《住宅的改造》，载《日本建筑协会杂志》，1919（10）。
[2] 同上。
[3] 田边敏行：《满洲住宅问题的基调》，载《满洲建筑协会杂志》，第2卷第7号，1922（7）。

人类的衣食住行，住是关键，具有牵动性。想要改善生活，必须要先解决住宅问题。同时，为了住宅问题的解决，必须进行适应于气候风土的服装和饮食的改进。换言之，就是必须进行保持适应于本土的衣食协调的住宅改造。被分离开来的单独的住宅研究，其结果是没有任何意义的。就像日式的席居生活，是和服、木屐、日餐和榻榻米的默契一致一样，西式的座椅生活，则是西服、皮鞋、桌餐和高脚床的标配。如果将二者混合起来，则生活成本就会增加，程序就会繁琐，非常不方便，并带来许多烦恼。可见，如果将住房的结构加以改造，则人们的衣、食就会相应改变，而衣、食的改变也会相应地促进住宅的改变。住宅是生活的根据地，也是奋斗的避难所，"生活内容很多源自我们住宅的结构，因此改善生活的根本问题在于必须先等待住宅改造"[1]。

自从日本侵占大连，由于受欧式建筑环境的影响，以及对新生活的向往，虽然登陆大连的日本男人很少有人会不准备洋服，但是，直到1920年的16年间，"应该住的房屋、应该吃的食物、应该穿的衣服即适应于这片土地的生活方式的研究明显滞后"[2]。

1918年，第一次世界大战结束，日本成为战胜国，受其鼓舞，日本加速了融入西方社会的步伐，随着文化程度的提高，与外国接触的频繁，一部分人开始万事以世界性为标杆。因此，其生活方式掀起西化高潮，就连在大连的日本儿童的服装都在转变成洋服，妇女的服装也在发生变化，并随着职业女性的增加，原来不适合户外活动的和服等也开始进行改良。但是无论怎样靠近世界，其传统并没有那么容易消除，在模仿外国生活方式的同时，无法放弃其固有的生活传统，于是，在当时大连的日本人就出现了"二重生活"现象。白天工作活动的时候穿西装，晚上回家休息的时候穿和服。尽管从经济上看，和服比西装价格低廉，易于保管，清洗修理简单方便，尤其睡衣和浴衣更显示出和服的优势。但这不是问题的本质，关键是和服和西装、木屐

---

[1] 寄藤好实：《二重生活的住宅》，载《满洲建筑协会杂志》，第2卷第7号，1922（7）。
[2] 田边敏行：《满洲住宅问题的基调》，载《满洲建筑协会杂志》，第2卷第7号，1922（7）。

和皮鞋之间如何调和，两种生活方式的纠结与选择，体现了外来文化的冲击与固守和坚持本民族传统的矛盾。这种现象也很快传导到了日本国内。洋服适合户外活动，相对和服轻快便捷，而"拥有两种服装的生活容易造成不便，想要解决这种不便，无论如何都是要改良住宅问题的"[1]。所以，1920年前后，在大连开始流行的衣饰改变潮流，在一定程度上也促进了大连住宅的改造。因此可以说，第一次世界大战的结束使日本加快了融入西方文明的速度，也按下了大连城市住宅改造的快车键。

住宅改造像其他生活方式的西化一样，先从模仿开始。大部分的人想要营造一种包括寝室、书房、餐厅的简易西洋生活环境，在一间房间里铺设三张榻榻米，在剩余狭窄的空间安置椅子，或者摆放折叠床等。这招致了批评："如果过于崇拜西方，甚至学习西方人接吻，结果可能导致出现很多结核病美女。"[2]这只是单纯模仿照搬西洋生活方式的一例，可见此路不通。因此，必须走出一条适合这个城市的独创之路。"正因为是独创的，可以比较各种方式的利害长短，更方便地采用其适合的风格，并不是模仿，比如采纳中国风格中可取的地方加以改进，这里所说的并不是住宅外观上的形式，而是决定住宅的实质性部分，必须加之以根本性的独创想法。"[3]

而进行住宅改造的独创之路的突破口在哪儿呢？社会各界与建筑师们不约而同把目光投向了日本传统住宅中的榻榻米，榻榻米成为首当其冲的眼中钉。"改造的第一步是先从我们的住宅中拆除榻榻米，即取消原有的在榻榻米上面饮食、聊天、睡觉等风俗，改造成靠背椅子、桌子这种欧美风。进一步说，即我们要摆脱在饮食、衣服、建筑物、家具方面让我们感到痛苦的双重生活……当务之急要把从我们祖先开始代代喜爱的榻榻米拆掉。"[4]

席居生活方式诞生于原始社会，贯穿于人类文明发展的各个阶段，以不

---

[1] 田边敏行：《满洲住宅问题的基调》，载《满洲建筑协会杂志》，第2卷第7号，1922（7）。
[2] 赤川祥之亮：《和洋折中的二重生活》，载《满洲建筑协会杂志》，第2卷第7号，1922（7）。
[3] 田边敏行：《满洲住宅问题的基调》，载《满洲建筑协会杂志》，第2卷第7号，1922（7）。
[4] 葛野壮一郎：《住宅的改造》，载《日本建筑协会杂志》，1919（10）。

同的形式广泛存在于世界各地，直至今天，比如蒙古包的毡铺，中国北方和朝鲜的火炕，云南少数民族的吊脚楼等。榻榻米作为席居生活方式之一，在日本具有悠久的历史。早在16世纪末，日本社会就有按榻榻米分配、修建房子的做法。一张榻榻米的面积是1.62平方米，一间房的面积往往按照几帖，即几张榻榻米计算。在古代日本一些地方，房屋税的多少曾经是由榻榻米的张数来决定的。

榻榻米在日本的家居生活中具有重要地位，以致其不仅仅是一个名词，更是大和民族文化的组成部分。榻榻米具有良好的透气性，草质柔韧、色泽淡绿，光滑触感好，散发自然清香；具有很好的防潮性和调节空气湿度的作用，冬暖夏凉，适合日本岛国雨水丰沛的气候特点；具有很好的保健功能，对儿童的生长发育及中老年人腰脊椎的保养有功效，能防止骨刺、风湿、脊椎弯曲、驼背等的产生，赤脚走在上面，可时刻按摩经脉、舒筋活血；榻榻米价格低廉，搬运方便，布设简单，铺装面积小，利用空间大。"疲劳于夏天的酷暑，换上浴衣之后，在青色的榻榻米上躺成一个大字，这是作为大和民族带来的无上慰藉。"[1]总之，榻榻米有众多优点，与日本传统建筑贴近自然、淡雅清新、不事雕琢的风格相默契，深得日本人喜爱，日本人对榻榻米有着强烈的执着意识。多数日本人宁愿跪在地上，也不愿坐沙发，只有坐在榻榻米上，心情方可安静下来。

但是榻榻米也有众多缺点：落满尘埃后，容易寄居微生物，清除很麻烦，需经常打扫；日常又不能穿鞋上去，业务活动中很多人赤脚在榻榻米上活动，非常不卫生。在中国东北极端干燥和多尘埃的环境中，榻榻米又会很快变色，从而造成不便。"在封闭的室内的榻榻米上放置着一个火炉，其煤烟和灰尘与日本国内敞开式的相比要多很多。（在中国东北）外墙采用砖造的同时首先要废除榻榻米的生活方式，改换成椅子生活方式，这是改善内部的第一步。然后必须进行合理的房间布局安排，以及完善其他附加设备的

---

[1] 上田恭辅：《满洲的日本人住宅之拙见》，载《满洲建筑协会杂志》，第2卷第7号，1922（7）。

安装，将好不容易制定的建筑规则、天然条件都统统归纳到住宅改良的成果里。不然的话，早晚都会对改善生活的努力感到失望的。"[1]

因此，面对全盘西化的潮流，可以说榻榻米显然不适合时代发展的要求。日本国内对其鞭挞之声四起，都市计划大阪地方委员会临时委员木村博士指出："坐在榻榻米上的弊端包括国民体型变丑，并且结核病患者激增。"[2]对榻榻米最为执着的是老人与妇女。"长时间呆在榻榻米上面，从衣服、家具等所有物品到日常的坐卧动作都无法离开榻榻米，突然从与榻榻米结缘的老人与妇女那里拆除家里所有的榻榻米实际上可能非常困难，但是我们的生活已经窘迫到需要忍受这些苦楚立即进行改造的地步。"[3]当然，也有在外工作的日本男人，他们身穿西服在洋式建筑物中坐着椅子处理日常事务，回到家后则换回和服，即使这么不方便他们也在坚持，仍然主张榻榻米，这说明他们对榻榻米非常喜爱。"尤其是卧室，更没有必要改成床铺。躺在榻榻米上，盖上棉被，这种感觉比床铺要舒适。榻榻米和床铺的优劣程度和贫富程度刚好成正比。而且，在床铺那样狭小的空间睡觉感到非常局促。而榻榻米的话，整个房间都是床铺，我们可以自由舒展地放心休息，这更符合我们的人性。"[4]

由此可见，废除榻榻米需要异常的理解与努力才行。此事之艰难，因为"国民生活的习俗已经深深浸润，只靠桌面上的讨论无法轻易解决，要让他们加速改造就必须有相应的约束，很明显这在快速且切实促进实行方面特别有效"[5]。因此，为了尽快且切实地废除榻榻米，甚至有人提出了"今后在新建建筑中使用的榻榻米都要收税"[6]的办法。可见，包括榻榻米在内的日本传

---

[1] 宗像主一：《满洲与住宅改良》，载《满洲建筑协会杂志》，第1卷第1号，1921年（3）。
[2] 木村：《改造住宅是都市生活的第一步》，载《满洲建筑协会杂志》，第2卷第7号，1922（7）。
[3] 葛野壮一郎：《住宅的改造》，载《日本建筑协会杂志》，1919（10）。
[4] 赤川祥之亮：《和洋折中的二重生活》，载《满洲建筑协会杂志》，第2卷第7号，1922（7）。
[5] 葛野壮一郎：《住宅的改造》，载《日本建筑协会杂志》，1919（10）。
[6] 同上。

统住宅的改造多么不易，改造道路既慢且长。

但是，大部分人则都想"鱼和熊掌兼得"，"要我说一些对满洲住宅未来的期望的话，我想要那种不脱鞋就可以进到客厅、餐厅和书斋的住宅。另外，我还不想放弃，自己和家人能够躺成大字、能够有别样感觉的、铺设了榻榻米的住宅"[1]。于是，呼吁寻找住宅改造中间道路的声音渐渐增强，"如果能够找到可以代替榻榻米的，在保温上、活动上、卫生上还有嗜好上都能够满足日本人且价格低廉的东西的话，那就不必执着于令人困苦的榻榻米了。这并不代表我主张全面舍弃榻榻米，而是说，我希望能够发现便于生活的、容易使用的合适的代替品。"[2] "真正的改善生活，要博采众家所长，使之融为一体，为我所用。为此，我们要好好审视并致力于设计和洋折中的二重生活。"[3]

因此，归纳近代以来日本住宅改造的焦点，即在西化的同时，如何保住其传统的习俗。

日本人一直是遵从历史习俗的，这种习俗就是长期形成的淡雅、禅静、与自然融为一体的境界，进而成为一种国民习性和趣味。从衣服的颜色到古物的玩赏，还有室内的配色等等，所有的东西都能明显看到这种习性的影子。这种心境和性格是在很长的时间中养成的，在西洋化的住宅中，就算没有什么特别不快的感觉，但总会因为没有迎合这一趣味，心生美中不足之感。比如，住房中尽显日本人趣味的地板留存的问题，在倡导近代生活改善和住宅改良的人中，很随意地就把一直以来的地板当作是无用且多余的东西去考虑，而另一些人则认为这绝对是不正确的。即使地板在日常生活中并不是完全必要的存在，但只要是能够理解生活和趣味之间关系的人，就能够认识到它的作用从而不会去轻视它。其切身体会到，在地板上摊开的书画、地

---

[1] 上田恭辅：《满洲的日本人住宅之拙见》，载《满洲建筑协会杂志》，第2卷第7号，1922（7）。
[2] 甲斐久子：《满洲的住宅改良》，载《满洲建筑协会杂志》，第2卷第7号，1922（7）。
[3] 赤川祥之亮：《和洋折中的二重生活》，载《满洲建筑协会杂志》，第2卷第7号，1922（7）。

板边缘的白底黑花草席布边、青瓷古铜的陈设、插花的雅味,这些深远的情趣,对于日夜生活在其中的妇人和孩子来说,很大程度培养了其观念、教养、趣味,进而对于国民道德的教育都有很深远的影响。

"如果违背了这些潜在居民的趣味,很明显绝对不会有在这里久居的念头。像满洲那样的殖民地,就算是从政策上去考虑,也一定是希望能够把这些存续下去的。否则,终究是会失去永久居住的意愿。没有一坪的庭院、没有一汪清水,单纯都是供其睡眠的寝室、供其起居的桌椅、供其吃饭的餐厅,一涉及家庭生命所谓的'享乐'这一主题,就会不知所措,失去方向。"[1] 因此,"那种外观上符合气候风土,内部各房间构造也充分兼具慰藉家人和提高趣味的功能,同时又能更好地提高家人效率的构造是最适合的。总之,虽然学习西洋的长处是重要的,但是绝不能只是一味模仿。所以要推行真正的和洋折中的风格"[2]。

纵观近代以来日本人有关住宅改造的争辩,从其国内到入侵之后的大连以至东北,争辩的过程也是大连"日本房"形成的过程。从登陆大连之初"丢尽了脸面"的木造"趴趴房"的外形,到住宅的保暖越冬,再到通风换气、采光,进而到住宅习俗的深层文化内涵,辩论争吵的结果是,大连以及中国东北的日本人住宅大部分外部是洋式,内部是日式,稍为完善的则是将客厅的一间改为洋式,其他的则是改变其结构,内部也大体改成洋式,然后有一间日式的闲居房间。该闲居房间可以放在宅内合适位置,面积足够的话也可以独立于住宅另外设置,形成了独具特色的大连"日本房"。

一直到今天,大连"日本房"的模式仍然对日本人的住宅产生影响。特别是在大都市,多数人家住的是单元式住房,但榻榻米仍受人们的喜爱。日本大多数的家庭都是和洋折中布局,既有放着沙发、茶几、柜子、床和桌子的西式房间,又有铺着榻榻米的和式房间。

---

1 甲斐久子:《满洲的住宅改良》,载《满洲建筑协会杂志》,第2卷第7号,1922(7)。
2 同上。

建筑史上的独特存在——大连的"日本房"

大连"日本房"的特点

　　日据时期，大连的日本人住宅因其建筑类型和所居住的家庭数目（户数）等不同而称谓不同。分为：独立式房屋，独门独户独院，又称别墅，有单层、双层之别，双层又称复式住宅（见图7-1-1、图7-1-2）；半独立式房屋，一栋房屋中间一墙隔开，有单层、双层之别，单层一栋两户，又称两间的排屋，双层供2户或4户居住（见图7-1-3）；排屋，一栋房屋三户以上住家横向排列，中间隔墙隔开，其双层者叫联排双层房屋，又称集合式住宅（见图7-1-4）；公寓，指的是各楼层住户超过一户，楼层超过三层的集合式住宅，有公用大厅和楼梯，又叫作分租住宅，即分开出租的住宅，公司职工集体宿舍、寮、关东馆等就属于这一类（见图6-9-1、图6-10-1）。大连人称为"日本房"的住宅，主要指前三种住宅样式，即独立式房屋（别墅）、半独立式房屋和排屋。

图7-1-1　高尔基路独栋"日本房"遗存（韩梅　摄）

图7-1-2
凤鸣街独栋"日本房"遗存(陈艺 摄)

图7-1-3
五四路半独立式"日本房"遗存(陈艺 摄)

图7-1-4
花园广场排屋"日本房"遗存

在经历了进入大连初期的木造建筑与砖石建筑之争、1910年代的模仿兴建欧式建筑之后,进入1920年代,大连的建筑师们通过实践与思考,逐渐走出一条自创的成熟的住宅营造之路。其间,先后在南山麓、郊外(今文化街—岭前—老虎滩一带)、星之浦(今星海)、黑石礁、伏见台(今一二九街)、谭家屯(今人民广场西南)、光明台(今高尔基路、凤鸣街)等交通方便、风景优美、基础设施条件完善的地区,兴建了大批日本人住宅。这些住宅一般以独立式、半独立式为主,兼有少量公寓式,多系一二层建筑。有满铁社宅、市营住宅,也有民间建造的住宅。

关于集合式住宅寮、关东馆、公寓的特点前文已详述,此处就独立式房屋(别墅)、半独立式房屋和排屋,即"日本房"的特点做一概要阐述。

凸显"文化住宅"的特性

1920年代,随着大连的经济发展,一部分市民特别是在大连的日本人经济收入不断增加,加之在日本国内出现追求欧洲田园城市建设的风潮,在大连"普通民众也意识到,郊外住宅除了起到保健、安慰的作用,还应具备提高生活趣味、充实生活内容的作用"[1]。有钱人和有身份的阶层人士更是如此,纷纷选择水、电、瓦斯、取暖等功能齐全,又交通便利、空气清新、风景秀丽,与大自然融为一体,可尽情陶冶性情的郊外住宅,作为自己的理想之家。这些住宅特别注重独立的院落环境的营造,一花一草,一竹一树,一石一水,极其讲究,形成雅致、静谧、情趣浓郁的个性文化空间(详见第317页《注重住宅外围环境的营造》部分)。这些住宅基本都是大窗户的阳光房,许多带有温暖的花房,室内布置壁炉、书架、钢琴、茶具等,营造出浓郁温馨的书香和艺术氛围。如果说住宅主要解决的是人的休憩起居问题,满足其功能实用,而1920年代在大连的山麓台地建设的日本住宅则不仅限于此,而是超越住宅的基本需求,向美化的艺术住宅境界进阶,极力满足人的个性发展和精神追

---

[1] 小野木孝治:《序》,见《郊外住宅实施图集》,满洲建筑协会,1924。

求，即营造一种全新的"文化住宅"（见图7-2-1、图7-2-2）。

住宅大多为"私人订制"

这种"文化住宅"尤其体现住宅本体的个性塑造。"所有人都想表现自我，努力想将自己的独特体现在建筑上。"[1] 从住宅的选址、庭院的布局到房屋的设计，大部分都是房屋所有者亲自设计的。业

图7-2-1
海军大连舰艇学院院内"日本房"遗存
（刘军理 摄）

---

[1] 松室重光：《序》，见《郊外住宅实施图集》，满洲建筑协会，1924。

建筑史上的独特存在——大连的"日本房"

主亲自参与,与设计师密切配合,丈夫、主妇、老人甚至孩子都提出自己的个性化要求,然后再由设计师制定设计图,设计师只要帮助他们完全满足这些要求即可。"如果在满足了各户主的要求,将他们的生活理想表现出来的基础上,根据他们独特的设计来施工,就会和以前所谓的理想型设计或是在

图7-2-2
南山麓"日本房"遗存

部分特殊阶级的宅邸看到的没什么两样。"[1]（见图7-3-1~图7-3-3）

这样一来，几乎每栋"日本房"都属"私人订制"，郊外老虎滩一带的住宅建设突出体现了这一点："相较于那种超脱经济束缚的由内而外的富丽堂皇，这350余户虽然透出了贫穷感，但却都是户主的真实要求，都有自己独特的光彩。"[2] 再比如"日本房"庭院的设计，"如果像以往一样全部委托给造园师，终究不可能建造出真正的庭院。对于家庭的实际生活并不关心的造园师终究无法修建符合我们期望的庭院"[3]。只有主要家庭成员全员参加，方能取得称心如意的设计结果。这样做的目的，不仅希望庭院的设计能够主要通过家庭成员之手来进行，同时希望菜园、家禽、草坪、花圃等也由家人亲手照料打理。这是日本人的生活传统，"更多地通过家人之手进行设计、管理，才可以获得庭院的乐趣以及其保健方面和教育方面的效果。将此完全托付给匠人，不仅经济上不合算，而且并不是使用庭院的正确方法"[4]。因为家人"不光是静静地进行观赏，而是要主动走到院子里使用它，并且进行必要的维护、保护等工作，这样才可以获得完美的庭院生活"[5]。

这种"私人订制"的住宅，只要符合《大连市建筑规则》的要求，在安全、防火、卫生、檐高等方面达到标准，其房屋结构、外观、色调等可以根据业主的爱好和审美情趣，由设计师大显身手，自由发挥，图纸经过市政任命的主任技师审核通过后即可施工。当然，施工过程中也由主任技师监督，直到完工交付使用。这样说来，一栋建筑的诞生就是房屋主人和设计师共同配合协作的结果，不仅仅是房屋主体，连同庭院，这种"私人订制"必然体现独立个性，栋栋建筑都想鹤立鸡群，别出心裁，彰显不一样的艺术品位，外化为房屋主人的社会身份和文化内涵，客观上造成了大连住宅建设的竞争化态势，其效果是大连的住宅百花齐放，特别是别墅式住宅没有两栋是一模

---

1 城始识：《序》，见《郊外住宅实施图集》，满洲建筑协会，1924。
2 同上。
3 生活改善同盟会：《庭院的改善（二）》，载《满洲建筑协会杂志》，第4期第11号，1924（11）。
4 同上。
5 同上。

图7-3-1
春阳街"日本房"遗存

图7-3-2
鸣鹤街"日本房"遗存

图7-3-3
桃源街"日本房"遗存
（韩梅 摄）

一样的。这在大连住宅史上堪称奇迹，在世界建筑史上亦属少见。

住宅建在高高的山麓台地之上

大连属典型的沿海丘陵，建筑用地一般为冲积平原、山麓台地、山沟溪谷。纵观大连市民的住房特征，建市之初至1910年之前，市民一般居住在北部沿海及平坦之地；1920年之后，一般居住在中部平地和南部山麓台地；1990年代之后，占领山沟溪谷，开发高层楼房居住。

1922年，南山麓住宅区开发建设。此地是典型的台地，南高北低，越靠近南山坡度越陡，有的甚至达到了45度，这些住宅依山势而建，都带有半地下室，独门独院，尽管阳光不是特别充足，但连绵起伏的青黛南山，幽静的街区，深深的林荫小巷，花团锦簇的庭院，别致的洋房小楼，两个不大而精致的湖泊像两颗翠绿的明珠镶嵌其中，加之距离青泥洼商业区、中山广场较近，因而南山麓住宅区成为当时日本高级白领、中国富商甚至犹太商人青睐的高档居住之地。

与南山麓住宅区几乎同时开发的郊外住宅区（今青云街至老虎滩），秉持当时欧美流行的田园城市理念，建筑选址在面阳的山坡之上，有的甚至建在小山顶之上，充分利用南部山脉台地阳光照射充足、通风效果好、空气清新等优势，特别是靠近老虎滩的台地，面朝大海，春暖花开，更是宜居之地，深得日本中上层人士的喜欢。

同样，与南山麓住宅区相似，后来开发的白云山麓及凤鸣街等地的日本人居住区均选址在地势较高、常年干燥的台地。而早年因沙河口铁道工厂建设而建造的工厂住宅区，也在朝南的阳光地带缓坡之上。1920年代后期在通往星之浦游园沿途区域建造的日本人住宅区均在朝阳的台地之上。1930年代开发建设的黑石礁住宅区、1934年满洲化学株式会社在甘井子区建设的住宅区也是如此。

可以说，日本人的住宅均占据了风水宝地。这也突出体现了在大连的日式住宅特点，即日本住宅基本位于地势较高的山麓台地，没有选址在地势较低的洼地，这样的住宅巧妙地利用地形，依山就势，起居架屋，错落有致，既阳光充足又空气清新，通风良好，同时视野开阔，远离尘嚣，群山环抱，在享受美好环境的同时，居高临下，殖民者或有地位、有身份者心理上被优越感所占据（见图7-4-1~图7-4-4）。

自然，建筑在山麓台地之上的住宅，首先保证的是其交通的畅通和出行的便捷。早在郊外住宅开发之前的1909年，大连有轨电车开通的当年，就建成了从青泥洼到老虎滩的线路。1911年，则因星之浦游园的需要，从沙河口至星海间有轨电车开通运营，1924年延伸至黑石礁。而沙河口、南山、白云山等地区有轨电车或公交车均已通达。这样的交通

图7-4-1
春阳街"日本房"遗存

建筑史上的独特存在——大连的"日本房"

图7-4-2
文化街"日本房"遗存
(韩梅 摄)

图7-4-3
文化街"日本房"遗存
(韩梅 摄)

图7-4-4
桃源街"日本房"遗存
(韩梅 摄)

先行，就为这些住宅小区的开发建设提供了基础条件。当时的郊外老虎滩一带和星海、黑石礁一带的高级白领住着花园洋房，坐着叮当作响的有轨电车上下班，成为大连城市的一景，是许多人向往的生活状态。与便捷的交通同样重要的必要条件，还有住宅区的上下水、电力、煤气、电话通信等基础设施，而且远离城市中心特别是位于郊外的住宅区，城市基础设施的投入成本会成倍增长，但这些居住的基本条件均得到了满足。

当然，事物都有其两面性，台地山麓住宅在尽享风光美景的同时，由于其地势落差，住宅与山下的有轨电车站之间的道路，往往因坡度大、台阶多导致攀登时体力消耗，室外活动空间狭小，不利于邻里互动，特别不利于儿童交流玩耍。陡峭的山路在雨雪天还存在安全风险，不利于出行。一场大雪封山可能长达十天半月，给交通带来很大困难。

另外，由于地势陡峭，地形复杂，给排水工程带来不小的难度。郊外住宅（今解放路沿线）建成后的很长一段时间，各家各户尽管使用了冲水厕所，但整体排污系统没有预先规划，每个住家只好在户外修建一个类似化粪池的装置，上面加盖，利用落差将排泄的粪便导入，过几年满溢时淘挖之后再用，这样很不卫生。郊外住宅区的煤气设施也是后来才完成了配套。

就地取材，垒石成基，筑石为楼

石材是人类最原始，也是使用最广泛的建筑材料，其耐久性强、抗压强度大、可就地取材、方便开采等众多优点，深得人们青睐。由于不同的石材有不同的特性，其使用方法也各不相同。石头可以用来铺就鹅卵石小道、青石板街巷，垒筑院墙、台基等；经过加工，可以形成各种形状的建筑成品，砌筑墙体，装饰线脚、浮雕等。如果某地的石头不易开采，那么只有影响最大的建筑物才会用石头建造，用来展示建筑者的财力和权力。另外，石头具备质朴特征，往往能体现本地乡土韵味，沧桑岁月在建筑石材上留下的斑斑印痕也时常勾起人们的乡愁。从这个意义上讲，石材也是一种乡土文化潜移

建筑史上的独特存在——大连的"日本房"

默化的载体。

大连地处沿海，丘陵起伏，拥有大量的石灰石、花岗岩，大连人特别是黄海沿岸的居民自古就有利用本地石材建造房屋的传统。就地取材，成本低廉，石砌的厚重墙体能够抵御冬季寒冷的北风，虽然较为粗糙、简单，但却实用（见图7-5-1）。

大连的"日本房"借鉴了大连人利用本地石材建造住宅的传统，承袭了俄国人在大连使用当地石材砌筑围墙、构筑房基、装饰墙脚等的做法，而且，越靠近南部海滨的建筑，利用石材的比例越高，这也正符合石材搬动不易、就近使用的特点。比如，桃源台（今桃源地区）到老虎滩的"私人订制"的郊外住宅，常用大连当地的石材砌筑平台地基、台阶、墙裙、门柱；有的采用黄海边的石子装饰外墙、门套、窗框、窗台；有的烟囱均为石头砌筑而成；有的一楼均以石头砌筑，二楼以上用砖砌筑，甚至出现了整栋楼房用石头砌筑外墙的石头楼。许多住宅都有石造地下室或半地下室，拾级而上，房子建造在高高的石头平台之上，周围有足以防止山洪冲击的排水沟，这样既坚固安全，也更显住宅的厚重质朴（见图7-5-2~图7-5-4）。

图7-5-1
1980年代，大连石槽村的海边石头房（池宫城晃 摄）

图7-5-2
海源街"日本房"遗存

图7-5-3
老虎滩工人疗养院"日本房"遗存（刘军理 摄）

图7-5-4
黑石礁石头楼遗存

建筑史上的独特存在——大连的"日本房"

利用大连当地的石材建筑房屋，与日本人传统的居住环境和自然融为一体的理念相一致。只是石材的粗犷与日本人讲究精致、小巧的观念相冲突，特别是石材应用与日本传统的木造建筑不同，更是对建筑师胆量、技法、智慧的极大考验。

位于今岭前民主街和捷山街的两栋石头楼，就充分体现了建筑师的高超设计水平。

这两栋石头楼的外墙均选用老虎滩附近纯粹棕黄色的石英石堆积砌筑而成，采取毛石的自然形状，大小不一，凹凸顺势，十分粗犷壮美，并与坡屋顶、格子窗、眼窗、拱券门廊、阳台镂空花饰等相协调，透出独特的艺术气质（见图7-5-5~图7-5-8）。

图7-5-5
岭前捷山街石头楼遗存

图7-5-6
1934年，世良氏宅邸

图7-5-7
世良氏宅邸旧址

图7-5-8
世良氏宅邸旧址，也曾是徐海东大将在大连疗养时警卫班宿舍楼旧址（韩梅 摄）

建筑史上的独特存在——大连的"日本房"

世良氏是典型的大户人家，其宅邸位于光风台76~77番地（今民主街），地上两层，地下一层，建筑面积95.34坪（314.62平方米），一楼外阳台10.5坪（34.65平方米），独立卫生间、浴室、厨房等功能齐全。地下室设独立的锅炉房，屋顶铺盖青岛瓦。内部装修考究，墙体铺装木制薄板，地面铺贴瓷砖，设置隔音层。天花板由杉木构成的隔音层装饰，床用高木松板和碎花木工艺制成。1933年8月开工，1934年5月竣工。由谷口建筑事务所设计，板井组施工，温水暖房工程由中兴商会负责，造园工程由高谷商会承担。

世良氏宅邸和洋融合，室内既有榻榻米卧室、和式茶室、壁龛、壁柜等，又有西式木床寝室、餐厅、钢琴音乐室、装饰性壁炉等。这说明房屋主人既保持着日本人传统的生活方式，又向往西式生活状态；当然，也许家里既有老人，也有年轻人，分别享受不同的生活方式；也许是为了招待不同生活习俗的客人而设置两种风格的接待室。由于这所住宅缺少资料，今人只能猜测而已。但是，这种风格迥异的布局正反映出明治维新以来，日本人在传统的和式风格和新潮的西洋风格之间的万般纠结。

注重住宅外围环境的营造

日本传统的住宅建造特别注重空间的整体布局，努力与自然融为一体，极力表现一种清新淡雅的文化氛围。这种建筑理念在大连的"日本房"建设中得以体现，成为文化住宅的重要组成部分。

由于是在山麓台地建造住宅，设计者高度契合地形地貌，注重建筑与周围环境融为一体，用当地石材、砖砌筑，或者用树篱、木材构筑长长的矮墙，或高树遮阴，或槐花飘香，或爬满青藤。巷道深处，四季变化，光影各异。独居的庭园，各显其态，各逞其能，或松柏无语，或青竹摇曳，或樱花繁茂，或蔷薇花开，或丁香吐蕊，或波斯菊绽放；石子铺出来的庭院小路避开了沉闷的树丛，草坪、矮树、篱笆和石亭、假山、花坛、鱼池等园林小品布局其中，桃李春风，鸟语花香，采菊篱下，山岚雪月，一派恬静优雅的田园风光（见图7-6-1~图7-6-4）。

"日本房"均带有围墙。这种带有围墙以及大门的院落居住形态，只有中产阶级以上的人家才有，普通人家的住宅大部分都缺乏这种门以及围墙，不太好加入个人意见的大公司的职工宿舍以及专门用来出租的房屋亦如此。星之浦（今星海）、黑石礁一带系高档住宅区，居住者大多为经济实力较强或有身份者，其围墙和门主要为石材相关的材料制作。南山麓的樱町（今七七街）也属高档住宅区，其围墙则主要是砂浆涂料，门则多数为石材制

图7-6-1
老虎滩疗养院"日本房"遗存区俯瞰
（刘军理 摄）

建筑史上的独特存在——大连的"日本房"

图7-6-2
南山望海街"日本房"
遗存（刘军理 摄）

图7-6-3
老虎滩疗养院"日本
房"遗存院落景观
（刘军理 摄）

图7-6-4
老虎滩疗养院"日本
房"遗存

造。郊外的桃源台（今桃源地区）以及光风台（今民主街、光风街、捷山街）的住宅则大多利用树木篱笆做围挡，体现了地方田园特色。宅门由石材制作的比例较高，但是与星之浦（今星海）以及樱町（今七七街）相比，没有门的开放式的门柱比较多，可见其经济实力还是稍逊一筹。谭家屯（今人民广场西南）的住宅围墙基本都是砂浆做的，这里的房子可能都是用来出租的，没有户主像建自己家一样的氛围。圣德街（今五一路—东北路—黄河路—白山路合围区域）的围墙最为复杂，混合了砖、石、木、树篱等13种构建方法，可见其大多用于出租，而不是像自己居住的家一样重视围墙的建造。因为圣德街住宅是在1919年前后为解决日本来连的土木从业者住宅难问题而建造，当时利用大连西部沙河口东侧的空闲地，建设了700户的房屋，配套有公共浴池、食堂、炊事场等，计划以矩形街道模式建造手工艺人街区。结果由于经营方针的失败，日本人公务和自由业者取代日本人土木从业者入住到这里。月见冈（今星海三站附近）的18户日本住宅则全部采用铁丝网做围墙，拒人于外，尽管开放通透，但却流露出殖民地的氛围。这样，包括开埠建市时俄国人建造的达里尼市政区山城町（今烟台街）全部用砖砌筑围墙的住宅区，1920年代，凡大连中上阶层的家庭住宅，围墙用砂浆做的占了近40%，用石材做的门占了近51%。

讲究住宅的日照、采光和通风

人的一生中大部分时间是在住宅中度过的，住宅的质量优劣直接关系人的健康。住宅和衣服的功能相同，不论外界的气候如何变化，人都能通过住宅进行调节，维持自身健康，提高工作效率。而住宅的日照、采光和通风在住宅的质量方面占有极其重要的地位。

日本入侵大连及中国东北后，殖民者一直被呼吸道疾病所困扰。据统计，1925年至1930年，在中国东北的30万日本人中至少有7000人是结核病患者，结核病死亡率是日本国内的2倍多。不仅如此，因为大部分患者都是精力旺盛的青壮年，所以结核病成为其在中国东北最为恐怖的疾病。此外，肺炎、猩红热、麻疹、白喉等呼吸系统传染病的发病率也比日本国内高出很多。其中猩红热尤为突出，日本国内每年每万人中仅有0.7人患此病，而在中国东北则是39.6人；白喉在日本国内发病为每年每万人中2.6人，在中国东北则多达13.6人。这些与房屋息息相关的各种疾病，主要是住宅的日照、采光和通风问题导致的。也就是说，其在住宅和生活方式上还存在很大缺陷。为此，满铁和关东州的建筑师采取了多种措施，不断改善住宅的卫生状况。

首先在住宅的布局上，为充分的日照、采光和通风奠定良好基础。前文已述，大连的"日本房"均建在山麓台地之上，这就为其日照、采光和通风提供了先决条件。相反，洼地不宜建房自不必说，如果是在填埋垃圾的填筑地建房，不仅垃圾腐烂后产生的有害气体会从地下渗透至室内，垃圾腐烂也会导致地面下沉房屋倾斜，且会使房屋受潮。尤其是在中国东北，由于气温低而使得垃圾腐烂的速度缓慢，所以在填埋后的5至10年内都不能在上面修建房屋。另外，在湿润的土地上建房，则必须采取先排水、再种植树木使土地干燥等合适的方法除湿。从房屋的结构上来看，如果砖墙或者土坯墙直接接触地面的话，那么就会因为"毛细血管现象"而将地下的水分吸入墙壁内，成为房屋受潮的首要原因，故其需要采取防潮处理。因此，建造房屋应避免上述选址。

大连的"日本房"一般均设有前后院，在房屋周围预留一块空地，理想的空地面积至少占地皮的二分之一大小。当然，空地的面积自然是越大越好，最为重要的是要有一个宽广的后院，这样才可以确保充足的通风和采光。

为达到日照和采光的最佳效果，大连的"日本房"起居室布置在南面且多修建为高窗大窗，北面的窗户面积为南面的二分之一或者三分之一，理想的窗户面积要达到室内地板面积的六分之一以上。房间的深度不超过窗户高度（从地板至窗户顶端）的1.5倍，最多不可超过2倍，且从室内地板上的任何一处都能看到对面建筑上方的部分天空。这样冬季不至于寒冷，夏季通风性好（见图7-7-1、图7-7-2）。许多大连的"日本房"还沿用了日本传统木造房屋做法，在南面设置了缘侧，类似开放式阳台，起到了非常好的日照、采光、通风效果。有的"日本房"在一楼南侧还设置了温室花房，既满足了采光的需要，又养殖了花卉，使室内充满春天的气息。至于东西两面，尤其是西面常布置壁柜等，尽量不开设窗户以避免西晒，如果不得不开设的话，一般选择小号窗户且设置得稍微高一些。如此一来，冬季南面的窗户日晒良好，夏季则不会有太多的光线照射进来，且利于通风，可使室内保持凉爽。如果不得不在北面布置起居室，或者是诸如公寓或者办公楼等的话，则应该将房屋的方向稍微向西面或者东面偏移，因为如果房屋正对着南面的话，北面的房间在冬季里会整日不见阳光，十分影响人的心情。

　　经测算，冬至之后，大连、沈阳、哈尔滨各城市房屋的东西两面在日出和日落时的日射角度分别约为30度、32度、35度，所以各地房屋的正面向西偏移的角度如果能够高于上述角度的话，则在冬季的每一天里朝阳都会照进房屋北面的窗户。同样道理，向东偏移的话就会有夕阳照进来。但是在夏季，向西偏移的房屋其正面的窗户会受到午后阳光的暴晒，不利于防暑，而向东偏移的房屋虽然其南面受到的暴晒较少，可北面窗户却会受到西晒，均有利又有弊。但同时考虑夏季风向因素，大连的东南风、西北风多于南风、北风，所以大连的房屋正面向东偏移会比向西更好。当然，这些都会因为街道方向及地皮的关系而被左右，也会因为房屋的外形（即是否有突出部分）而有所不同，所以必须根据这些条件来统筹考虑。

　　通风换气是大连的"日本房"重点解决的问题。日本传统的木造房屋结构可谓一套房即为一个房间，室内使用木柱承托三角木屋架，空间自由开放，用拉门和隔断组合，通风时可以完全打开，效果非常理想。一栋面南背北的"日本房"在划分内部布局时，家人特别是老人和孩童的房间或餐厅等经常使用的房间安置在南面，厕所、浴室、储物间等通常放在北面，厨房的位置虽然受限于餐厅，也尽可能地放在北面，会客室、书房及其他房间可根

建筑史上的独特存在——大连的"日本房"

图7-7-1　海军大连舰艇学院院内"日本房"遗存南面、东面（刘军理　摄）

图7-7-2　海军大连舰艇学院院内"日本房"遗存背面（刘军理　摄）

据需要布置。大连的"日本房"为砖造，要完成上述布局，尤其是西式格局的住宅常常需要修建走廊，加之各个房间被房门隔开，这样通风不畅，影响了换气效果，致使卧室的空气变差。夏季时因通风不畅导致室内炎热，冬季时供暖也无法遍布整个房屋。因此，为尽量满足通风换气的需要，大连的"日本房"常常将一间南北通透的房间作为起居室兼餐厅使用，在各个房间与走廊之间使用格窗，以保证在房屋的任何一处都可以完全利用屋内的空气，亦可以做到冬暖夏凉，悠闲舒适。

另外，大连档次较高的双层"日本房"，其楼梯一般不设在厕所和厨房的附近，以免起到烟囱般的作用，使污浊空气直接冲上二楼。不过如果是冲水式厕所的话则没有关系。

日本国内的房屋大多换气性好，室内空气也比较清洁，但是大连的"日本房"多为欧式砖造，缝隙较少，冬季时紧闭其双层窗户，导致换气十分困难，人体所排出的二氧化碳和臭气以及灰尘等严重污染室内空气。哈尔滨冬季长达半年的室内蛰居生活，如果通风换气不好，会对身体带来严重的危害。经测量，相较于日本国内，当时中国东北房屋的冬季室内空气至少污浊5倍以上。同时，人体所需的紫外线会被双层窗户完全吸收，从而无法进入室内。所以，冬季除尽可能地到户外接触新鲜空气和阳光，尽量注意给室内换气防止空气污染外，在住房的结构和换气方式上，大连的"日本房"也是下了一番功夫。

其一，房屋的换气必须以卧室为标准加以考量。当时从卫生层面测算，日本国内成年人每小时需要30立方米（相当于11.34平方米大小的房间）的新鲜空气，孩童减半。即两个人在13平方米大小的卧室里休息时，每小时需要换气2次。但是大连冬季难以达标，按照每小时换气1次，每人至少也需要6叠（9.72平方米）的空间，所以公寓之类的单人间面积就确定为最小6叠（9.72平方米）。

其二，大力推行相较于对开式窗户更有利于换气的上下推拉式窗户；一般在每个格子窗靠上位置都有一个单独开设的气窗；有些房屋会修建三角形的外飘窗，这种窗户的迎风面大，适合冬季的自然换气。同时，提倡冬季在暖气有保障的条件下不堵塞窗户缝，使其自然换气。当然，其他季节最好的效果就是打开窗户换气。

其三，在住宅中安装换气管或其他换气装置。关于这一点，日本的建筑师借鉴俄造达里尼市政区的住宅设计，取得了积极成果（详见第365页《模仿、改进俄造住宅的通风换气系统》部分）。

住宅立面造型丰富多彩

这种"私人订制"住宅，造型异彩纷呈，立面构造变化多端（见图7-8-1~图7-8-10）。

其一，表现在屋顶造型的多样化。主要形式为瓦坡顶，有二坡、四坡，并在坡屋顶上开老虎窗。还有复折式屋顶、圆锥形屋顶、小穹隆等，欧式住宅的屋顶造型几乎均可在大连找到。尤其引人注意的是大连日式建筑的大坡屋顶，有的几乎从二层的屋脊或一面或双面直流而下，极其夸张，配以大面积的红瓦或绿瓦，简直就是一件艺术品。这种大坡屋顶住宅的使用面积特别是二楼的使用面积很小，这在大连这样只有秋季一两场大到暴雨而平时雨水不多的地方，似乎并不实用，但是这恰恰说明其建筑的审美功能已经超越了居住功能。这种夸张的大坡屋顶在达里尼市政区俄造建筑中（今俄罗斯风情街一带）并未出现，而在今天的德国、英国、荷兰的乡村还可见到。这也正说明，在大连的日式建筑从模仿眼前的达里尼俄造建筑起步，到急欲超越之，自立门户创新"日本房"建筑模式的历程。

其二，大连"日本房"的山墙变化多端，有直线形山墙、阶梯山墙、四面坡山墙、曲线山墙、荷兰式山墙等，不一而足，欧式建筑的山墙样态在大连都可找到。用中国传统建筑理念划分，主要分为"硬山"和"悬山"两种形式。从"硬山"看，有的山墙立于高高的连廊式柱子之上，有的呈现层层叠出的变化，有的则融合了拜占庭风格呈现连续的弧线曲线。从"悬山"看，有的木制作外露，在顶下镂刻有各式空灵的装饰板，有的直接浮雕于山

图7-8-1
老虎滩的"日本房"旧影

图7-8-2
长春路南段的"日本房"旧影

建筑史上的独特存在——大连的"日本房"

图7-8-3 星海街"日本房"遗存（柳林 摄）

图7-8-4 黑石礁"日本房"遗存

图7-8-5
白云街"日本房"遗存

图7-8-6
望海街"日本房"遗存

图7-8-7
凤鸣街"日本房"遗存
（陈艺 摄）

建筑史上的独特存在——大连的"日本房"

图7-8-8
海源街"日本房"遗存(刘军理 摄)

图7-8-9
星海街"日本房"遗存

图7-8-10
南山麓"日本房"遗存
(刘日忠 摄)

墙之上，亦有的用装饰性的类似牛腿一类的雕饰做肘托来支撑，这是典型的德式建筑的山墙，在达里尼市政区（今俄罗斯风情街一带）最为常见。有的建筑"硬山"与"悬山"同时出现，还有的在一片山墙上做出两片"悬山"，类似重檐的效果。

其三，大连"日本房"的烟囱设计造型简单，但许多烟囱位置突出。烟囱通常在厨房、壁炉、火炕处设置，排气烟囱则在浴室、厕所处设置。其烟囱不像俄式建筑的烟囱那样富于艺术性，往往比较单一，直通通杵在那里。而俄式建筑的烟囱变化不一，特别是烟囱的顶部常常呈"人"字造型，富有动感。俄式建筑的烟囱往往在建筑的最高位置，充分利用空气的流动原理，发挥最大效率，而日式建筑的烟囱则往往不是在住宅的最高位置；俄式建筑的烟囱一般只是一个功能性的存在，为整体住宅的一部分，即使顶部有造型，也是与整体，特别是与建筑的顶部造型变化融为一体，而日式住宅的烟囱则常常喧宾夺主，表现欲极强，突出为单独的存在，有的大大高过房顶，有的在房子墙外单独附着，有的位于山墙的正中，直插云霄，像一把急欲射出的箭，引而不发。这种状况的出现与日本设计师起初没有真正理解达里尼市俄式建筑特别是其俄式烟囱的设置有关——日本人没有搞清楚俄式建筑的烟道与换气通道，竟不知俄式壁炉的安装位置，当然这也与后来日式建筑改良了俄式住宅的烟囱位置有关：为了卫生，减少粉尘，将取暖锅炉单独设计在住宅的入口处或外墙突出位置，其烟囱也随之而设（详见第372页《革新俄造住宅的烟囱》部分）。

其四，大连"日本房"的墙面虚实对比多样化。在开窗时增加了半圆、圆形或尖拱的变化，使墙面的划分手法多样化，尤其是一些细长的开窗（高宽之比几乎达到了3:1至4:1）形成大连住宅典雅的风格，使人联想到古希腊建筑的柱式风格。许多住宅外墙用黑色的德国硅藻泥或灰浆拉毛，或以土黄色砂浆处理，这样就与白色的格子窗或露明木的红白相间的山墙形成突出的色调对比，十分显眼。

其五，大连"日本房"的细节处理上有独到之处。门斗的柱子往往用紫红色的瓷砖砌筑，拱券式的大门常常用硬度高的咖啡色斗砌丁砖，窗户上皮与下皮做出形形色色变化的线脚，在墙上做出巧妙的跳砖，利用各种木制作的花台形成或虚或实花饰；住宅的色彩与质感上，不仅有各式面砖、水泥面墙、扒拉灰面、干粘石面、水刷石面等，还有的利用全砌或半砌毛面造成特殊粗犷的效果。可以说，大自然的各种色彩在这些建筑中都可找到，往往是浅色的墙面配以比较艳丽的红色或绿色或青色屋顶，加上若干条彩带般的封檐装饰。

住宅内部结构设计精细

"日本房"平面构成以矩形为基本形式。但由于住户有较充裕的面积和当时大家庭生活方式的要求，房屋内部多采用灵活隔断、居室互相穿套的布局，使空间流动畅通。常见的有迭落错动，增加半圆或多边形突出部，采用"T"形或"L"形、"V"形、矩形组合等形式，起到了改变朝向、争取采光、隐丑扬美的作用。

"日本房"的内部结构与俄据时期的别墅式住宅相同，已经与现代别墅无异。住宅铺设优质松木地板，地板距地面30~50厘米，用结实的粗壮木方支撑，这样可最大程度地保障住宅冬暖夏凉。一楼的天花板用三指宽的长长的木条铺装，其上是支撑二楼地板的粗壮木方。二楼地板与一楼天花板之间常常塞满干木屑、锯末等，起到保温、防震、隔音的作用。这种住宅普遍铺设地板的做法，从19世纪末沙俄带入中国东北开始，再通过具有传统木造房屋爱好的日本人的进一步发挥，一直流传下来，今天东北地区住户均铺设木质地板。只是今天的住宅均为钢筋混凝土水泥地面，加之具有取暖设施，地板只能直接铺摊在地面之上，而不可能有大的空间。

这种住宅的楼梯均用优质的木材做成，刷红色油漆。门口设置雨棚，进门是玄关，可摆放木屐、草鞋或拖鞋，供人进出房间时换用，一般换鞋后，鞋尖均对门外方向整齐摆放，以便出门时穿换，也体现规整秩序、彬彬有礼的良好习惯。有的玄关外设置成日本传统住宅的土间或风除，即住宅的入口处，类似雨棚，地面矮于室内地板，墙壁常常设置镂窗或凹墙，用于挂包、放伞、抖雪、弹尘等，同时调节进出房屋的温湿度，特别是冬季和夏季对人体进出房屋的气候适应性具有很好作用（见图7-9-1~图7-9-3）。

凡结构为一层的住宅，公共生活空间与卧室等均布局在一个大的空间；凡结构为二层的住宅，一楼为公共活动空间，二楼为卧室、书房等，有许多带有阁楼。阁楼上常常开设老虎窗，起到了采光和换气作用，调节室内空气流动和温湿度，使整个住宅达到冬暖夏凉的效果。这种布局与俄据时期达里尼市政区的住宅相同。

图7-9-1
岭前石头楼内景

建筑史上的独特存在——大连的"日本房"

图7-9-2
海员街石头楼内景

图7-9-3
南山麓"日本房"入口

一层均在进门处设应接室，还有茶室、脱帽间、厨房、餐厅、浴室、卫生间、化妆间、温室、储物间等。有的茶室中央设置了火炉，可围炉品茗，这是生活在中国东北的日本住家常见的现象。

厨房和餐厅常常隔着过道走廊，之间有备餐柜子，而且柜子两面都可以使用，因为是抽屉形式的，所以不占空间，可以用来放置餐具、传递饭菜、放置食品原料，是一个多功能的餐具柜，十分便利。厨房与浴室相邻，共用烟囱，既节省空间，又节约能源。厨房对外单独开门，以便输送煤炭、食品、蔬菜等。大多数住宅的厨房在北面，但是却很少有正北向整天见不到阳光照射的厨房，而是朝向东南或西南设置突出的三角形窗户，尽量使厨房能够得到阳光的照射，从而起到对餐具及其他用具利用日照进行自然消毒杀菌的作用。这也正是建筑师想方设法利用地形地势，满足住宅的各种功能需要，使住宅的采光、通风做到极致，而不是一味地为了好看设计房子，其每一个细节的设计都体现了建筑师的智慧。

住宅内部布局"和洋结合"，体现不同的文化理念

根据居住者的习惯、文化观念不同，"日本房"的内部布局有和式、洋式以及和洋混合式之别（见图7-10-1~图7-10-3）。

坚持日本传统生活方式的人，则卧室内的陈设为传统样式，喜欢榻榻米、灰砂墙、杉板、糊纸格子推拉门，几乎到处都有"押入"，即壁柜。一般大的房间为8帖（约13平方米），小的房间为3帖（约5平方米），两个或三个榻榻米房间之间是相通的，用隔扇隔开。这种情况在家庭成员较多的住宅布局中常常见到，既节省费用又能有更多的房间，特别是家有老人的住宅，已经习惯了坐卧式的榻榻米上的生活。

而受到西方文化影响、追求西式生活方式的人，则房间陈设和装修都是西式的。客厅、餐厅等处的桌椅、沙发、橱柜等摆设，房顶的吊灯、墙上的壁纸、壁灯等均为西式风格，房间则是床而非榻榻米。当然，大多数的住宅内部还是"和西结合"，即接待室等是"洋室"，而卧室则是"和室"榻榻

建筑史上的独特存在——大连的"日本房"

图7-10-1
世良氏宅邸的西式客厅

图7-10-2
世良氏宅邸的日式茶间

图7-10-3
世良氏宅邸的西式餐厅

米，也有的住户既有榻榻米卧室，也有使用床的房间（似乎是小孩所用）。

这类状况，当时大连的建筑师和名人的住宅也不例外。满铁建筑课的铃木正雄（1937~1945年任哈尔滨工业大学校长）的住宅（见图7-10-4-1~图7-10-4-3）是西式与和式的结合体，满铁建筑课课长小野木孝治的住宅（见图7-10-5-1~图7-10-5-3）则是典型的西式布局和装饰，而关东都督府建筑课课长松室重光的住宅是和式的（见图7-10-6-1~图7-10-6-3），大连泰东日报总编辑、中国人傅立鱼的住宅自然是西式的了（见图7-10-7-1~图7-10-7-3）。

因为在中国生活，许多日本人也受到了中国文化和生活方式的影响，自然在住宅的内部布局与装修中，入乡随俗地体现出中国的元素。

这样从整体上来说，有的建筑就把日式、中式、西式三种风格既经济又十分巧妙地融合了起来。比如，住宅的西式房间里采用了日式风格的长押（日本建筑的构建，用于在水平方向上连接柱子，常沿着门斗、墙壁安装）和壁橱，长押用来做装饰、线脚，壁橱的隔扇贴上中国花布，注重其耐用性，避开无趣的百叶窗和繁琐的窗帘，采用中国的帷幕，等等。

当然，满铁在开发建设星之浦游园（今星海公园）时，由于是要吸引欧美人士，因此，小野木孝治等建筑师均按照德式建筑风格设计大酒店和别墅式酒店，其内部也全部是西式装修和设施（见图3-35-1~图3-35-10）。

由此可见，大连的这类"私人订制"的"日本房"，个性独立，内外兼顾，居住功能与审美的艺术效果相融合，没有一模一样的两栋建筑，体现了"和洋结合"的良好应用。这不仅表现在建筑样式和外观上，也体现在建筑布局和日常起居上。当时的满铁建筑课课长小野木孝治说："由于东西方生活方式不同，处在变迁当中的我们并不适合照搬欧美的建筑风格。人们虽然已经意识到传统坐居式生活的不合理，但是这种习惯在日本还是很难得到改变，只有在满洲这样的气候风土之下，这种不合理才能得到改善。"[1]这正说明，大连的日式住宅建筑风格从最初固守传统的木造房屋，到模仿达里尼市

---

[1] 城始识：《序》，见《郊外住宅实施图集》，满洲建筑协会，1924。

建筑史上的独特存在——大连的"日本房"

图7-10-4-1
满铁建筑课铃木正雄宅邸外观

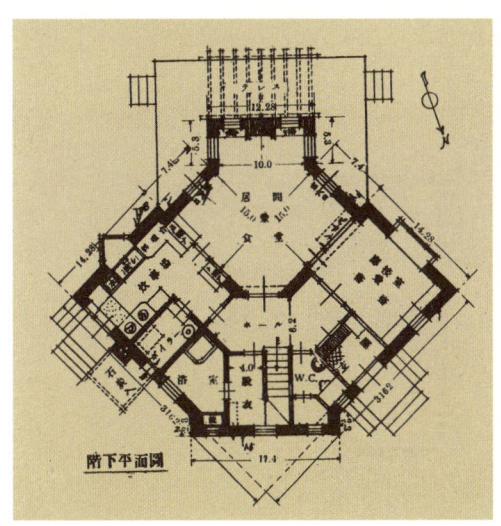

图7-10-4-2
铃木正雄宅邸一楼平面图

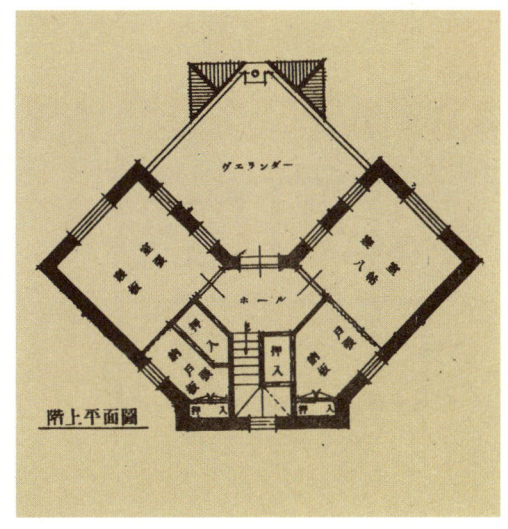

图7-10-4-3
铃木正雄宅邸二楼平面图

图7-10-5-1
满铁建筑课课长小野木孝治宅邸外观

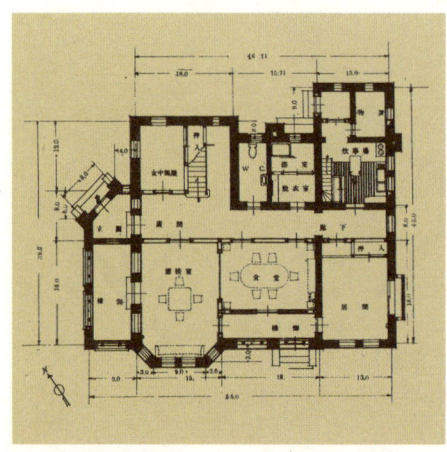

图7-10-5-2
小野木孝治宅邸一楼平面图

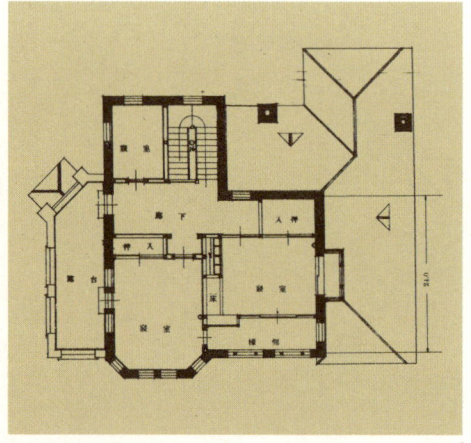

图7-10-5-3
小野木孝治宅邸二楼平面图

建筑史上的独特存在——大连的"日本房"

图7-10-6-1
关东都督府建筑课课长松室重光宅邸外观

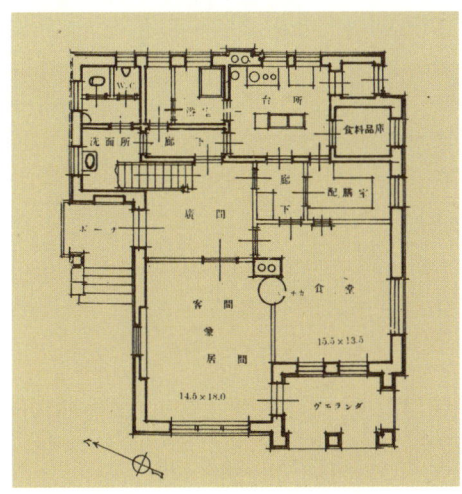

图7-10-6-2
松室重光宅邸一楼平面图

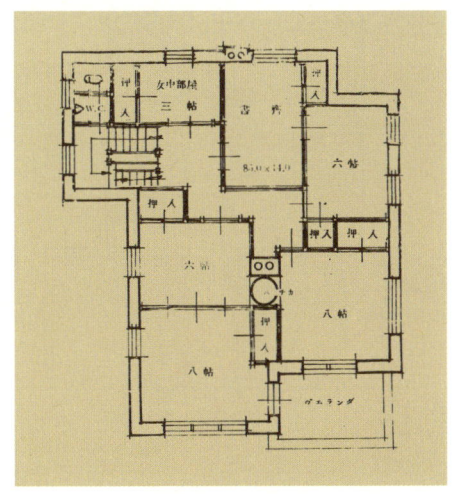

图7-10-6-3
松室重光宅邸二楼平面图

图7-10-7-1
泰东日报总编傅立鱼宅邸遗存

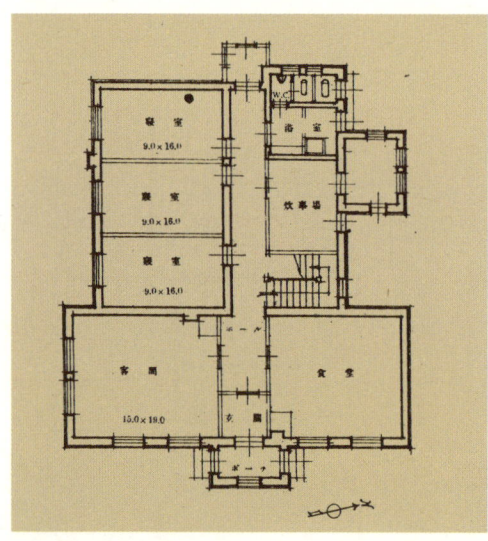

图7-10-7-2
傅立鱼宅邸一楼平面图

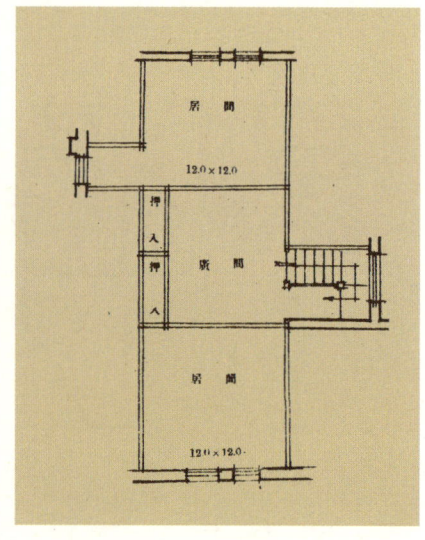

图7-10-7-3
傅立鱼宅邸二楼平面图

政区的欧式建筑风格，再到将欧式与和式建筑风格融会贯通，结合实际，走出了一条住宅建设的新路，也表明大连建筑师的技艺已经渐趋成熟，这在大连城市的建筑史上具有重要意义，也是今天对这些遗留下来的老建筑精心保护的价值所在。

住宅设施齐备现代

大连"日本房"的基础设施完善，水、电、煤气、暖气齐备，已经是现代住宅的模式。让人称奇的是，满铁建筑课铃木正雄等人的住宅已经使用了冰箱，用电饭煲、电热水壶等电气设备做饭烧水。而当时现代意义上的冰箱才刚刚生产出来，大连郊外住宅的煤气管道1934年才配套建成，所以1922年建成投入使用之初，用电做饭也是既简便又卫生的方法了。而同时期的南山住宅则已经使用了管道煤气。

浴室是日本人住宅中的必备设施，一般与卫生间分开，其间距一般较远。洗浴设施有西式的浴缸，也有日本传统的五右卫门浴缸。日本人向来就不喜欢西洋人把热水倒进浴缸然后泡澡的方式，因为在这个过程中水会渐渐变凉，而且无法在浴缸外面淋浴。日本人比较喜欢在浴缸底下慢慢进行加热的感觉，然后再一点一点地加水进来。所以从这个角度来看五右卫门无疑是很方便的。这种浴缸安装了管道，可以在冬天使用加热器来提供热水。五右卫门浴缸的加热器虽然存在一定的危险性，但是燃烧效率很好且烧水很快使用方便。只不过在设置的时候浴缸必须要比浴室地面高出一截，所以小孩及妇人在入浴时就会有些不便。有的人家为了能将浴缸搬到室外，在安装五右卫门浴缸时还把窗户适当地拓宽。大多数住宅的浴室与洗漱台隔开，安装了放洗脸盆的架子。

厕所是代表住宅卫生状况的试金石。"日本房"均为水冲厕所，一般都为明厕，即有窗户可以通风。但是，厕所的面积普遍小于浴室，有的厕所在通往二楼的楼梯之下，非常狭小。南山的住宅污水通过自接的家用管道接入排污主管道，而郊外住宅（通往老虎滩的沿线）因为施工成本高、施工难度较大等因素，其排污设施配套没有及时到位，特别是山上的住宅，因排污干道管线没有上山，所以各家各户只好在住宅外挖建一个类似化粪池的地下净化设施将粪便排入，尽管化粪池均有覆盖，但其渗漏的污水对环境造成的压力极大。满铁机械课一名叫谢勒的工程师设计建造的郊外住宅粪便室外地下净化装置（见图7-11），将3个中国产的大缸通过土管连接起来，从最下面的缸向外排放。每个缸的上部有混凝土浇筑的盖子，底部用小石头填充并全部埋在土中。这样的设计可谓煞费苦心，五六年内这样用是没问题的，当

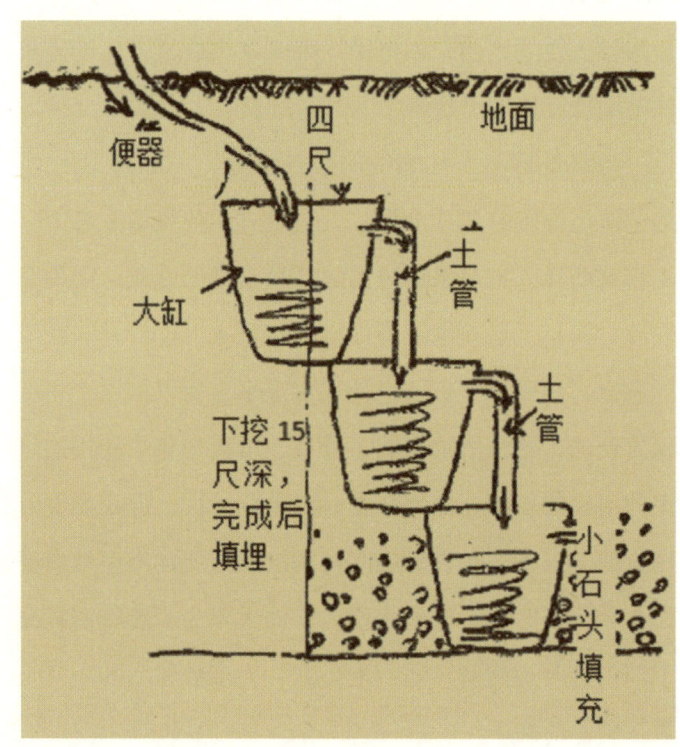

图7-11
郊外住宅粪便室外净化处置示意图[1]

---

[1] MS生：《郊外住宅巡游（之三）——平和台O氏住宅》，载《满洲建筑协会杂志》，第4卷第10号，1924（10）。

不能使用时只要用新的替换即可。净化槽是竖着安装的，在具有一定渗透性的土层使用可以说是一种简单经济的方法。直到1936年9月22日，桃源台（今桃源地区）才开始下水道工程施工。

大连冬季比日本寒冷，1~2月期间气温常常会降至-10摄氏度左右，因此配备供暖设备是非常必要的。大连的"日本房"多用温水暖房、蒸汽暖炉、壁炉、煤炉中的一种，使用最多的是煤炉。无论哪种都是用东北盛产的煤炭作为燃料，经常使用的是普通的煤炭（块煤）和用煤炭粉制成的蜂窝煤，很少使用木材。

大连"日本房"中高档的别墅一般使用温水暖房，在房屋的地下室后部设单独的锅炉房，安装一台小型锅炉，带动暖气管道至散热装置，既满足了多个房间的取暖，也非常干净卫生。这种取暖方式在文化住宅中使用温水暖气或蒸汽暖气的较多，通过壁炉上方配置的管线向所有房间输送热水，热水温度一般保持在55摄氏度左右。

蒸汽暖气主要在办公大楼和学校使用。无论哪里的学校都在校园里安装一个很大的锅炉，有很高的烟筒。陈旧的木造校舍不仅使用蒸汽暖气，在教室里同时安装大型的圆火炉。冬季的大连地区饭盒常常会结冰，学生们把饭盒摆放在蒸汽锅炉上加热，教室里飘着菜肴的香气。

俄式壁炉是俄国人在东北留下的唯一一种暖气设施，其结构和功能方面比当时日本人的设备要更加成熟，设计相当合理。相较于温水暖房和蒸汽取暖，由于建造费用或其他方面的原因，对于普通住宅，作为冬季里的普通暖气设施，俄式壁炉是使用最多而且最受重视的。实际上，满铁15000多户员工住宅当中，除甲种和员工集体宿舍，基本都在使用俄式壁炉。有的壁炉中还使用了美国芝加哥制造的炉子。

大连中下层住户冬季使用最多的是煤炉。冬天来临时各家各户都会安上煤炉，没有砖砌烟筒的家庭，把铁皮制的烟筒安进墙上的洞里向外面伸出去，街道两旁烟筒林立。夜里把炉子填满煤炭，可以一直烧到早晨，从做饭到烤地瓜都可以利用，非常方便。煤炉有各种大小的形状，中国东北地方的炉子与日本北海道的没有太大的差别。使用煤炉虽然方便，但冬季期间取暖产生的煤烟问题是一件头疼的事情，全市冬天户户冒烟，污染严重。煤烟对人体健康十分不利，会使血液产生毒素，还容易令小学生患上眼病等，甚至出现了煤烟中毒致死人事件。当时处理煤烟问题的政府部门为市卫生课和警察署，其进行空气中煤烟浓度的测定，发现大连的煤烟排放量是日本大阪的5倍，英国伦敦的2~3倍。于是，当局发布煤烟防止令，警察署在全市查处黑烟缭绕的不良烟筒。同时，新设沙河口工厂，生产价格便宜的蜂窝煤。每年进入11月份，在大广场（今中山广场）正金银行旁边的空地上就进行煤炭炉销售展示活动。居民用麻袋装着煤炭或者蜂窝煤，装在马车上运回家，在专门放煤的小房里储存起来。

  中国人家庭里基本使用火炕取暖，以枯草和高粱秆、碎木头等为燃料，亦相当暖和。许多家庭的火炕与灶台相连，做饭烧水时通过同一个烟道顺便带热火炕，达到房间取暖的效果。

  关于换气设备，在接待室用于排烟，在浴室中用于去除雾气，在厨房中用于去除煤气油烟，在厕所中用于去除臭味，这些地方都要安装带有换气管道的换气装置。或者，以客厅、起居室的隔断处为中心，在外墙安装用于暖气设备的备用烟筒，在这个烟道旁的两个房间各安装一个换气口并且连接起来，安装一个能够自由打开和关闭的盖子，作为换气装置。这种做法非常清洁且换气效果很好（详见第365页《模仿、改进俄造住宅的通风换气系统》部分）。

"日本房"对达里尼市政区俄造住宅的继承与革新

1920年代之后,在大连形成的"日本房"是一个独特的存在,在日本国内也很少见到。前文已介绍了它的特点,那么大连的"日本房"是怎样形成的呢?

日本明治维新后,全面向西方学习,城市规划建筑也不例外。一方面,聘用西欧建筑师指导设计国内的官厅、警察署、学校、银行、铁路车站、兵营以及国有工厂等的仿欧化建筑;一方面,于1877年开办"工部大学校",即今东京大学工学部的前身,聘请英国建筑师讲授西方建筑学课程,加紧培养自己的掌握西方建筑知识的人才。同时,外派大量留学生到欧洲留学、考察。日本人积极学习西方的建筑知识和技术并在国内进行实践,同时建立了高等建筑教育体系,在东京大学、东京高等工业学校等开设建筑学课程,培养建筑设计科班人才。甲午战争之后,日本势力侵入中国台湾和朝鲜半岛,日俄战争后占领萨哈林岛(库页岛),随之土木建筑方面的设计师来到这些殖民地,建设了大量欧式建筑。但是,这些欧式建筑如同日本国内一样,主要在公用事业领域,在家屋即民间住宅建设方面仍然保持了日本传统的木造建筑。也可以说,日本在公用建筑领域成功地学习了西方建筑,但在民用住宅建设方面则停步不前。

1904年5月,日军侵入大连后,即决定沿着俄国人的道路走下去,建设砖石建筑的欧式城市,这样就使大批来到大连准备在传统的木造建筑上发大财的日本木匠失业转行。

在日本国内和其殖民地都没有进行大规模砖造住宅建设的日本建筑师们,在大连将如何建造欧式建筑,是一个全新的课题。尽管这些建筑师基本都是东京大学等培养出来的建筑专业科班毕业生,但书本知识的学习是一方面,而实践的操作则是另一回事。

纵观来到大连的日本建筑师们，除太田宗太郎曾留学美国纽约大学，小野武雄曾留学哥伦比亚大学，施工企业主冈田时太郎在英国学习了一年欧洲建筑外，尽管满铁也有派员赴欧美考察、游学等制度，比如1920年代为了建设满铁大连医院（今大连大学附属中山医院），满铁建筑课课长小野木孝治等赴欧洲考察并学习欧美建筑领域的做法和经验，小野武雄在设计南山寮、关东馆时也借鉴了美式集合住宅建设之法，但是，基本上这些年轻的建筑师都是在大连建筑市场活动，之前没有砖造建筑的实际经验，他们直接的参考模板，就是眼前俄国人建成的达里尼市政区的欧式建筑，即今天的胜利桥北俄造建筑群。

1907年，满铁总部迁入大连，"因为日本和俄国文化不同，在住宅设施方面出现了根本性的意见分歧。这里的住宅是由俄国人设计的，而日本人从温带地区过来要使用它们，其他的风俗习惯还好说，仅仅就气候而言，两国的要求和目的就各不相同。因为两国人种不同，不用说服装了，就连言行举止也有很大差异"[1]。但是，其建筑课从"满洲军"铁道提理部接手俄国人留存的住宅进行维修，"因为生活方式的不同，当时的满铁建筑课接到了很多不同的要求"[2]。满铁的建筑师（比如建筑课课长小野木孝治）起初和其他职员一样，就住在俄造住宅里（见图7-12），就像这些建筑肚子里的蛔虫一样，游走在其肌理中，感受其脉络的跳动，摸清其一砖一瓦的摆放；又像做手术一样，将其掰开揉碎，一一解剖，分析研究其夯台筑垒、构柱架梁的方法……"30余年间，不断对俄造建筑加以改进，这才构成了如今适应南满气候和风土人情、对居民来说适宜居住的建筑群。因此，才得以建成无论在经济层面、使用层面和卫生层面都没有任何问题的建筑物。"[3]

在某种程度上可以说，没有俄据时期达里尼市政区的欧式建筑，就没有大连的"日本房"。

---

[1] 小野木孝治：《满铁社宅对东清铁路公司住宅的继承》，载《满洲建筑协会杂志》，第2卷第7号，1922（7）。

[2] 同上。

[3] 中村孝爱：《东支铁路建筑沿革史》，载《满洲建筑杂志》，第6卷第4号，1936（4）。

建筑史上的独特存在——大连的"日本房"

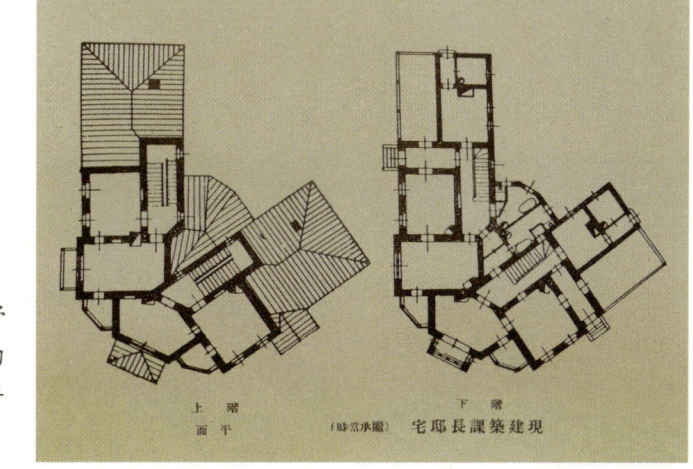

图7-12
满铁建筑课课长小野木孝治在大连初期的原俄造宅邸遗存及平面图

　　仔细研究俄据时期的达里尼市政区的建筑和日据时期大连的"日本房"，就会发现后者处处体现出前者的影子，包括对前者的模仿、消化与吸收，也有后者独自的理解、革新与创造。当然，也有对欧美住宅的深度研究和日本传统住房的深刻反省。

■ 大连历史街区与建筑

对俄造住宅房型的模仿

大连的"日本房"对达里尼市政区俄造住宅的模仿，首先从房屋的建筑形态开始。无论是独立式、半独立式的别墅，还是单身集体宿舍、单元家属住宅，都虔诚地照抄作业，当然在模仿过程中也有改变与创新。

其一，模仿俄造别墅。今天的胜利桥北烟台街留存的俄据时期的建筑群里，有两栋住宅为1922年日本人在空地上插建（见图7-13、图6-2-5），似乎还在模仿旁边的其他欧式建筑。一栋高挑的坡屋顶与附近的德式建筑相似；另一栋则标新立异，双重悬山，重檐叠加，屋顶坡度极大，在俄造达里尼市

图7-13
在原达里尼市政区的俄造住宅群里插建的满铁特甲等社宅遗存

建筑史上的独特存在——大连的"日本房"

的欧式建筑中没有此种风格。这也是迄今发现的最早的两栋别墅式"日本房"。

值得注意的是，这两栋日本人同时建造而成的砖造别墅，一栋在极力照猫画虎，与周围的俄式建筑样态非常相似，很难分辨哪是俄国人建的，哪是日本人建的，而那栋双重悬山的别墅则一眼就能看出与周围的俄式建筑样态的不同。这似乎在说明，日本人在模仿俄式建筑的同时，已经有了自己的想法，要摆脱俄式建筑的束缚，创造出一种全新的欧式建筑。这样说来，这两栋建筑即为模仿欧式建筑的一种尝试，为1920年代大连"日本房"的大规模建设铺垫。事实证明，在之后的大连"日本房"建

图7-14
南山麓满铁特甲等社宅遗存（池宫城晃　摄）

设中，均可多次看到这两栋住宅的身影。

　　1922年，在俄式建筑群中插建两栋"日本房"的同时，满铁就在南山麓建造了一批建筑外形与日本桥（今胜利桥）北的"日本房"非常神似的住宅（见图7-14），均为双重悬山，外露明木装饰，同样位置的老虎窗，正门上方坡顶雨棚。当然由于南山麓地形缘故，这批建筑的北面则多出了地下室，还有其悬山上多出来一个窗户等。2000年左右，位于望海街的这批建筑中有的已经被改变了外形。日本人这种铆足劲悄悄学习欧式建筑的做法，正是其从模仿到消化吸收再创新，形成自己独有建筑风格——大连"日本房"的写照。

图7-15
达里尼市政区，俄造半独立式一栋两户住宅遗存

建筑史上的独特存在——大连的"日本房"

其二，模仿俄造排屋。这种类型的"日本房"有两类：一类是一栋两户，或一栋四户的住宅。显然这种格局的"日本房"是俄据时期达里尼市政区东清铁路公司职工住房中一栋两户或四户房型的翻版（见图7-15）。只是俄据时期的住宅外观的装饰性更强，凹凸的立面，可放置鲜花的外露阳台，粗石砌筑的门框，隅石、老虎窗、山墙，尽显文艺复兴的欧式风格。而"日本房"尽管有的山墙也带有德式建筑露明木的装饰特征，但外观已经非常简化了（见图7-16）。另外，"日本房"内部使用面积比俄造住宅小了许多，举架一般为2.4~2.6米，而俄造住宅为3米以上；内部布局及功能也已经简化了许

图7-16
高尔基路排屋"日本房"旧址，已拆（隋生 摄）

多，俄据时期的这类房屋普遍一栋两户，而"日本房"则为四户；前者内部为西式布局装饰，配置西式餐桌椅子家具，后者则为日本传统的榻榻米、壁柜、拉门等；前者有单独的餐厅、浴室、儿童房等，而后者如满铁的丙等、丁等低级社宅则没有。

一类是单层三户以上，或双层联排住宅（又称集合式住宅）。这类住宅外形均为坡屋顶、拱券门、露明木山墙等，欧式风格的建筑元素体现在住宅的细节之中。此类"日本房"有上下水、厨房用管道煤气，有取暖设施、独立卫生间水冲厕所，没有浴室。市营乙号、丙号、丁号住宅和单身住宅，以及满铁丙类和丁类住宅属此类。

这种排屋"日本房"有的与别墅式住宅一起构成一个社宅区，按规定分级别居住，如满铁沙河口工厂社宅区；有的单纯为排式住宅社区，如满铁花园町（今花园广场东）社宅区。典型的是最早建成于1908年的满铁近江町（今友好路南段）职工宿舍，为集合式排屋（见图3-31），有28栋244户联排住宅，全部为砖造二层低矮楼房，4~6栋组成一个街区，一栋房屋内4~12户不等。满铁近江町欧式职工宿舍的建成，在当时大连内外引起积极反响，这也为抚顺煤矿职工宿舍的建设提供了样板。之后，1920年建成的寺儿沟山麓满铁社宅则又是欧式集合式排屋宿舍的典型。

这类排屋中的低级"日本房"由于没有浴室，给生活带来不便，可以看出这是为了解决住宅问题的应急之作。而另一件有趣的事是对排屋"日本房"水冲厕所的改造。

大连解放后，许多老百姓搬入"日本房"。20世纪五六十年代，因为中国人当时还没有使用水冲厕所的习惯，加上经济原因，大连房产部门将这类"日本房"的水厕所改为旱便所。其在住宅外另行挖坑砌筑粪便池并加盖，使用原来的下水道的管子与其连接，二楼也是这种外用管连接，大小便直接对着管子，1米左右就通到了粪池子，不用水冲。有时为了干净，偶尔年纪大的老人也用水冲洗干净。这种宅外粪便池定期有环卫工人淘挖清理，并将其运往郊外农地菜地作为肥料使用，这样既减轻了水冲厕所的经济压力，也使粪便变废为宝。但旱厕臭味熏天的卫生问题随之产生了。当年的"日本房"都是水冲厕所，没有旱便所。改革开放后，随着经济的发展和人民卫生习惯的改善，新建的楼房则全部使用了水冲厕所。

其三，模仿改进俄造公寓。除外形模仿俄造建筑外，日本的建筑师们在住宅的结构、功能、布局等方面对俄造建筑也是一步一个脚印地虚心学习，仔细研究，反复模仿试验，不断改进，至最后定型。初到大连时，日本人不适应俄造单元家属公寓多楼梯通道的建筑结构，与日本传统的一家一屋木造建筑比较，嘲笑其为"鬼屋"，而在1920年代建设关东馆等多层公寓时，就完全改变了这种观念。通过潜心钻研俄造公寓，在大连建设独具特色的集合式公寓住宅，开创了大连以至中国东北公寓建设的先河，在建筑史上具有重要意义（详见第243页《关东馆》部分）。

沿用俄造住宅的墙体保温标准

中国东北冬季的气温要比日本寒冷得多，从最南端的大连到北方的哈尔滨，逐渐变冷。日本侵入大连的初期，针对如此的寒冷天气，日本人没有提前做好准备，在天气突然转冷时很惊慌。

比如满铁当局面对极寒天气下机车无法发动的问题竟然一筹莫展，也不知道俄国人在气温低的日子里是用什么方法开动机车的，虽曾考虑采取相关措施，但效果甚微。住宅也是如此。冬季来到后，"那时我们才发现忽视了防寒设施。居住者们也一反常态，要求我们修建防寒设施了。在此之前他们一直对防寒设施持反对态度的。在以前他们认为壁炉、双层门、双层拉门都没有用，隔扇的严丝合缝或者可以重合起来都没有必要，而如今他们突然提出了这些要求"[1]。但是，因为事态紧迫，满铁"在建筑方面也没有多余的时

---

[1] 小野木孝治：《满铁社宅对东清铁路公司住宅的继承》，载《满洲建筑协会杂志》，第2卷第7号，1922（7）。

间去考虑什么样的建筑适合满洲,而直接把俄国的那一套拿过来用"[1]。之后,满铁的建筑工程技术人员研究发现,"比起铁路领域来,俄国人在建筑领域留下了许多可供参考的实例,即使是大连的一些不是很必要的建筑物,以及不是很合适的建筑物,从某种意义上来说也可以作为参考"[2]。

首先是住宅外墙的保温。因为中国东北的气候与俄国欧洲地区和西伯利亚中部地区的气候相似,哈尔滨等地冬季最低气温比莫斯科还低。因此,沙俄在哈尔滨市所造建筑的外墙厚度参照莫斯科标准,一般使用3~4块砖。大连冬季比哈尔滨暖和多了,沙俄在建设达里尼市时,其建筑外墙普遍使用1.5~2块砖。

日本建筑师在大连进行房屋设计时,由于认识、观念、生活习惯以及经济成本等原因,起初建筑的外墙壁很薄,当然工费也低廉,但却难以保温。为了保持一定温度,就得加大供热力度,由于烧柴烧炭费用不菲,成本自然增加,从而带来了巨大的损失。1939年6月20日,大连敷岛町(今民意街)的一处二层楼房发生倒塌事故。倒塌的房屋建于《大连市建筑规则》实施之前的1912年7月,经大连民政署总务课许可后始建。现场调查发现这栋房屋极少使用水泥砂浆,大部分使用石灰砂浆,并且多数接缝处存在衔接不佳及未灌注砂浆的情况。可见当时经过正规审批的房屋,建筑如此偷工减料。这次事故之后,大连全市建筑一律严禁使用石灰砂浆,必须使用水泥。因此,在这样的事实面前,日本人不得不反思其原有的住宅观念乃至生活态度。

发现住宅墙壁厚度不够等致保温性能差之后,大连的"日本房"老老实实地沿用了达里尼市政区俄式砖造建筑的标准,一般建筑外墙使用1.5~2块砖厚度。在二等街道上修建房屋的时候,房屋高度在36尺(12.00米)以内的砖墙厚度为2块砖,房屋高度在36尺(12.00米)以上的砖墙厚度为2.5块砖,只是在建造两层住宅时,楼上的外墙减少为1.5块砖厚。满铁沿线附属地适用这

---

[1]《俄据时期的大连建筑物》,载《满洲建筑杂志》,第16卷第2号,1936(2)。
[2] 同上。

一建筑规章，允许建造厚度1.5块砖、高度25尺（8.33米）的房屋。

俄国人设计的住宅以防寒为主要目的，除住宅墙壁满足保温功能外，同时也想办法使屋内的暖气不会散发到屋外。住宅出入口与卧室之间至少间隔了两三间小屋，每间屋子都有厚厚的房门把它与其他房间隔开。在冬天，为了使屋内壁炉产生的热量不跑到屋外，每间屋子的房门都要顺次开关，绝对不能让卧室与室外直接相通。壁炉、锅灶、烟囱等产生的热量也尽量吸收到墙体中，要做到这一点，需要让烟道兵分几路通过墙壁，最后将烟排放到外部，这样可以更加经济高效地利用热量。

俄式住宅的门窗比日本的要大得多，牢固得多。其窗户当然是双层的，其内侧间距最小的是12厘米左右。与高高的顶棚成正比例，窗户的高度自然也很高，大致上是2~3米。窗框和窗棂又宽又厚，厚度大致上为4.5~5厘米。另外，玻璃面积很大以减少窗棂，求得更好采光效果。开窗户的方法是内外侧均向内开启，这样开窗就不用担心被风刮到，同时由于墙壁很厚，向内开启也不会有太大的妨碍，而冬天给窗户溜缝时也非常方便。只是有一个问题是必须考虑挡雨，就通过搭设对开式挡雨板弥补了这个缺点。

为了冬季保温，大连"日本房"使用的窗户基本也都是双层，到1930年代，使用铁制窗框有所增加，但是优质铁的成本很高，大概是木料的3倍。当时，沈阳以南地区的学校校舍在相对较暖和的南侧向阳面安装一层窗户，在气温相对较低的北侧则安装双层木制窗框窗户。

学习俄造住宅的地板和顶棚构造方法

俄国盛产木材，在住宅木地板所使用的材料方面运用自如，地板骨架的构造方法较多，范围较广泛。其在中档以下住宅中，一楼地板多采用龙骨结构铺设。这种方法是在支撑地板的横棱木上铺设厚度为6厘米左右的地板，在地板和支撑地板的横棱木之间填充防寒土的保温材料，通常是锯木屑、沙、煤渣、干燥的土之类。至于中档住宅以上的建筑物，首先在地基上浇灌低配比的混凝土，或填充砖渣、圆石子并夯实，上面用石灰灰浆找平，以适当的间距放置砖块，将劈成一半的"U"形横棱木托梁与搁栅混合搭接，在上面铺设6厘米左右的厚地板，搁栅的间距大概为1米。

关于地板的通风，地板下面与户外空气是完全隔开的，但采用了室内空气与地板下面的空气连通的换气（通风）装置。这样设置是考虑到不让地板下面的温度下降，完全是寒冷地区建筑物的特点（见图7-17）。

楼上的地板有纯木建造的，也有混合使用工字钢的，大型的建筑物则在工字钢上加砖砌穹隆的地板（见图7-18）。

铺设纯木制地板要搭设圆木梁，将劈成四分之一的横棱木托梁按80厘米左右的间距排列，在其上面铺设3.5厘米厚的地板，根据情况，有时也会缩小梁之间的间距，不使用横棱木托梁。由于必须隔音、防湿、防寒，在梁与梁之间的空间填充锯木屑、沙、干燥的土等。另外，和一楼的地板一样，在地板表面或墙壁下部设置换气孔（通风口），使室内的空气能在地板的结构内自由流通

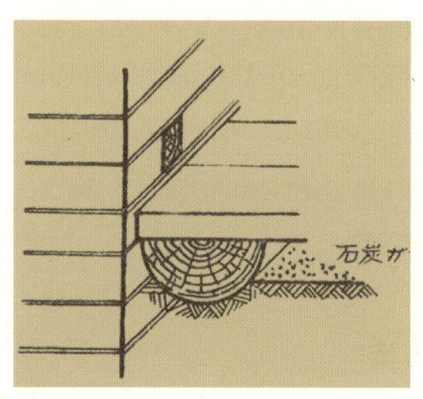

图7-17
俄式住宅地板铺设、通风示意图[1]

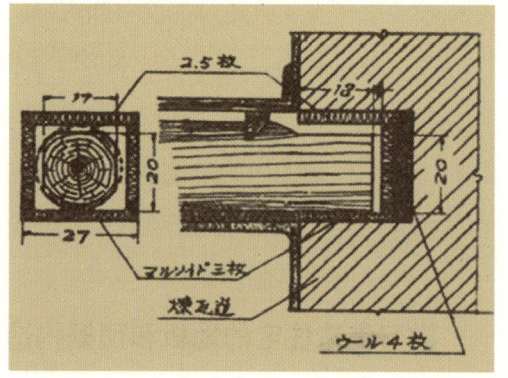

图7-18
俄式住宅楼上工字钢上加砖砌穹隆的地板铺设示意图[2]

---

[1] 建筑学会新京支部：《满洲建筑概说》，37页，1939。
[2] 同上。

建筑史上的独特存在——大连的"日本房"

（见图7-19）。混合使用工字钢时，则以适当的间距设置工字钢作为大梁，一般都是将圆木对半劈开作为托梁使用，与前述内容一样进行地板的铺设。

采用砖砌穹窿的地板是按1米左右的间距设置工字钢，在其中间搭建砖砌的穹窿，再在上面薄薄涂上一层轻质混凝土，或浇筑铁丝网钢筋混凝土层，在其上面铺设隔音、防湿、防寒层。即使用这种构建方法建造的地板，表面处理也较少浇混凝土，大都是铺上圆木对半劈开的托梁后铺设地板。

大连"日本房"的天花板内设置塞满锯木屑的防寒隔热层，在地板下撒煤灰渣等，冬季能阻隔地下寒气和室内热气扩散，夏季还可隔阻潮湿。这些措施都是俄式建筑的翻版（见图7-20）。关于俄式住宅顶棚的构造，在楼上的地板处，为了承载地板构造内的隔音层，无一例外都是将3.5厘米左右的板材直接钉在大梁的下端，再在其下端斜着钉上两层木板条作为泥水施工的基底。

顶楼的顶棚结构也和上述一样，在梁的上端铺设厚度为4厘米左右的板材作为防寒层的基底。防寒层的建造有各种各样的方法，当地俄国人采用的

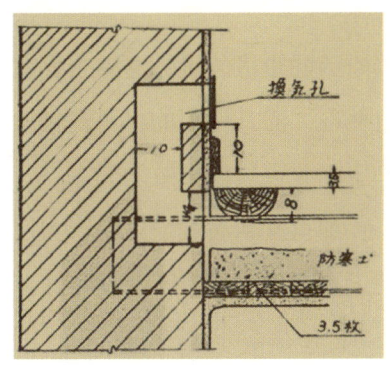

图7-19
俄式住宅楼上地板铺设、通风示意图[1]

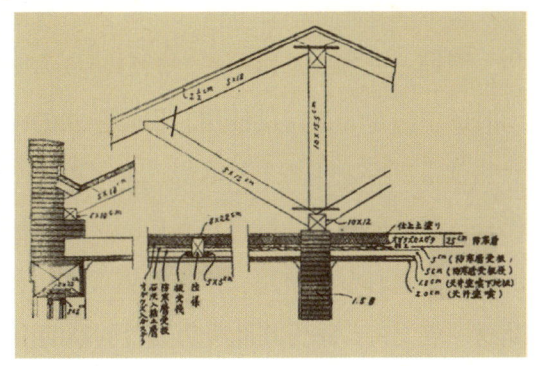

图7-20
俄式住宅天花板结构示意图[2]

---

1 建筑学会新京支部：《满洲建筑概说》，37页，1939。
2 同上。

方法是在最下层铺设黏土，上面铺沥青渣，沥青渣上再铺锯木屑与筛土的混合物，其总厚度大致为20厘米。据文献记载，还有在最下层铺设水藻类材料的。而日本房则采用日本式的吊挂顶棚。

以上可见，俄式住宅相对"日本房"，地板要结实得多，也更加防寒、保暖、防潮、防噪声等。当然，随着建筑材料及设备的改善，"日本房"的天花板高度以及壁厚也会自然而然地发生变化。针对窗框、天花板防寒、"采光井"等其他极寒地区建筑采取的种种特殊设计，建筑师们也及时借鉴并不断探索新的方案。

沿用、改造俄式壁炉

中国东北地区每年有一半时间平均气温都在10摄氏度以下，必须使用人工采暖设备才能熬过这段日子。采用什么采暖方式，关系到对寒冷的感受、工作效率以及卫生状态的改良，因此，住宅取暖设施的配备就显得格外重要。

当时，世界上住宅的冬季取暖设施综合起来有以下几种，其在卫生、经济、安全等方面也各有千秋。

围炉、火盆：是以木炭为燃料的最为简单原始的暖房装置。这种方式在当时的中国东北被广泛使用。但是东北的天气寒冷，而其使用的主要燃料木炭热量小，所以需要大量木炭。木炭燃烧时产生的有害气体会散发到室内，而且热量分配不均，室内只有局部温度达标。再加上发生火灾的风险较大，所以不太适合室内使用。但是看到火焰，会使人在寒冷的季节产生温暖感。从这一点上说，作为其他暖房装置的辅助手段，它有着不可忽视的优点。

火炉子：是利用热的辐射和传导作用，加热室内空气的钢铁制圆形采暖装置。炉子传热面积大，它对热的利用率稍微高一些，可以迅速提高屋子里的温度，而且设备便宜，安装、拆卸、移动都很容易。但是炉子不能储存热能，虽然周围很暖和，一旦离开炉子周围则温度下降明显。所以，如果不在每个房间都安装一个炉子，那么屋内不可能全部暖和。虽然一个炉子的燃料费用很少，但是全部炉子加起来燃料费就相当多了，很不划算。炉子的燃料主要是煤炭、蜂窝煤和焦炭，这样就需要清扫屋子里散落的灰尘，还需要清扫烟囱。炉子产生的烟尘会污染室内空气，有害健康，而且容易发生火灾。

虽然炉子有各种缺点，是一种不成熟的取暖装置，但是它简单便宜，所以以前东北的小型住宅经常使用。现在随着生活条件的改善、工作效率的提高以及文化生活的繁荣，炉子已经离我们越来越远。

俄式壁炉：俄式壁炉是西式壁炉的翻版，有圆形铁皮乌特马克炉、荷兰式铁皮长方形炉、荷兰式拐角炉三种（见图7-21-1~图7-21-3）。前两种黑色铁皮罩面，后一种瓷砖镶面。圆形壁炉体态圆润，具有艺术感；三角形壁炉抹角自然，布置方便；方形壁炉棱角分明。各种壁炉的散热效果不同。圆形壁炉有的是与墙壁分开的，仅仅加热壁炉内的砖，所以热量的保持效果较差。加热墙体最为有效，就此而言，建在墙体内的所谓俄式壁炉保持热量的效果较好。俄式壁炉和火炉相比，散热面温度较低，热量吸收也较多，发热颇为柔和。但是，由于与火炉一样，在一段时间内其发热量和散热量不平衡，烟囱入口处燃烧的气体温度反而比火炉高。为防止煤烟，俄式壁炉一般使用无烟煤或焦炭作为燃料。

西式壁炉：壁炉和日式房间的壁龛一样，重在装饰，以砖块垒起来，在燃烧口附近建造数条上下烟道，外面用铁板盖起来。方形的壁炉一定都是建在墙体的交叉点位置，而且一定要建在隔墙上，这是因为燃烧发出的热量在烟道里通过时，会将热量带给砖瓦表面。热量被砖瓦吸收后，逐渐散发出来。也由于壁炉的热量传到墙壁上之后，墙壁保持热量时，外墙容易冷却，内墙保持的时间较长。

与炉子相比，壁炉可以使室内长时间保持一定的温度，而且燃料的消耗量也很少。非常适合中国东北的小型住宅使用。不过它的燃料主要是煤炭和蜂窝煤，所以室内会散落烟尘，不利于卫生清洁，而且有害健康，这一点同炉子相同。所以，不希望壁炉使用有烟的燃料。但是，在相当豪华的宅邸的

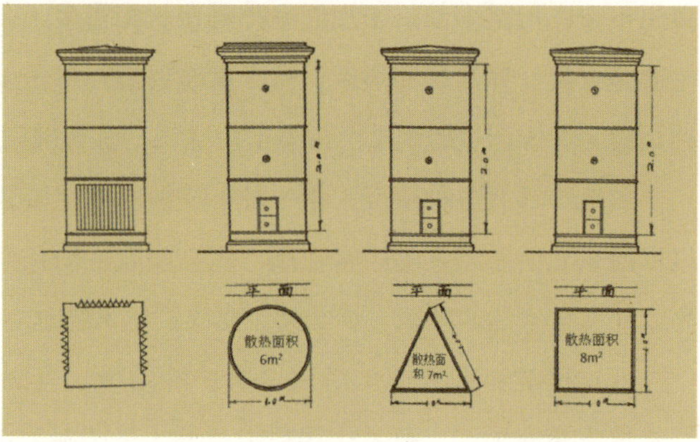

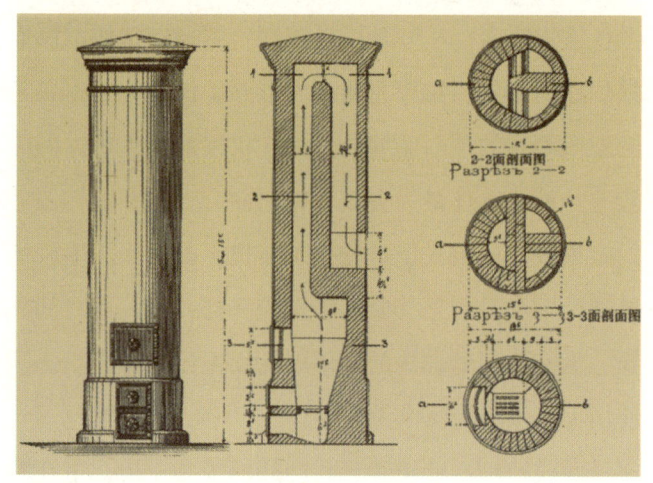

图7-21-1
俄式住宅壁炉样式[1]

图7-21-2
俄式壁炉类型[2]

接待室等地方，为了室内的平衡，或许有时也会设置壁炉。这种情况下，当然应该是另外还有热水暖气装置，有的在壁炉中安装辅助性的煤气炉。

火炕：在朝鲜和中国人住宅中用得最多。在土炕下部用砖瓦或者石块建造迂回的烟道，在土炕的一端设立一个燃烧口，可以在那里烧火，也可以利

---

1 大泉一：《住宅与俄式壁炉》，载《满洲建筑协会杂志》，第8卷第11号，1928（11）。
2 俄罗斯国家历史档案馆（323-11-16）：《1897—1903年东清铁路建筑与设计图册》。

建筑史上的独特存在——大连的"日本房"

用锅灶烧火的热量。热量通过土炕下的烟道，再到烟囱，在此期间热量被烟道吸收。它耗费燃料并不多，很经济划算，而且可以使室内维持在一定的温度。但是如果想要所有房间都暖和起来，则需要建一个大的烟囱。它还有一个缺点就是二楼以上几乎没办法采暖，因此并不适合西式建筑。

煤气炉和电炉：装置简单，开火关火都很方便。不需要使用煤炭，清洁干净卫生，因此可以放在客厅等经常使用的地方。但费用高昂，作为一般

图7-21-3
俄式建筑壁炉遗存
（李华家 摄）

采暖装备并不划算，所以无法广泛使用。

　　蒸汽暖房装置：大约17世纪末开始在欧洲使用。之后，随着科学与建筑的发展，人们不断从卫生、经济、安全等方面对蒸汽暖房进行研究改进。这种装置的原理是，在每间屋内放置散热器，用铁管把气罐连接起来，将蒸汽输送到各个放热器中，再把凝结水重新输送回气罐。利用循环过程中的蒸汽热量，通过它的辐射和传导，来提高室内温度。这种方法使用蒸汽作为热媒介，所以即使是大型建筑，只要蒸汽循环正确，无论房间距离气罐是远是近，都容易达到相同的温度。而且不用在室内处理燃料，气罐室之外没有烟尘、恶臭、瓦斯等卫生问题，也不容易发生火灾。这种暖房装置的燃料费与炉子和壁炉让所有屋内都暖和起来花费的燃料费差不多。通过地板下面的管道发散热量很消耗燃料，这一点要非常注意。蒸汽暖房也不是没有缺点。因为操作比较危险，所以需要动作非常熟练才可以。而且它很难调整温度，再加上放热器表面温度太高，处理不当容易被烫伤。因此，这种装置不适合一般住宅用，它更适合大型建筑。

　　温水暖房装置：大体上类似于蒸汽暖房，不同点是它使用温水作为热媒介。这种装置通过水温差进行循环，所以压力比蒸汽小，因此不适合大型建筑用来采暖，最适合作为小型建筑的普通住宅使用。

　　温水放热器表面温度比蒸汽放热器低，但它不像蒸汽放热器那样因表面尘埃的有机物被分解散发出臭氧，而且被烫伤的风险很小。可以根据气温的高低调节室内温度，这一点比蒸汽装置更容易，所以可以节约燃料，而且操作时危险程度低。不过由于严寒，如果疏于生火会使水管结冰，也经常出现放热器铁管损坏的情况。

　　温水暖房装置比蒸汽暖房价格高，但是日常使用费要稍微低一点。考虑到它操作简单、可以维持一定温度、安全程度高、清洁卫生，从经济实惠的角度来看，最适合普通住宅用来取暖。

热气炉暖房装置：安装一个热气炉加热空气，通过通气管把热气输送到室内，从而达到提高室内温度的目的。因为吸入的是外部空气，所以可以和暖房之间通风。相比于其他暖房装置，它更加卫生。此装置不适用温水或蒸汽，所以不会结冰。而且它不需要放热器，能够有效利用房间面积，还可以使全部房间保持一定的温度。缺点是它需要有一个很深的地下室，而且通往各个房间的通气管直径很大，所以铺设的时候，需要提前找好建筑和暖房两方面的师傅。

热气炉设备费用虽然低于温水暖房，但是通风耗费燃料较多，所以日常使用费会增加。作为住宅暖房来说，它和温水暖房都是比较合适的。

热气暖房：热气器使用蒸汽或温水，这一点与热气炉暖房装置不同。它采用强制循环模式进行通风换气，大部分款式都可以调整湿度、净化空气，可以保持室内空气清新，同时维持室内一定的温度和湿度，带给人们舒适的快感，是当时非常理想的一种暖房装置，适用于大型建筑。不过它的设备费和日常使用费均比较高，不一定适合普通小型住宅使用。

通过以上取暖方式可以看出，当时日本的建筑师在大连及我国东北进行了多种可能的冬季房屋采暖试验。经过反复试验、比较，探索出不同房屋类型的相对合适的取暖方式，即经济、方便、实用、效果好的取暖方式。

自然，就大连的"日本房"这种小型住宅来说，温水暖房是最理想的取暖方式。但是，俄式壁炉由于其成熟的技术和使用方便等特点，也深受"日本房"的青睐。只是，俄式壁炉虽然实用，但由于"日本房"体量较小，所以它在日式房间中尤其碍眼。为此，建筑师们对俄式壁炉进行了"日式"改造。

"日本房"的俄式壁炉一般均设置在两个或两个以上房间的交接处（见图7-22），既节省空间，又可同时兼顾取暖，当然也有单个客厅使用壁炉的。这是日本设计师效仿达里尼市政区建筑的典型。只是俄据时期的市政区住宅尽管壁炉一般均设置在房角,但都为单个房间使用壁炉,没有两个房间共用的设置。这样说来,这类日式的住宅为何烟囱比俄式住宅更长更突出,而且比俄式住宅的烟囱数量少,原因就是其一支烟囱承担了两个或两个以上房间的排烟功能,同时,日式住宅的烟囱一般不像俄式住宅将烟囱设置在建筑的最高处,而日式住宅举架又比俄式住宅矮,为了发挥烟囱的有效作用,只能拔高烟囱了。

研究大连"日本房"取暖设施的演变过程,不难发现,从日本人冬季在榻榻米上围着日式暖炉取暖,到模仿达里尼市政区的俄式壁炉,再到研究使用蒸汽暖炉,最后到温水暖房,日本建筑师们在大连"日本房"的冬季取暖设施上进行了持续不懈的探索,形成成熟的温水暖房之供暖方法。其间有曲折,有争论,更有故步自封的思想顽疾付出的代

图7-22
"日本房"对俄式壁炉的改造示意图[1]

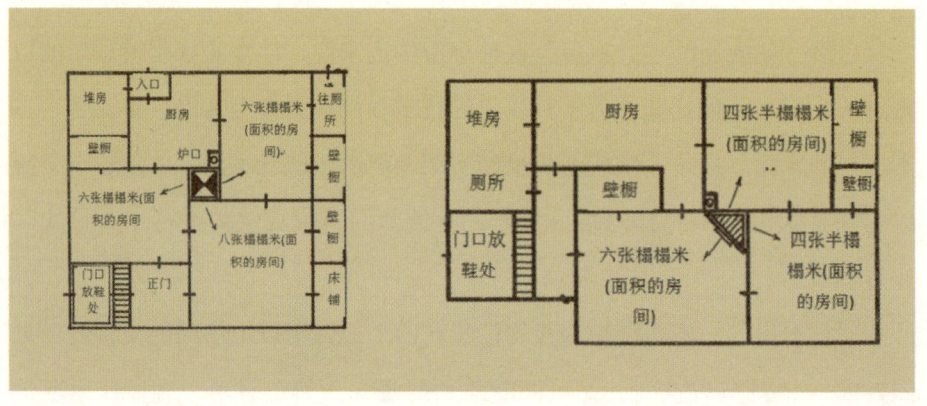

[1] 大泉一:《住宅与俄式壁炉》,载《满洲建筑协会杂志》,第8卷第11号,1928(11)。

价，最终才基本定型。比如，就使用壁炉和热水暖水器的比较，前者既不卫生又浪费体力，而使用热水暖水器只需要锅炉和水箱即可供暖。虽然煤炭使用量（一个月1吨左右）差别不大，但热水暖水器的优势还是显而易见的，居民每天回家时无须等待生火立马就能享受温暖，而且还环保又节省体力，即使锅炉使用的烟囱十分高大，一个冬天也仅需清扫两次即可。

模仿、改进俄造住宅的通风换气系统

住房的通风换气是室内卫生保健的重要内容，室内空气的干净与否不仅与住户的身体健康有极大的关系，而且与对房屋的保护直接相关。因室内换气不充分或空气不良，而引起天花板和墙壁潮湿和发霉、地板材料和屋顶材料的腐朽，又直接或间接对人体等很多方面造成不小的影响。

"日本人来到大连这个气温偏低的地方后，在砖结构住宅的建设中出现的最大问题便是在换气方法方面。"[1]冬天蛰居生活长达半年之久，在此期间，窗户、门等都会关闭，而且对窗户、门的缝隙进行堵塞，并使用火炉以及其他的采暖器具设施等，完全与外界隔开，仅仅为了保持室内的温度，因此，室内空气的污染程度出乎意料地开始变得非常严重起来。

技术人员通过对病患的调查，发现在中国东北的日本人所患三大疾病——消化道疾病、呼吸道疾病、结核病当中，呼吸道疾病造成死亡的原因占据首位，达到30.8%，远高于其他疾病。可见，有关通风换气设备的改善，对于居民保健和活动以及房屋的保护方面，必然都是非常重要的事情。

日本传统的木造房屋都比较低矮，房檐伸出较长以防雨，室内普遍抬高木地板以隔潮湿，并方便铺设榻榻米，这样就使房屋的举架很低，但由于这种木造房屋内部具有很好的连通性、开敞性，室内空气流动性较好，加之日本四季气候温润，冬季也可常常打开窗门通风，所以并不影响日本人的身体

1《俄据时期的大连建筑物》，载《满洲建筑杂志》，第16卷第2号，1936（2）。

健康。无论从气候方面，还是从人文方面，日本人已深深地适应了这种木造房屋。

但是，日本人在中国东北生活时，为了对抗冬季室外的寒冷空气，改其传统木造建筑为欧式砖造、石造建筑，外墙比原来木质墙壁厚得多，并且为了防备由室内封闭而引起的空气污染，住宅的举架一般在2.6米左右，尽管比达里尼市政区的俄造住宅3米以上举架要矮，但已经比日本传统的木造房屋高了许多。并且每栋房屋地基都垫得很高，常常有高高的台阶，这样就使房屋得以拔高，更利于房屋通风。大连的"日本房"这种"将天花板和每级台阶都建得很高，可以说这种方法是单纯地继承接受了俄国建筑的风格。总之，这种建筑传统集结了长年生活在极寒地区、顽强盘踞于东洋的俄国人的经验，我们切不可轻视"[1]。

除上述住宅的自然通风外，大连的"日本房"在室内通风筒的设计上也效仿了俄式住宅的设置。

起初，满铁和大连市政管理人员均住在日本桥（今胜利桥）北俄国人遗留的住宅里。尽管这些俄式房屋"壁炉倒是有，但那个时候还不知道使用方法，所以不得不烧煤取暖"[2]，结果造成大量的煤气中毒事故。"一些人在尚不清楚住宅的换气方法的前提下，便关上窗户在家中烧炭并睡觉，结果绝大多数都死于窒息。"[3]其中，窒息死亡者中还包括一名首批来连的工程技术员。所以，惨痛的教训，促使建筑技术人员在室内换气方法上投入大量精力研究解决问题。

俄式建筑室内有专用换气筒，与壁炉烟囱紧贴设置，二者相邻伸出屋外，高高耸立（见图7-23、图7-24）。通过安装与暖气用的烟囱相同的换气烟囱，或者利用烟囱的余热加快换气的速度，夏天在窗户栏杆的部分位置安装风扇，在换气烟囱下部安装德国的方形换气器等方法来实现完全的通风，

---

[1] 前川国男：《大连市公会堂有奖竞选说明》，载《满洲建筑杂志》，第18卷第12号，1938（12）。
[2] 《俄据时期的大连建筑物》，载《满洲建筑杂志》，第16卷第2号，1936（2）。
[3] 同上。

建筑史上的独特存在——大连的"日本房"

换气筒与烟囱一般都在房屋的中间较高处。

在俄式住宅中,换气设备把外部空气导入暖气室中,加热之后释放到室内,这样不仅可以提高室内温度,还可以给室内提供新鲜空气。其具体做法是,在烟道附近的地板下安装通风通道,在适当的

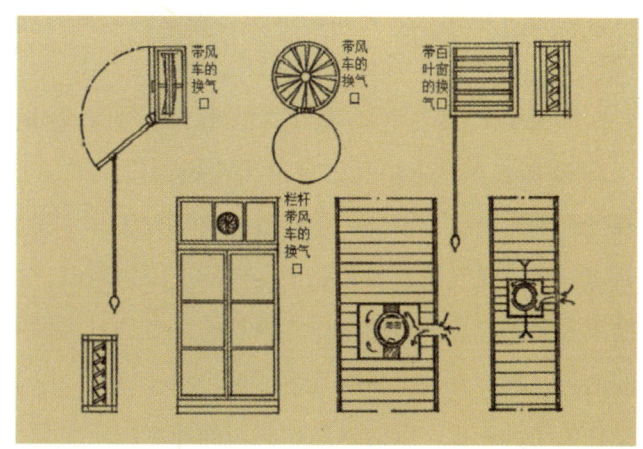

图7-23
俄式住宅的换气设备[1]

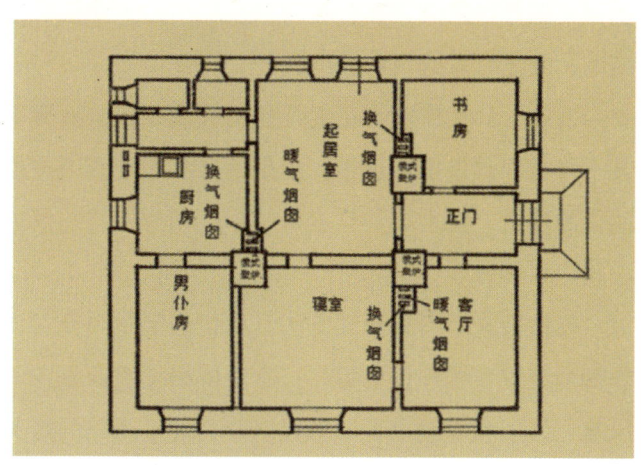

图7-24
俄式住宅的换气筒位置图[2]

---

1 大泉一:《住宅与换气》,载《满洲建筑协会杂志》,第8卷第11号,1928(11)。
2 同上。

位置钻上小孔，连通室内和地板下方，实现室内和地板之间的通风，而不是直接与外部通风。"这种寒冷国度的自然通风换气法是一种行之有效的方法。"[1]这一点，日本人也曾做过试验，使用一种导气式换气装置，取得了很好的结果。其方法是：首先在暖气散热器上安装罩子，将导气管从外墙通过地板连通至散热器下方，户外的新鲜空气会首先经由散热器加热，然后进入室内（见图7-25）。16平方米左右大小的房间只需要2根直径7厘米的导气管即可，与排气管并用的话换气的效果更佳，此时导气管的数量可减至1根。

然而，日式住宅的换气方法通常是在天花板的一个角落，开出5寸（16.67厘米）见方的孔，穿过天花板通往屋顶层，但这样反而会使室内的热气跑到屋顶层，不是一种合适的换气方法。尤其是碳酸气体、尘埃、其他有毒气体比空气重，总是处于室内的下层，所以，在天花板上设置换气口的结果表明，要达到目的是非常困难的。有的日式住宅甚至在厨房、厕所等房间的天花板上开孔，目的是为了排出水蒸气等，以致其大量进入楼顶层，由于住宅的天花板一般为木造抹灰，而非水泥或混凝土，随着各种气体的逐渐积累，最终导致天花板材料的加速腐朽，天花板表面出现污染，甚至会冬天结冰，融化时变成污水渗出。

因此，日式住宅天花板开孔换气的方法看似简单，一开孔了之，实则极其不科学，效果也不理想。于是，日本的建筑师将目光转向了俄国人在大连遗留的建筑，发现还是日本桥（今胜利桥）北的俄造住宅专用烟囱式换气方法较为科学有效。

模仿俄式烟囱式换气方法，如何确定室内换气口的位置是关键。要说选择哪个位置、哪种设备为好，主要应根据室内外空气的温度、湿度、风向、风速、风压和采暖设备的位置以及其他室内外的情况进行考察。不仅要依据室内各种气体的浮动位置（见图7-26），还要考虑住户的自身特点和生活习

---

[1] 小野木孝治：《满铁社宅对东清铁路公司住宅的继承》，载《满洲建筑协会杂志》，第2卷第7号，1922（7）。

惯。俄国人身材高大，其建筑举架均在3米以上，而日本人身材矮小，其建筑举架在2.4~2.6米，故自然不能照搬俄式住宅。另外，日本人住宅虽然室内有的是西式家具的床、桌椅等摆设，但是大多数家庭还是习惯于日本传统的榻榻米，这样寻找换气口的最佳位置就必须因房制宜，精准科学。

大连的"日本房"有两种居住状态，即西式与和式，建筑师以前者使用西洋式凳子时的坐姿和后者在榻榻米、地板上的坐态这两种情形，来考察测定不同呼吸的点位实际上处在多高的位置。1920年代，日本文部省和内务省调查的30岁左右人士的身高平均为1.61米。以此为标准，依照相关定律测

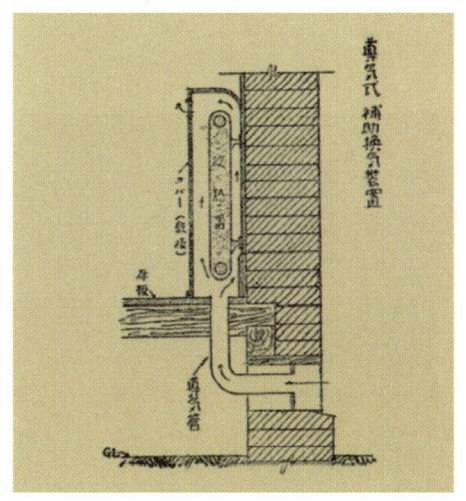

图7-25
导气式换气装置示意图[1]

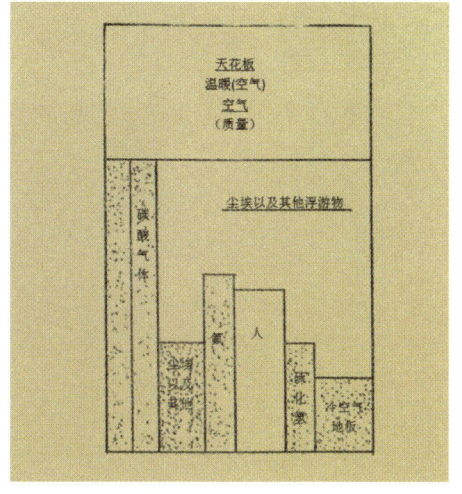

图7-26
房间各种气体分布状况示意图[2]

---

[1] 三浦运一：《从保健层面看满洲的建筑》，载《满洲建筑协会杂志》，第6卷第1号，1926（1）。
[2] 大泉一：《住宅与换气》，载《满洲建筑协会杂志》，第8卷第11号，1928（11）。

定，坐在凳子上时，眼睛距地面的高度为110厘米，鼻子距地面的高度为105厘米；坐在榻榻米、地板上时，眼睛距地面的高度为77厘米，鼻子距地面的高度为72厘米。也就是说，坐在凳子上时约为105厘米的位置，坐在地板上时约为72厘米的位置，是大致上经常在此附近呼吸的高度。

对于这样的呼吸位置，从家具以及不同气体的分布状况等其他环境来考虑，换气口越接近地板越好。综合中国东北各方面因素，研究的结果是，距离地板上端，西洋式房间约1米，日式房间约0.75米左右的位置最适合开设换气口。

然后是换气口的结构，在墙体中修建完整的换气烟囱最理想，整体做成"S"形，内部则装上风车和挡板（见图7-27）。至于外部，因以往弯曲的头部随着风向变化经常会出现将寒冷空气和尘埃倒灌

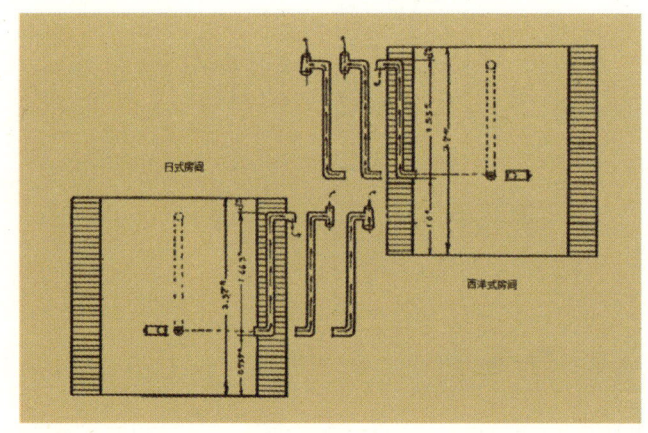

图7-27
"日本房"理想的换气位置及装置示意图[1]

---

[1] 大泉一：《住宅与换气》，载《满洲建筑协会杂志》，第8卷第11号，1928（11）。

进来的情形，所以做成"丁"字形或喇叭形，风车做成碗形，使其仅在室内通风时才转动，从外面倒灌风时不转动，并且在不需要换气的时候可以用挡板来封闭。这是当时试用结果较好的一种。

再次是换气筒的大小，根据各地气候的不同而不同，一般来说，大连要比奉天（今沈阳）做得稍大一些，长春要比大连和奉天（今沈阳）做得更小一些。也就是说，户外气温越寒冷、风力越强劲，室内换气就越迅速，所以，越是往东北腹地，换气筒口径细一些也可以。另外，也要根据房屋面积的大小设定换气筒直径的大小。一般面积越大，换气筒的直径也越大，大连是3寸（10.00厘米）到6寸4分（21.33厘米），奉天（沈阳）是2寸9分（9.67厘米）到6寸2分（20.67厘米），长春是2寸8分（9.33厘米）到5寸9分（19.67厘米）。

可见，建筑师在研究使用俄式换气筒时颇费周折，其间也出现了事故。1932年伪满洲国政府成立后，日本的一个建筑施工企业承包了新京（今长春）的俄清银行的改造工程，当时在看似应该是烟囱的位置设置了炉子，结果在施工过程中引发了火灾，不仅遭到伪满洲国政府的呵斥，而且由于是满铁的工程，还得赔偿损失。施工队不明白怎么会发生火灾，于是进行了仔细的调查，结果发现最开始以为是烟囱的位置实际上是换气筒。引起火灾的原因，是其将换气筒的孔洞当成了烟囱。那栋建筑的换气筒和烟囱相邻布置，刚好换气筒年久失修，其中不断掉落煤灰，所以才误以为那是烟囱。当然，此起事故也让日本的建筑师发现了俄式换气筒的弊端，俄国人在安装烟囱时不使用瓦管，而是先挖出和排气口相同的孔洞，再从上方浇筑灰浆，时间一长，里面的灰浆可能发生脱落，从而引发火灾。鉴于此，建筑师将大连的"日本房"换气筒全部改为内壁非常光滑的陶管，既有利于烟气和气流的畅通，也避免了大量烟尘杂物滞留阻塞筒道。

从大连的"日本房"模仿、改进俄式住宅换气通风设施设计的过程看出，换气口的设置是一个严肃的科学问题，不是随随便便设置而已。然而，今天建设的楼房，特别是高层，从一楼到楼顶的30层，在卫生间顶部同样的位置布设通风口，一个标准，致使通风效果极差，且常常上下住户污浊的空气相互串通，造成交叉污染，往往引起邻里之间的矛盾。大连"日本房"模仿、改进俄式住宅通风口的做法，应该是一个很好的借鉴。

革新俄造住宅的烟囱

俄造住宅烟囱因砌筑并浇筑灰浆，多余的砂浆和突出的砖块会使内径变小，且内部容易滞留煤灰，不但降低排烟的效率，还常常引发火灾，加之其设置在室内，对房屋安全不利。1904年5月，满铁职员在使用俄式住房时，就不时发生着火事故。满铁建筑课课长小野木孝治回忆："因为之前没有做过仔细调查，所以有多处烟囱发生了火灾，副总裁的房子也被烧坏。除此之外，壁炉也经常发生火灾。今天回想起当时的情形，我们总是因为一些莫名其妙的事情疲于奔命。"[1]此外，烟囱镂空接口处冒出的高温烟雾点燃附近树木引起火灾的情况也不少。为此"日本房"的建筑师对烟囱加以改进，像换气筒一样在烟囱内使用耐火陶管。但是，陶管内径过小，导致燃烧非常不充分，辛辛苦苦建好的烟囱也就成了无用之物，最后只好用铁皮临时围出一个烟囱伸到窗户外面。因此无论从防火还是实用的角度，对烟囱设置都必须给予科学规范。1924年，日本人在《关于建筑修改条例》中增加了一条，规定住宅烟囱的陶管直径必须大于5寸（16.67厘米）。

以往的俄式砖制烟囱通常是在一块半砖厚的墙体中设置烟道，然后在房顶上修成一块半砖角厚的烟囱，这样其实是不符合标准的。烟囱对燃烧产生的烟的吸收效率是跟烟道的横截面积和高度成正比例的，通常各类炉灶和暖炉都需要直径5寸（16.67厘米）以上的烟道，因此，为了安全地支撑烟道，就需要两块砖角厚的烟囱，同时在烟囱的内部放上陶管，确保排烟的效果。

---

[1] 小野木孝治：《满铁社宅对东清铁路公司住宅的继承》，载《满洲建筑协会杂志》，第2卷第7号，1922（7）。

建筑史上的独特存在——大连的"日本房"

改进后的"日本房"出于实用层面的考虑，将烟囱布置在房屋侧壁，为确保陶管直径大于5寸（16.67厘米），烟囱向墙外突出，直达顶部。这样的烟囱一般设置在户外高于地面3尺（1.00米）左右的位置，底部留有检修口，位置较低，这样通过检修口进行清扫时，不会有什么安全隐患。因此，这样设置烟囱，虽然不好看，有碍美观，但却增加了房屋的安全系数，又方便烟囱内部清扫，还有利于卫生。不过因为美观的原因，这样的户外烟囱在主干道是被禁止的（见图7-28）。

但是，这样的改进又产生了矛盾。俄式建筑的烟囱一般布置在屋顶最高处附近，烟囱的高度自然相对较高。而"日本房"因为防火和热效率的缘

图7-28　南山麓"日本房"遗存（池宫城晃 摄）

故，多将烟囱布置在侧面的墙壁上，这样烟囱的位置相对较低，在气温低的时候其温度下降得很快。终究"鱼和熊掌不可兼得"，经过反复斟酌，还是以安全为先，大多选择了户外设置烟囱的方法。

类似上述在模仿和改进俄式住宅换气筒和烟囱的折腾屡屡发生。比如，俄式建筑上装有不停转动的换气扇，其效果非常好，配备的壁炉也很实用，而大连早期建造的"日本房"在换气方面都不理想，研究后发现是日本住宅的坡屋顶比俄式住宅陡很多，受屋顶倾斜度的限制，其换气效果较差，于是便加以改进。

可见在模仿俄式住宅的过程中，不断地研究改进，最终造就了比较成熟的大连"日本房"。

纵观大连"日本房"呈现的各种形态——文化住宅、"和洋融合"的独立式别墅、单身宿舍（寮）、具有重要意义的关东馆、公寓等等，均是结合当时的经济发展和社会形态，将西方的建筑理念与日本传统的住宅文化相融合，特别是认真学习和研究俄据时期达里尼市政区和旅顺遗留的欧式建筑，结合大连当地的气候、环境等，开创出大连独有的适应不同人群的住宅模式。

主要参考书目

金泽求也.南满洲写真大观，1911.

大连市役所.大连市史，1936.

关东局.关东局施政三十年史，1936.

大连会（大连市史编辑委员会）.续大连市史，2009.

建筑学会新京支部.满洲建筑概说，1939.

台湾大学都市计划研究室.日据时期台湾都市计划范型之研究，1987.

满洲建筑（协会）杂志.第1卷第1号、2号、3号、5号、7号；第2卷第1号、2号、3号、4号、5号、7号；第6卷第6号；第8卷第11号.

主要档案资料来源

俄罗斯联邦国家档案馆　　　　日本防卫研究所

俄罗斯国家历史档案馆　　　　日本亚洲经济研究所

俄罗斯国家海军档案馆　　　　早稻田大学图书馆

俄罗斯国家影片照片档案馆　　东京大学图书馆

俄罗斯国家军事历史档案馆　　英国国家档案馆

俄罗斯叶利钦总统图书馆　　　波兰斯科里莫夫斯基家族档案

圣彼得堡尼古拉家族瓦莲金娜家庭档案　　台湾大学图书馆

日本国立公文书馆　　　　　　辽宁省档案馆

日本国会图书馆　　　　　　　吉林省档案馆

日本外交史料馆　　　　　　　大连市档案馆

后 记

初识大连，只因41年前的一个偶然，自己也由此与这座城市结下了不解之缘。

1979年盛夏的一天傍晚，还是高一学生的我从家乡陕西杨凌中学的宿舍出发去往教室，途经操场时，不经意间被彩色电视机里播放的风光片《大连漫游》所吸引：辽阔的大海、绵软的沙滩、迷人的圆形广场、精致的洋房小楼、静静的街巷、满城飘香的槐花、穿城而过的有轨电车……配以电吉他弹奏的清脆浪漫的音乐，耳畔响起男声四重唱《大连好》的优美旋律，令人心旌摇荡，在少年心中留下了极为深刻的印象。

大学毕业后来到大连工作，常常被这座城市散发着独特气质的历史街区与建筑所吸引，还曾经在"日本房"中工作了3年。前几年，在寻找大连城市历史记忆，撰写《大连开埠建市》一书的过程中，我吃惊地发现，与城市规划一样，大连城市历史街区与建筑的档案几乎也是一个空白。尽管人们在这些历史建筑中居住、工作，有的甚至在"日本房"中生活了三代以上，但却无法说清这些建筑的来龙去脉，只能根据故事和传说来推定。这就为历史街区与建筑的保护和利用带来困惑，亦使城市的人文魅力变得黯淡。

于是，40多年前的不期而遇，"只是因为在人群中多看了你一眼，再也没能忘掉你容颜"，引导着我要一探究竟：这些历史街区与建筑是如何形成的？她们都经历了怎样的故事？其对城市现在和未来的发展作用如何？……

大连的这些历史街区与建筑历经100多年，档案资料大多远藏俄罗斯、日本等国的档案馆、图书馆、古旧书店，有的还为个人收藏；在国内，特别是东北各大档案馆、图书馆，也有许多馆藏。然而，由于多种原因，近在咫尺的资料无法看到，只好寄希望于境外寻找，偏又逢新冠肺炎疫情肆虐，出行不便。好在如今网络发达，又有留学生助力，尽管费尽周折，最终还是如愿以偿。

随着档案资料的积累和研究的深入，大连城市历史街区与建筑的神秘面纱被逐渐揭开。俄造英式、德式、俄式、中式建筑的特点一一呈现，日造欧式、和洋融合、近现代建筑的演变历程清晰起来，作为建筑史上独特存在的大连"日本房"的产生缘由、与俄造建筑的关联、结构特征、功能价值被挖掘出来。这些发现不仅探索了大连历史街区与建筑的演变规律，也对建筑的保护与利用、城市的发展具有基础性的重要作用。

每座城市都有自己的历史，其故事深藏于独特的历史街区与建筑之中。我的故乡在历史厚重、人文荟萃的渭河平原、八百里秦川。写作此书的过程中，打开那一幅幅寻找回来的图纸，翻阅那一张张发黄的照片，深入一栋栋老建筑中探源，触摸那历经风霜的一砖一瓦，聆听那满含深情的动人叙说，也使在大连工作、生活了30年的我，逐渐升腾起对这座城市历史街区与建筑的浓厚兴趣。

继《大连开埠建市》出版后，此书的问世，填补历史空白，以资当下所需，助力未来发展，留存永恒记忆，是基于对第二故乡的眷恋，对历史街区与建筑的款款深情，是一份担当，亦是莫大的欣慰！

因为时间紧迫，本书只是就大连历史街区与建筑做了初步的探索，还有许多故事没有来得及讲述，恐怕只能满足读者的部分愿望，进一步的研究还有待之后的续作。

由于本人水平有限，书中恐有一些瑕疵，敬请读者谅解并提出宝贵意见。

书中所用的照片，除本人所摄外，为日本摄影家池宫城晃先生，大连摄影家吕同举先生，画家陈艺先生，摄影师刘军理、隋生、韩梅、柳林、刘日忠等无私相助。于成福、唐勇、司微、樊海霞、王越等不辞辛苦，搜集、扫描资料，于政礼、李志、冷绣锦、袁海光、李华家、刘杰、路刚、杨玉璟、刘勇、董晓冬等给予相关帮助，特别是30多年前的大学挚友王志军教授想尽办法复制了几乎不可能得到的珍贵史料，在此，恕不一一列出，均深表谢意！

作　者

2020年12月23日